두뇌성격이
아이 미래를 결정한다

아이의 두뇌성격을 아는 것이 육아의 시작이다

두뇌성격이
아이 미래를 결정한다

김영훈 지음

이다미디어

아이의 두뇌성격을 아는 것이 육아의 시작이다

두뇌성격 파악이 육아의 핵심

아이 중에는 어떤 과제에 성공하고 보상받을 때 에너지가 생기는 아이가 있는가 하면, 다른 사람들과의 관계를 중요하게 여기고 인정받고 싶다는 욕구가 강해 칭찬을 받아야만 에너지가 생기는 아이도 있다. 그런가 하면 어떤 아이는 가진 에너지가 강해 끊임없는 호기심과 탐구력으로 자기 자신을 독려하며 앞으로 나아가기도(방해만 하지 않으면) 하고, 또 다른 아이는 목표만 주면 그것이 당연히 자신의 할 일이라고 생각해 목표에 매진하기도 한다.

스토리온 TV의 〈영재의 비법〉 시즌 1, 2를 진행하는 동안 나는 아이가 어떤 에너지를 가졌는지 몰라 오히려 아이의 지능이나 창의력을 사장하는 부모들을 많이 보았다. 원칙을 중시하는 어떤 엄마는 자신이 혼자서도 공부를 잘했기 때문에 아이도 혼자 공부하도록 방치하고 있었다. 옆에서 칭찬하고 부추기면 충분히 더 잘할 수 있는 아이였지만 아이는 자신의 잠재력을 제대로 발휘할 수 없어 보였다.

귀가 얇은 한 엄마는 일주일에 7~8개 학원으로 아이를 내몰았다. 엄마 말을 잘 듣는 그 아이는 여러 학원 공부를 꾸역꾸역 감당하면서 때로는 멍하게, 때로는 졸면서 점점 공부에 흥미를 잃어가고 있었다. 혼자서 자기주도 학습을 하면 잘할 수 있는 아이의 잠재력을 떨어뜨리고 있었는데 엄마만 그것을 모르는 경우였다.

이런 여러 아이에게 각각의 두뇌성격에 맞춰 학습 솔루션을 제공하고 공부에 대한 동기를 부여했더니 그동안 잠재해 있던 지능이 오르고 창의력이 빛을 발하기 시작했다. 그만큼 아이의 두뇌성격을 부모가 잘 파악하는 것은 중요하다.

두뇌성격은 지니고 태어난 기질에 기인하며 아이마다 각각 다르다. 기질은 어떤 상황에 부닥쳤을 때, 아이가 반응하는 행동 스타일이라고 표현할 수 있는데, 태어나는 순간부터 그 존재감을 드러낸다.

어떤 아기는 많이 울고 까다로우며 불규칙하지만 어떤 아기는 별로 울지도 않고 순하며 규칙적이다. 이런 것도 아이마다 타고난 기질의 차이 때문인데, 이렇게 타고난 기질에 후천적인 환경 요인이 더해져 발전하면 성격이 된다.

후천적으로 처하는 환경 요인도 아주 중요하다. 특히 아이는 부모와 상호작용하면서 안정적인 애착을 형성, 정서가 발달하고 호기심과 탐색에 대한 욕구를 키우기 때문이다. 즉, 부모를 통해 세상을 탐험하며 세상에 대한 적응력과 소통 능력을 키우는 것이다. 물론 이런 과정의 경험은 뇌에 흔적을 남기고 결국 '두뇌성격'이 만들어진다.

약점을 극복하고 장점을 살려라

성격을 이해한다는 것은 두뇌성격의 장점과 약점을 파악한다는 의미다. 또한 부모의 두뇌성격이나 아이와의 의사소통, 훈육법, 습관, 감정 코칭 등은 아이의 두뇌성격에 여러 가지로 영향을 미친다는 것을 기억하자. 즉, 육아를 잘하기 위해서는 부모도 자신의 두뇌성격을 파악하고 자신의 약점을 어떻게 보완할지 고민할 필요가 있다.

타고난 성격은 거의 변하지 않는다. 마치 변하는 것처럼 느껴지더라도 그것은 세상에 적응하면서 정서적인 반응을 하는 동안 두뇌성격의 장점과 약점의 차이가 보이는 프롤로그일 뿐이다. 만일 어릴 적에 내성적이었던 아이가 어른이 되었을 때 활발해졌다고 하자. 하지만 그것은 타고난 기질이 외향적으로 변한 것이 아니고 내성적인 기질은 그대로 있는데 사회 적응성이 높아진 것일 뿐이다.

또한 태어날 때 비슷한 기질이었던 아이들이 제각각 다르게 변화하고 반응하는 이유도 역시, 성장 과정에서 만난 후천적인 환경이 두뇌성격의 장점과 약점에 적용되었기 때문이다.

두뇌성격을 좋은 성격이나 나쁜 성격으로 나눌 수는 없다. 그만큼 인간의 두뇌성격은 다양하고 미묘하며 모두 개성이 있다. 어떤 기질을 타고났느냐가 모든 것을 결정짓는 것도 아니다.

이 책에서는 아이의 기질이 두뇌에 근간을 두고 있다는 뇌 과학 정부와 함께 기질이 성격으로 만들어지는 과정에서 뇌의 역할은 무엇인지를 자세히 다루었다. 또한 이렇게 만들어진 두뇌성격의 장점과 약점은 무엇이며, 부모의 두뇌성격과 아이의 두뇌성격이 만나 어떻게 상호작용하면서 발전해나가는지도 썼다. 아울러 그에 따른 아이의 두뇌성격에 맞춤한 부모들의 육아 지침도 생각해보았다.

타고난 기질을 바꾸는 것이 아니라 성격에 따라 다르게 키우는 맞춤 육아가 올바른 육아다. 또한 타고난 두뇌성격을 그대로 인정하되 두뇌성격의 장점을 잘 발휘하고 약점을 보완하도록 부모가 중심을 어떻게 잡아주느냐도 중요하다.

아이를 키운 경험과 엄마의 시각으로 전체 원고를 검토하고 조언해준 아내 송미경에게 고마움을 전한다. 끝으로 이 책을 쓰는 동안 지속적인 도움을 주신 이다미디어의 황보태수 대표와 박금희 이사께도 감사드린다.

가톨릭대학교 의정부성모병원에서

김영훈

차례

CHAPTER 01

영유아기

아이의 두뇌가
기질을 결정한다

"아이 키우기 너무 힘들죠?" 엄마들에게 묻는다.

"아이가 순해서 그나마 다행이에요."

"어찌나 까다로운지 정말 미치겠어요."

"우리 애는 소리에 얼마나 예민한지 조심스럽기만 해요."

"우리 애는 먹지도 않고 잠도 잘 안 자요."

이렇게 엄마들의 대답이 제각각인 것은 아이의 기질이 서로 다르기 때문이다.

또한 아이들이 서로 다른 기질을 갖는 이유는 바로 '뇌' 때문이다.

순한 아이, 까다로운 아이, 느린 아이

기질은 타고난 뇌의 모습

초보 엄마들이 아기 때문에 당황하게 되는 순간은 언제일까? 갑자기 자지러지게 울기 시작하고, 안아줘도 울음을 그치지 않을 때일 것이다. 어디가 아픈가 걱정도 되고, 무엇을 어떻게 해줘야 할지 전혀 모르기 때문에 멘붕을 경험하기도 한다.

그러나 태어나면서부터 바로 서너 시간 간격으로 잘 먹고, 밤새 잘 자고, 큰 울음 없이 세상살이에 잘 적응하는 아기도 있다. 또한 도무지 먹는 간격을 알 수 없고, 날이 어둑해지면 보채기 시작하고, 이유 없이 울어대는 아기도 있다. 별별 아기가 다 있다고 보면 된다. 왜 그럴까? 모두 다르게 태어났기 때문이다.

우리는 대체로 주는 대로 잘 받아먹으며 잘 놀고 잘 자는 그런 아기를 키우기 쉬운 '순한 아이'라고 한다. 반면 입에 물려주어도 잘 먹지 않고, 놀지도 않고, 잠자리에서도 두어 시간 넘게 보채는 아기를 '까다로운 아이'라고 한다.

부모의 입장에서는 '우리 아이가 순한 아이라면'이라고 생각할 것이다. 아이가 까다로운 기질을 가졌다면 부모는 뭐든지 예민할 수밖에 없고 가슴을 졸일 수밖에 없기 때문이다.

그렇다. 순한 아기는 신경을 덜 써도 어느 정도 마음이 놓이고 키우

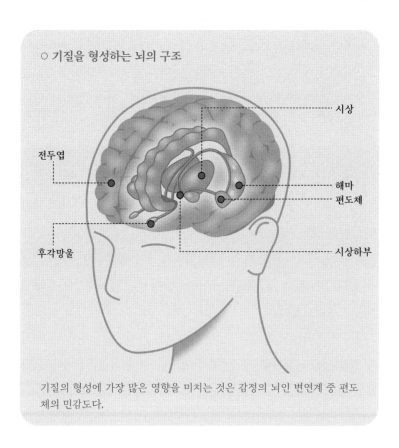

○ 기질을 형성하는 뇌의 구조

전두엽

후각망울

시상

해마
편도체

시상하부

기질의 형성에 가장 많은 영향을 미치는 것은 감정의 뇌인 변연계 중 편도체의 민감도다.

기가 쉬워서 부모의 마음이 긍정적으로 기운다. 저절로 아이에게 더 많이 웃어주거나 안아주는 등의 반응을 보이며 마음도 행복해진다.

한편 까다로운 아이의 부모는 노심초사 신경이 곤두선다. 심지어 미국의 아동 신경정신과 의사였던 알렉산더 토머스(Alexander Thomas)와 스텔라 체스(Stella Chess) 부부는 기질과 발달에 관한 1977년의 연구에서, 까다로운 아이를 키우는 부모들은 혼란스러워하고 화를 내며 우울해하고, 아이의 감정이나 행동에 부정적으로 반응하는 경우가 많다는 결과를 내놓기도 했다.

하지만 그렇다고 순한 기질의 아이가 까다로운 기질의 아이보다 부모와의 관계에서 더 좋은 것만은 아니다. 순한 기질과 까다로운 기질의 아이가 서로 형제라면 더 심각해지기도 한다. 만일 이렇게 두 아이가 다른 경우라면 부모는 자신도 모르게 까다로운 기질의 아이에게 더 신경을 쓰게 될 수 있다. 그때 순한 기질의 아이는 자연스럽게 방임 상태에 놓일 수 있다. 또한 다툼이 생겨도 부모는 까다로운 아이의 소리를 들어주는 경우가 많고, 순한 기질의 아이의 의견은 무시하기 일쑤다.

유아교육학자들은 양육을 받는 아이의 입장에서 딱히 좋은 기질이 있다고는 말할 수 없으며, 부모 입장에서도 육아하기에 수월한 기질은 없다고 말한다.

아이의 기질은 보통 순한 아이, 까다로운 아이, 느린 아이 등 세 가지 유형으로 나누는데, ① 어떻게 얼마나 많이 움직이는가에 따른 활동 수준 ② 먹고 자고 배뇨하는 것의 규칙성 ③ 새로운 음식, 장난감이나 사람에게 접근하는가 회피하는가의 여부 ④ 바뀐 환경에 대

tip 이성의 뇌 대뇌피질 Vs 감정의 뇌 변연계
Vs 본능의 뇌 뇌줄기

뇌는 크게 3개의 뇌로 구성되어 있다. 가장 아래층 안쪽에 위치하는
제1의 뇌는 '본능의 뇌'라 불리는데, 수면, 각성, 체온, 호흡, 식욕,
성욕 등 생명과 관련된 기능을 담당한다. 뇌줄기가 이에 해당한다.
제2의 뇌는 제1의 뇌 위, 제3의 뇌 아래 중간에 위치한다. '감정의
뇌'라 불리는데, 기분과 기억에 관련된 일을 주로 담당한다. 편도체,
해마, 측좌핵 등으로 구성되어 있다.
편도체는 감정을 다루는 일을 하고, 해마는 단기 기억을 장기 기억
으로 바꿔주는 일을 하며, 측좌핵은 의욕을 일으키는 일을 한다.
제3의 뇌는 대뇌피질로 뇌의 가장 상층부에 있다. 이성, 지성뿐만
아니라 갈등, 행복 등 고등 감정을 조절하는 뇌라 하여 '이성의 뇌'라
부른다. 대뇌피질은 위치에 따라 전두엽, 측두엽, 두정엽, 후두엽으
로 나뉜다.

한 적응성 ⑤ 얼마나 힘차게 반응하는가와 같은 반응의 강도 ⑥ 반
응을 일으키는 데 필요한 자극의 강도인 반응 민감도 ⑦ 유쾌한, 즐
거운, 다정한 혹은 반대로 불쾌한, 짜증난 같은 기분의 질 ⑧ 별 관계
가 없는 자극으로 인해 쉽게 행동이 방해받는지에 따른 주의 산만도
⑨ 방해를 받아도 얼마나 오랫동안 한 행동을 지속할 수 있는가에
따른 주의 집중 기간 및 지속성 등의 특성들로 구분한다.

그렇다면 왜 우리 아이들은 이렇게 제각각 다른 기질을 갖게 되는
것일까? 그 답은 뇌에 있다. 아이마다 뇌가 다르기 때문이다. 기질

(temperament)이라는 용어는 심리학자들이 처음 사용했는데 어떤 상황에 부닥쳤을 때 아이가 보이는 감정적·행동적 방식을 말한다. 심리학자, 유아교육학자, 신경과학자들이 기질에 관심을 두는 것은, 이런 기질이 매우 이른 시기에 나타나는 데다 부모와 아이의 관계를 변화시킬 수 있는 열쇠이기 때문이다. 아이가 여럿 있는 경우(그렇지 않은 경우도 마찬가지지만), 부모는 모든 아이를 똑같이 대하지 않는다. 똑같이 대하고 싶어도 그럴 수가 없다. 아이의 특성이 모두 다르기 때문이다.

기질은 출생과 함께 나타나는 선천적인 특성이며, 시간이 지나도 잘 변하지 않는다고 한다. 기질은 태어날 때 아이가 갖는 '뇌의 모습'으로 결정된다고 본다.

기질의 형성에는 이성의 뇌인 대뇌피질, 감정의 뇌인 변연계, 본능의 뇌인 뇌줄기까지 모두 관여하지만 가장 큰 영향을 주는 것은 변연계의 민감도다. 특히 변연계 중에서, 위험 상황에서 주로 작동하는 '편도체'의 민감도와 반응이 기질을 만든다.

어떤 아이는 비교적 큰 자극에도 반응을 덜 보이거나 반응이 없지만 어떤 아이는 아주 약한 자극에도 놀라거나 과민한 반응을 보인다. 이때 반응이 덜한 아이를 부모는 순한 아이라고 느끼고 반응이 민감한 아이는 까다로운 아이라고 느끼게 되는 것이다. 즉, 편도체의 반응 민감도가 아이의 기질을 결정한다고 할 수 있다.

순한 아이, 독립성과 자기 결정력을 키워줘라

순한 아이들은 태어날 때부터 좌측 전두엽(좌뇌)이 발달해서 신체의 리듬이 규칙적이다. 일정한 시간에 먹고 잠드는 것을, 우측 전두엽(우뇌)이 발달한, 다소 까다롭고 예민한 아이보다 훨씬 편안하게 받아들인다. 편도체의 반응도 그다지 민감하지 않아 새로운 음식을 잘 먹고 낯선 사람에게도 잘 다가가며, 어린이집과 같은 곳에도 잘 적응하는 편이다.

이런 아이는 욕구가 좌절되어도 크게 실망하지 않으며, 규칙을 배우는 데도 별 어려움이 없다. 통계적으로는 40%의 아이들이 순한 아이로 태어난다.

앞에서도 언급했지만 순한 아이는 키우기가 쉽고, 부모 입장에서는 아이를 키우는 재미도 있고, 아이한테 더 많은 사랑을 표현하게 된다. 아이의 이런 특성은 결국 순한 아이의 기질을 더 순하게 만드는 쪽으로 작용하기도 한다. 까다로운 기질의 아이들에 비해 따뜻하고 편안한 경험을 할 때 더 안정되고 따뜻한 정서를 가지게 하는 엔도르핀과 옥시토신이 더 많이 분비되기 때문이다.

순한 아이한테서는 부모로부터 더 많은 사랑을 유도하는 행동, 즉 미소 짓기, 웃기, 안아주기, 칭찬하기, 격려하기 등을 끌어내는 것도 수월하다. 즉, 스트레스를 쉽게 이겨내면서 자랄 수 있는 유리한 조건을 가졌다고 볼 수 있는 순한 아이는 고집을 부리고 집착하기보다, 순리에 따라 편하고 즐거운 삶을 살 확률이 높다.

이런 아이는 새롭고 낯선 상황에서도 두려움과 위협을 느끼기보다 호기심과 감탄으로 그 상황을 받아들이며, 타인과 관계 맺기도 잘하고, 그 속에서 상호작용의 기쁨을 얻는다.

이렇게 따져보면 순한 아이는 장점만 가진 기질로 생각될 수 있다. 하지만 '순한' 기질은 그에 맞는 좋은 환경이 제공되어야 빛을 발하게 된다. 아무리 순한 아이라도 육아 환경이 좋지 않으면 문제가 생기게 마련이다.

가령, 아기가 너무 순하다고 혼자서만 놀게 두거나 모빌만을 달아주는 정도의 자극을 준다면 아이의 뇌 발달이 늦어질 수 있다. 순한 기질의 아이는 눈에 두드러지는 '의사 표현'도 아주 적게 한다. 그래서 부모는 순한 아이가 보이는 작은 행동이나 요구에 더 관심을 두고 귀를 기울여야 한다.

굳이 아이가 요구하지 않아도 수시로 눈을 맞추고, 시청각(오감) 자극이 많은 환경을 만들어주고, 아이가 혼자서 잘 놀더라도 발달을 돕는 운동 등을 의도적으로 열심히 해주어야 한다.

엄마가 순하다고 말하는 아이 중에는 그 시기의 발달 단계에 필요한 자극을 받지 못해 언어나 운동 능력이 제 또래에 한참 못 미치는 일도 있다. 그러니 기저귀를 갈 때나 수유를 할 때도 아이에게 눈을 맞추고 이야기를 들려주어야 한다. 어떤 아이든 두뇌 발달을 위해서는 적당한 자극이 필요한 법이다.

순한 아이들은 더러 부모가 기다리지 못하고 다그치거나, 많은 아이 틈에서 관심을 받지 못하거나, 거친 아이와 함께 놀 경우 치이기도 쉽다. 또한 별로 떼를 쓰거나 난리를 피우지 않아서 자신의 요구가 무시되기도 하는데, 이렇게 부적절한 상황이 지속되면 마음이 위축되어 재능을 펼치지 못할 수도 있다.

순한 아이는 다른 사람한테 맞추어주는 것에 익숙하고 우유부단하다는 단점도 있다. 그리고 작은 결정을 할 때조차 자신이 원하는 쪽이 아니라 주로 부모나 친구가 원하는 쪽으로 결정하는 편이다.

이런 특성들 때문에라도 순한 아이의 장점이 주목받길 원한다면, 아이의 의사와 상관없이 부모 마음대로 아이를 좌지우지하려고 하면 안 된다. 비록 아이의 속마음을 알 수 없더라도 꼭 상황을 설명해주거나 아이가 결정하고 행동할 수 있게 해야 한다. 또한 순한 아이의 부모는 평온하고 따뜻한 환경 속에서 아이를 키우더라도 아이의 독립성과 자기 결정력을 키우는 데 집중하고 많이 고민해야 한다.

까다로운 아이, 부모 스타일에 맞추지 마라

보통 순한 아이들의 뇌는 긍정적인 감정과 연결된 좌측 전두엽이 발달해 있다. 반면 화를 잘 내거나 예민하고 까다로운 아이들의 뇌는 부정적인 감정과 연결된 우측 전두엽이 더 발달해 있다. 또한 순한 아이는 롤러코스터 유전자로 불리는 DRD4 유전자의 변이에 따라 얌전하고 달래기 쉽지만 까다로운 아이들은 달래기 힘들고 집중력이 떨어진다는 연구 결과도 있다. 즉, 뇌 활성화 영역과 DRD4 유전자가 아이의 기질에 영향을 미친다는 의미다.

까다로운 아이는 편도체도 순한 아이보다 민감하게 반응하는데 특히 부정적인 자극에 더 크게 반응한다. 부정적인 감정을 억누르는 우측 전두엽의 활성도가 다른 아이에 비해 떨어지기 때문이다. 또한 오스트레일리아의 심리학자 앤드루 풀러(Andrew Fuller, 호주 멜버른 대학교 교수이자 어린이 정신건강증진단체의 회장)는 '까다로운 아이는 태어날 때부터 부정적인 감정을 조절하는 데 필수인 신경전달물질 세로토닌에 차이가 있다'라는 연구 결과를 내놓기도 했다.

까다로운 기질의 아이는 전체 아이들의 10% 정도로 알려져 있다. 즉, 전체 부모 중 10%는 아이를 키우는 데 평균보다 더 많이 힘들 수 있다는 이야기다.

까다로운 기질을 가진 아이는 먹고 자는 것이 불규칙하고 새로운 사람이나 상황에 대해서도 적응하기 어려워한다. 낯선 상황에서는 쉽게 위축되며, 변화에 적응하는 것을 힘들어하고, 작은 변화에도 아주 민감하게 반응한다. 욕구가 좌절되면 심하게 울거나 떼를 쓰며, 달래는 일 또한 쉽지 않다. 평소에도 자주 칭얼대는 등 부정적인 감정 표현이 많고, 실수도 많이 하고 사고도 많이 친다.

아이의 특성이 이렇다 보니 부모들은 자칫 아이의 불확실한 감정이나 행동에 불안해하기도 하고, 말썽 부리는 것에 화를 내기도 하며, 지나친 반항에 위협감을 느끼기도 하고, 심지어 아이를 거부하기도 한다. 까다로운 기질의 아이를 키울 때 가장 유념해야 할 것은, 아이를 부모의 스타일에 억지로 맞추려 해서는 안 된다는 점이다.

까다로운 기질을 만드는 특별한 유전자를 가진 이 아이들에게 단점만 있는 것은 아니다. 이런 아이들은 자신이 원하는 바가 아주 확실하고 자기 결정력도 빠르다. 태어날 때부터 직관적이고 정서적인 우뇌가 더 발달해서 '우뇌우세형 아이'의 특성을 갖고 있기 때문이다. 전체적으로 큰 그림을 보면서 많은 정보를 동시에 처리하는 데도 우수하므로 장점을 잘 살려 키우면 아주 진취적인 아이로 자랄 수 있다.

물론 이런 두뇌의 장점을 살리고 단점을 교정해가려면 부모는 아이가 상처를 받지 않으면서 세상에 적응할 수 있도록 애써야 한다.

느린 아이, 인내하는 부모가 필요하다

어떤 면에서는 순한 기질의 아이를 닮았고, 또 다른 면에서는 까다로운 기질의 아이를 닮은 느린 기질의 아이도 있다. 느린 기질의 아이는 먹고 자는 것이 규칙적이고 느리긴 해도, 긍정적인 감정 표현을 하는 편이다. 겉보기에는 순한 아이라고 착각할 수도 있다.

하지만 새로운 환경을 접하면 심하게 경계하고 위축되어 적응하는 데 지나치게 오래 걸린다. 낯선 음식이나 물건 등은 아예 회피하고 부정적인 반응을 보인다는 점에서 까다로운 기질의 아이와 닮았기도 하다.

그렇다면 느린 기질의 아이는 까다로운 기질과 순한 기질이 적당히 섞여 있는 아이일까? 그렇게 보기도 좀 어렵다. 느린 기질은 까다로운 기질이나 순한 기질과는 전혀 다른 뇌의 특징을 가지고 있기 때문이다.

느린 기질의 두뇌는 배쪽덮개 영역(쾌락을 인지할 때 도파민을 방출한다)과 측좌핵(쾌락과 보상 체계의 중추) 등의 활성도가 낮은 편이다. 우리 뇌의 좌우로 있는 측좌핵이 자극을 받으면 아이는 의욕이 넘쳐 약간 흥분한 상태로 일을 진행하게 되는데, 느린 아이의 뇌는 측좌핵의 활성도가 낮다 보니 어떤 일에 대한 의욕마저 부족하다.

결국 모든 것이 너무 느려서 부모를 답답하게 만드는 아이도 일에

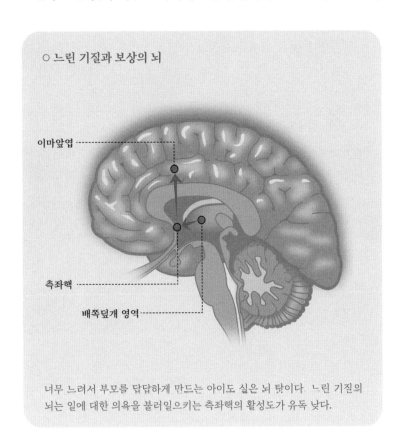

○ 느린 기질과 보상의 뇌

이마앞엽

측좌핵

배쪽덮개 영역

너무 느려서 부모를 답답하게 만드는 아이도 실은 뇌 탓이다. 느린 기질의 뇌는 일에 대한 의욕을 불러일으키는 측좌핵의 활성도가 유독 낮다.

　　　　　　　　　　　　　두뇌성격이 아이 미래를 결정한다

대한 의욕을 불러일으키는 측좌핵의 활성도가 유독 낮아서 그렇다고 볼 수 있다.

느린 기질의 아이는 보상에도 별로 반응을 보이지 않는다. 보상과 관련된 뇌 영역의 활성도가 낮은 것과 더불어, 선천적으로 타고난 DRD4 유전자의 변이가 적기 때문이기도 하다. 무엇을 하고자 하는 적극적인 마음이 있어야 그 일을 해내고 말겠다는 의지가 생기고 일에 대한 지속성이 생기게 된다. 하지만 느린 기질의 뇌는 꾸준함이 떨어지고 어려운 일을 만나면 쉽게 짜증을 내거나 과제를 중도에 포기하곤 한다.

이렇게 느린 아이는 보상에 관심이 없으며 꾸준함 또한 부족하다. 이런 아이의 이해할 수 없는 느긋함은 그저 부모에게 반항하기 위해 혹은 근성이 없어서 하는 행동이 아니다. 태어날 때부터 그런 기질의 뇌를 가졌을 뿐이다.

이런 아이한테 끈기가 없고, 집중력이 부족하다고 너무 조급하게 다그쳐서는 안 된다. 느린 기질의 아이에게 가장 필요한 것은 '부모의 기다림'이다. 기다려준다는 것은 수동적이거나 무관심한 것과 다르다. 아이의 일에 관여하지 않고 바라보기만 하라는 뜻도 아니다. 기다려야 한다는 것은 아이가 자연스럽게 성장하는 과정을 지켜보고 성찰하라는 의미다. 즉, 큰 시각으로 아이를 바라볼 필요가 있다.

불행 중 다행으로 느린 아이는 생각보다 실수가 적은 편이다. 느리기는 하지만 그만큼 신중하기 때문이다. 그러니 부모는 느린 아이가 어떤 일을 하고 있을 때 불필요하게 간섭하거나 밀어붙이지 말자. 느린 아이는 한번 취한 태도나 행동을 바꾸는 데 시간이 오래 걸리므로, 부모가 나서면 초점을 잃고 늑장을 부리게 된다.

전체 아이 중 15% 정도는 느린 기질을 타고난다. 단, 느린 아이를 키우는 일은 까다로운 기질의 아이를 키우는 일만큼 큰 노력이 필요하지는 않다. 그러나 밥 먹기, 씻기, 옷 입기 등 일상적인 행동이 너무 느려서 부모가 애를 태울 수밖에 없다. 또래 아이보다 발달이 뒤처져 걱정할 수도 있다. 유아기는 그런대로 별 탈 없이 지나가지만, 차츰 크면서 어린이집이나 유치원 등의 단체 생활을 해야 하는 시기가 되면 여러 문제가 발생해 고민이 더 커지기도 한다.

느린 아이의 부모는 누구보다 더 인내심을 길러야 한다. 느리기만 한 아이의 모든 변화에 시간제한을 두지 말고 천천히, 반복적으로 접하게 함으로써 스스로 극복하도록 이끌어야 한다. 지나친 걱정은 하지 않아도 된다. 익숙해지기까지 시간이 더 걸릴 뿐 한번 익숙해지면 곧 일정한 수준까지 쭉 올라갈 수 있기 때문이다. 부모의 인내가 헛되지 않을 만큼 좋은 성취를 이루어낼 수도 있기 때문이다.

기질에 맞는 육아법은 따로 있다

1. 순한 아이 키우기

순한 아이는 대체로 즐겁고 조용하다. 쉽게 잠들며 밤에도 깊이 잔다. 깨어나도 칭얼거리지 않고 혼자 장난감을 만지며 놀기도 한다. 수유를 마치면 누워서 놀다가 배가 고프거나 기저귀가 축축해졌을 때 낑낑거리며 우는 정도다. 아무리 호기심이 가도 낯선 물건을 조심스러워하는 만큼 사고를 치는 일도 적다. 하지만 순하고 별일이 없다고 해서 아이를 그대로만 키우게 되면 언어나 운동 발달이 늦어질 수 있고, 자존감이 낮거나 소심하고 상처를 안고 사는 아이로 클 수 있다. 순한 기질의 아이에게 섬세한 육아법이 필요한 이유이기도 하다.

순한 아이는 집 안에서도 존재감이 별로 없다. 특별히 말썽을 일으키지 않기 때문인데, 모든 아이는 타고난 기질과 상관없이 부모에게 가장 중요한 존재가 되고 싶어 한다. 집을 찾아온 손님에게만 부모의 관심이 쏠릴 때도 순한 아이는 티를 내지 않는다. 하지만 손님이 돌아간 후 공연히 짜증을 부린다면 되짚어볼 필요가 있다.

동생이 생기면 순한 아이가 받는 충격은 더 크다. 부모는 큰아이가 순하므로 안심하고 동생한테만 신경을 쓴다. 하지만 아무리 순한 아이라도 부모의 사랑을 동생에게 빼앗기면 몹시 괴롭고, 동생 때문에 매일 혼자 놀아야 하는 것도 힘들다는 것을 부모는 알아야 한다. 그러므로 "너는 항상 엄마 아빠한테 소중한 존재야"라는 표현으로 아이의 마음을 달래줄 필요가 있다.

순한 아이는 유치원이나 학교에서도 많이 치이고 스트레스를 받게 된다. 더러는 단체 생활을 하다가 억울한 일을 당하고도 변명조차 못하는 경우가 생기기도 한다.

직접 체험할 거리를 많이 만들어준다

순한 아이는 직접 체험보다 간접 체험에 만족하는 경향이 있다. 스스로 체험해보려고 하지 않을뿐더러 부모가 제공하는 체험 형태에도 별 불만이 없다. 하지만 아이가 직접 보고 듣고 만지는 직접 체험은 기질과 상관없이 아이의 성장에는 매우 중요한 일이다. 그러므로 순한 아이일수록 체험 학습, 캠프 활동, 여행 등을 통해 스스로 관찰하고 터득하는 경험을 많이 쌓도록 해주어야 한다.

차분하게 책만 읽게 하면 아이는 갈수록 몸을 덜 움직이고 소극적인 활동에 익숙해질 수도 있다. 이렇게 되면 스스로 고립되어 외부 환경과 변화에 적극적으로 대처하며 능력을 발휘하기가 어렵다. 어쩌면 자기 세계에 빠져 인색하고 고집스러운 아이로 자랄 수도 있다.

순한 기질의 아이는 부모에게 상처를 주는 일도 거의 없다. 그 누가 보아도 어른 말씀 잘 따르는 착하고 예의 바른 아이다.

다만 아이가 순해서, 키우기 편하고 좋다고만 생각할 일이 아니다. 어느 정도 아이가 크면 자신의 불쾌한 감정을 솔직히 표현하고 "싫어!", "그러지 마!"라고 말할 수 있게 '자기방어 능력'을 키워주어야 한다.

또한 평소에도 역할놀이 등으로 감정을 물어보고 표현하는 연습을 시키면 좋다. 어릴 때부터 이런 훈련을 잘해두면, 아이는 점차 자신의 감정을 긍정적인 방법으로 표현하면서 자기주장을 할 줄 아는 당당한 아이로 자랄 수 있다.

아이에게만 집중하는 시간을 갖고, 여유 있게 기다린다

순한 아이는 지나치게 남을 의식하는 경향이 있어서 훗날 상처받기 쉽고 고지식하며 예민한 어른이 될 수도 있다. 착하게만 자라서 마음도 여리고 상대의 태도에 마음을 쓰며 전전긍긍한다. 그뿐만 아니라 작은 실수에도 불안해한다. 어떤 아이들은 부모를 실망하게 하면 안 된다는 의무감까지 더해 자신이 행복하지 않으면서도 부모가 원하는 대로 행복하다고 한다. 결국 부자연스러운 탈을 쓰는 것이다.

내 의견을 관철하기 위해서는 주위 사람에게 폐를 끼칠 수도 있고, 자신의 안전을 위해 다른 사람에게 도움을 요청할 수도 있음을

우리 아이, 순한 아이일까?

☐ 제시간에 먹고 자고, 대소변 시간도 규칙적인 편이다

☐ 한번 "안 돼!", "하지 마!"라고 하면 되도록 하지 않으려고 한다

☐ 부모가 혼을 내거나 화를 내면 금세 위축된다

☐ 부모가 바쁘다고 하면 혼자서도 잘 노는 편이다

☐ 조심성이 많아 사고를 치거나 심한 장난을 하지 않는다

☐ 처음 접하는 음식도 잘 먹는다

☐ 잠이 쉽게 들고, 깊은 잠을 잔다

☐ 처음 보는 사람 앞에서도 잘 미소 짓고 친근하게 군다

☐ 손님이 오면 더 고분고분하고 얌전해진다

☐ 자기감정을 표현하는 일이 적고, 화를 잘 내지 않는다

※ 5개 이상이라면 순한 기질의 아이일 확률이 높다. 8개 이상이라면 순한 기질을 가진 아이로 볼 수 있다.

가르쳐주어야 한다. 물론 다른 사람의 호의를 흔쾌히 받아들일 줄도 알게 해야 한다. 그런데 순한 아이에게는 이런 모든 행동이 어렵게만 느껴진다.

순한 아이는 다른 사람이 호의를 베풀면, 지나치게 더 많이 보답해야 마음이 편해진다. 그래야 자신이 버림받지 않는다고 느끼기 때문이다. 그러니 순한 아이한테는 자신의 감정을 표현할 때 지나치게 남의 눈치를 볼 필요가 없음을 수시로 알려줘야 한다. 또한 예의에 어긋나거나 위험한 행동이 아닌 이상 아이가 자신의 욕구를 억누르게 하면 안 된다.

아이가 순하면 매사가 안전하다 보니 아이의 애착 형성에 문제가 생기기도 한다. 아이의 안정적인 애착을 원한다면 부모는 정말 아이한테만 집중하는 시간을 더 많이 가져야만 한다.

또한 순한 아이는 심사숙고형이 많다. 그러니 이 사실을 염두에 두고 아이에게 자기 생각이나 원하는 것을 말하라고 할 때는 여유를 갖고 기다리는 자세도 필요하다.

2. 까다로운 아이 키우기

까다로운 아이는 사람이든 환경이든 모든 새로움에 바로 겁을 내고, 숨거나 회피하는 편이다. 낯가림이 심하고, 먹는 것도 싫으면 서슴없이 뱉어버린다. 난데없이 화를 잘 내며, 삐치는 일도 많고, 자신의 감정을 조절하지 못해서 소리를 지르고 우는 일도 많다.

특히 까다로운 아이는 유아기에 이런 현상이 더 심한데, 자신이 부모의 사랑을 잃을 수도 있다는 두려움이 커서 '싸우기 아니면 도망치기' 식의 반응을 보인다. 싸우기 반응은 공격적이고 반사회적이지만, 도망치기 반응은 우울하거나 사회적으로 위축되는 것이다.

그렇다면 이렇게 정반대 성향을 모두 가진 아이는 어떻게 키우는 것이 좋을까? 다행히 까다로운 아이는 어려서부터 매우 예민하고 위축되어 있지만, 부모가 잘 맞춰서 키우면 사춘기 무렵에는 절반 이상이 자신감과 사회성이 있는 아이로 변한다는 보고가 있을 만큼 변화를 기대할 수 있다.

뇌는 무료함을 스트레스로 인식하는데 까다로운 기질의 아이는 유독 무료함을 견디지 못하는 뇌를 가지고 태어난다. 따라서 이런 아이는 스트레스에서 벗어나기 위해 아기 때부터 여러 시도를 한다. 머리를 흔들거나 침대를 두드리기도 하고, 소리를 지르면서 뛰어다니기도 한다. 이때 부모는 아이의 관심을 다른 곳으로 돌려 자연스럽게 자신의 분노나 스트레스를 조절할 수 있도록 이끌어야 한다.

자신을 힘들게 하는 까다로움과 예민함

까다로운 아이 중에는 안거나 뽀뽀하는 것을 싫어하는 아이도 있다. 이때 아이한테 왜 그러느냐고 다그치거나 억지로 안아주거나 뽀뽀할 것이 아니라 아이와 함께 놀아주어야 한다. 위험하거나 다른 사람에게 피해를 주는 것이 아니라면, 아이가 자신만의 방식을 고집해도 이것을 반항으로 해석하거나 억지로 고치려고 해서는 안 된다.

이런 아이들은 어느 날 갑자기 고분고분하고 융통성 있는 아이로 변하지도 않는다. 아주 서서히 변한다.

까다로운 아이는 먹고 자는 것부터 수유, 수면 등이 다 일정하지 않다. 또한 부모가 엄격하게 정한 시간에 맞춰 억지로 먹이고 재우려고 하다 보면 아이는 더 예민해질 수도 있다. 특히 잠이 부족한 아이는 자율신경계의 불균형으로 과도한 각성 상태가 되기 쉽다.

가끔 이런 아이는 식성마저 까다로워서 특정 음식이나 한 가지 음식만 과식하기도 한다. 식사는 5대 영양소가 골고루 포함된 균형 잡힌 식단으로 짜고 과일이나 채소 등 신선한 식품을 먹이도록 한다.

아이의 예민한 감각을 존중해준다

까다로운 아이 중에는 예민한 감각을 가진 아이들이 많다. 어둠을 지나치게 무서워하고 소리에 민감해 깜짝깜짝 놀라며 잠을 못 이루기도 한다. 특정한 이물감의 음식 재료나 특이한 맛을 유독 거부하기도 한다.

높은 곳에 올라가거나 놀이기구 타는 것을 두려워하기도 한다. 특정 소재의 옷을 불편해하기도 하고, 피부에 닿는 의류 라벨의 느낌을 지나치게 싫어하기도 한다. 그래도 아이의 예민한 감각을 되도록 존중해주는 것이 좋다. 아이의 까다로운 '취향' 또한 뇌의 탓이기 때문이다.

아이가 어둠을 두려워하면 밤에 취침등을 켜주고, 소리에 민감하다면 소리를 줄이거나 차단한다. 또 특정 음식에 대한 거부감이 심하면 다른 음식으로 대체해준다. 의류 라벨도 제거하고, 아이가 불편해하는 소재의 옷도 가능하면 피하는 게 좋다.

이런 아이는 다른 아이보다 뭔가를 더 일찍 스스로 하려는 경향이 있다. 혼자 힘으로 해낼 수 없는데도 장난감 조작, 단추 끼우기, 숟가락질을 스스로 하고 싶어 한다. 자기 생각과 행동에 부모가 관심 두기를 바라고, 자신이 잘할 수 있다는 것을 부모가 인정해주기를 바라는 것이다.

까다로운 아이는 부모의 말을 잘 듣지 않으며, 불평도 많고, 게으르게 행동하는 등 반항적 태도를 자주 보인다. 이때 부모가 성급하게 그 자리에서 아이의 태도를 문제 삼아 잔소리나 비난을 하면, 사태는 더 악화할 수 있다. 아이는 겉으로는 반항하고 있지만, 속으로는 마음을 다잡는 중이었을 수도 있다. 그런데 그때 잔소리나 비난을 하면 아이는 '어차피 혼난 몸'이라고 생각해 더욱 반항할 수 있다.

일정한 생활 규칙이 습관이 되도록 만든다

기질에 상관없이 마음이나 행동이 변하려면 아이들도 시간이 필요하다. 변화에 적응해 자신의 행동을 바꾸려면 마음이 먼저 변해야 하는데, 까다로운 아이는 그 시간이 유독 많이 걸린다. 그래서 아이가 '변화'와 관련된 일을 겪어야 한다면 미리 설명하고 조금씩 준비시켜야 한다. 매일의 습관처럼 일정하게 지켜야 하는 규칙이 있다면 훨씬 도움이 된다. 일정한 규칙과 습관은 아이에게 안정감을 주기 때문이다.

보통 기질이 까다로우면 규칙을 싫어한다고 생각할 수 있지만, 꼭 그렇지만도 않다. 규칙을 싫어하는 것이 아니라 규칙이 너무 자주 바뀌는 것을 싫어한다. 그리고 갑자기 지켜야 하는 과도한 규칙에

우리 아이, 까다로운 아이일까?

☐ 너무 쉽게 자극받고, 거칠고 충동적이며, 침착하지 못하다

☐ 항상 무엇인가를 하고 있다

☐ 제한받는 것을 싫어한다

☐ 주의 집중이 힘들어 지시를 잘 잊는다

☐ 슬플 때, 화날 때, 즐거울 때 큰 소리를 내며 힘이 넘친다

☐ 낯선 사람 앞에서는 부끄러움이 많고, 새로운 상황에서는 울거나 징징거리는 일이 많다

☐ 일상생활이나 패턴에 변화가 있는 것을 싫어한다

☐ 아이를 예측할 수 없다. 특별한 이유 없이 기분이 좋아지거나 나빠지기도 한다

☐ 원하는 것이 있을 때 지속해서 불평하고 우는소리를 한다

☐ 고집이 세다

☐ 색, 빛, 모양, 감촉, 소리, 냄새, 맛, 온도를 잘 감지한다

☐ 난처할 정도로 특이한 취향이 있다

※ 5개 이상이라면 까다로운 기질의 아이일 확률이 높다. 8개 이상이라면 까다로운 기질을 가진 아이로 볼 수 있다.

대한 적응력이 떨어질 뿐이다. 까다로운 아이도 일단 규칙에 익숙해지고 나면 그 규칙을 좋아하게 되고, 그 규칙으로 인해 안정감을 얻는다.

이런 아이가 변화를 자연스럽게 받아들이도록 하려면, 일정한 규칙을 습관으로 만들어주어야 한다. 즉, 일정한 규칙을 조금씩 바꾸면서 서서히 변화를 시도해야 아이도 큰 거부감 없이 받아들일 수 있다.

3. 느린 아이 키우기

느린 기질의 아이는 말 그대로 매사가 느리다. 다른 집 애들이 기어 다닐 때 뒤집기도 제대로 못하는 경우까지 있을 수 있으니 부모는 속이 탈 수도 있다. 비단 뒤집기뿐이겠는가? 뒤집기를 한 후 이어지는 기어 다니기와 걸음마도 더딘 바람에 혹시 우리 애한테 무슨 문제가 있는 것은 아닐까 하는 고민을 안겨주기도 한다. 하지만 아무리 느려도 대부분은 나아지고 다른 애들처럼 하게 된다. 만일 몸에 이상이 있는 아이라면 단순히 느리지만 않고 다른 증상도 병행되기 때문이다.

느린 아이는 선천적으로 타고난 뇌가 그렇고 스스로 움직이기를 싫어하고 조금만 어려우면 포기하려고 하는 기질을 가지고 있다. 먹지 않으려는 애를 억지로 먹일 수 없는 것처럼 느리디 느린 아이를 잽싼 아이로 바꿀 수는 없다. 대부분 이런 아이들은 대근육 운동(몸의 가슴, 등, 팔, 어깨, 배, 허리, 다리 등 사지와 관계되는 운동)'을 거부하거나 더디거나 아예 하지 않으려고 한다. 이때 부모는 적극적으로 대근육 운동을 하도록 유도하는 것이 좋다. 스스로는 절대로 나서지 않기 때문이다.

대근육 운동은 아이가 태어나고 1개월 정도 되면서 시작된다. 아이를 엎어놓으면 그 자세에서 스스로 고개를 들려고 하는 것이 시작이다. 그런 후 대부분 2개월이면 가슴을 들고 3~4개월이면 뒤집기를 하는데 느린 아이들은 이런 스텝이 아주 느리다. 그런데 부모의 입장에서는 내 아이가 느린 아이라는 사실을 감지하기 힘들 수 있다.

거북이처럼 느려도 나아진다

보통 아이를 엎어놓으면 그대로 엎드려 있지 않고 끙끙대거나 버둥거리면서도 어떻게 하든 그 상황을 견디는 애가 있는가 하면, 얼굴을 금세 바닥에 대고 울거나 소리를 질러서 부모를 놀라게 하는 애도 있다.

중요한 사실은 이럴 때 아이의 상황이 안타깝고 아이가 힘들까 봐 바로 뉘어놓으면 그 운동은 도로아미타불이라는 것이다. 아이가 애처로워서 엎드려 있기 같은 것을 시키지 않고 아이도 누워서 모빌만 본다면 그다음에 해야 하는 뒤집기 등의 신체 발달 진행이 어려워질 수 있음은 자명한 사실이다. 물론 이런 운동을 억지로 아이한테 강요해서는 안 된다. 하지만 하루에 몇 분이라도 조금씩 시키면서 시간을 늘리고 재미를 주면 아이의 전신 운동 효과는 커질 것이다.

물론 아이를 너무 푹신한 이불 위에 엎어놓는다거나 너무 높은 소파나 침대 등에 엎어놓고 자리를 비워서는 안 된다. 언제나 아이를

우리 아이, 느린 아이일까?

☐ 정리 정돈을 제대로 하지 못하며, 자질구레한 것도 잘 버리지 않는다

☐ 쇼핑할 때나 자신이 필요한 물건을 고를 때 시간이 많이 걸린다

☐ TV나 컴퓨터에 매달려 지내거나 집 안에서 빈둥거린다

☐ 숙제와 같이 꼭 해야 할 일도 시작할 때까지 시간이 걸린다

☐ 시험을 치를 때 답을 대충 적어내곤 하며, 아는 문제도 틀리는 경우가 많다

☐ 학교에서 다쳐도 부모에게 말하지 않고 넘어가는 경우가 종종 있다

☐ 야단치거나 강제로 시키면 고집부리면서 아무것도 하지 않는다

☐ 남 앞에 나서서 행동하는 것을 부담스러워한다

☐ 무언가 선택할 때는 친구나 어른들의 결정에 맡겨버린다

☐ 늘 낙천적이며, 놀 때도 승부에 집착하지 않고 즐긴다

※ 5개 이상이라면 느린 기질의 아이일 확률이 높다. 8개 이상이라면 느린 기질을 가진 아이로 볼 수 있다.

지켜봐주고 그때그때 반응하면 아이는 의외로 엎드려 있기에 익숙해질 것이다.

몸을 많이 사용해야 아이의 운동 능력과 운동 신경이 발달하고 체력도 좋아진다. 또한 몸이 건강해야 마음도 건강해지듯이 운동을 하다 보면 체력이 좋아지면서 아이는 자신감이 생기며 활발해진다.

우리 아이는 어떤 기질을 가지고 있을까?

부모가 아이의 기질을 알아야 하는 이유는 내 아이의 어려움을 이해하기 위해서다. 아이를 아는 만큼 아이의 문제에 더 잘 대처할 수 있기 때문이다. 잡힐 듯 말 듯한 내 아이의 기질, 다시 한 번 체크리스트로 알아본다.

기질 분석은 아이를 돕기 위한 수단일 뿐!

순한 기질, 까다로운 기질, 느린 기질은 사회·경제적 수준, 육아 방식과 관계없이 모든 아이에게 적용된다. 물론 모든 아이가 세 기질 중 하나에 해당하는 것은 아니다. 전체 중 35% 정도의 아이들은 어느 기질에도 속하지 않는다. 그래서 예시한 기질에 내 아이를 끼워 맞추고, 아이가 보이는 환경 적응의 문제를 아이 책임으로 돌리는 일은 없어야 한다.

육아와 기질을 논할 때의 정답은, 기질이 다양하므로 그 아이만의 기질에 맞춰 키워야 한다는 것이다.

까다로운 기질의 아이인데도 순한 기질의 아이와 같은 잣대로 바라보며 문제아 취급을 하지 않았으면 한다. 그리고 순한 기질, 까다로운 기질, 느린 기질은 아동의 기질 연구가 있었던 이래, 가장 오랫동안 많이 쓰였던 분류에 불과하다는 것을 기억하기 바란다.

오른쪽 문항을 읽고 '항상 그렇다' 1점, '약간 그렇다' 2점, '약간 그렇지 않다' 3점, '항상 그렇지 않다' 4점으로 점수를 매겨 합산한다. 4번 문항만 점수를 거꾸로 계산한다. 총 점수가 23점 이상이면 까다로운 아이, 20점 이하면 순한 아이에 해당한다고 보면 된다.

우리 아이 기질 알아보기

1. 블록 쌓기, 그림 그리기 등을 시작하면 시간이 오래 걸리더라도 끝까지 해낸다.
   항상 그렇다 ☐   약간 그렇다 ☐   약간 그렇지 않다 ☐   항상 그렇지 않다 ☐

2. 밤에 잠자리에 들면 거의 같은 시간 안에 잠든다.
   항상 그렇다 ☐   약간 그렇다 ☐   약간 그렇지 않다 ☐   항상 그렇지 않다 ☐

3. 쇼핑할 때 자신이 원하는 장난감이나 사탕 대신 다른 것을 사주어도 쉽게 받아들인다.
   항상 그렇다 ☐   약간 그렇다 ☐   약간 그렇지 않다 ☐   항상 그렇지 않다 ☐

4. 다른 아이들과 놀면서 말다툼하는 일이 잦다.
   항상 그렇다 ☐   약간 그렇다 ☐   약간 그렇지 않다 ☐   항상 그렇지 않다 ☐

5. 놀이터나 남의 집을 방문해서도 처음 보는 아이들에게 다가가 쉽게 잘 어울린다.
   항상 그렇다 ☐   약간 그렇다 ☐   약간 그렇지 않다 ☐   항상 그렇지 않다 ☐

6. 새로운 운동(뜀뛰기, 자전거 타기 등)을 배우게 되면 연습하느라 오랜 시간을 보낸다.
   항상 그렇다 ☐   약간 그렇다 ☐   약간 그렇지 않다 ☐   항상 그렇지 않다 ☐

7. 아침에 일어나면 즐거워한다.
   항상 그렇다 ☐   약간 그렇다 ☐   약간 그렇지 않다 ☐   항상 그렇지 않다 ☐

8. 아이가 화가 났을 때 부모가 달래면 쉽게 가라앉는다.
   항상 그렇다 ☐   약간 그렇다 ☐   약간 그렇지 않다 ☐   항상 그렇지 않다 ☐

9. 낯선 사람이 집을 방문해도 금방 친해진다.
   항상 그렇다 ☐   약간 그렇다 ☐   약간 그렇지 않다 ☐   항상 그렇지 않다 ☐

10. 하루에 먹는 식사나 간식의 양이 비슷하다.
    항상 그렇다 ☐   약간 그렇다 ☐   약간 그렇지 않다 ☐   항상 그렇지 않다 ☐

출처 아이기질평가문항(유아~초등 저학년용), 수원대학교 아동가족학과 교수 최영희

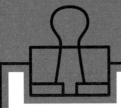

CHAPTER 02

유아기부터 학령기까지

아이의 기질이
두뇌성격을 만든다

아이의 기질은 부모로부터 물려받은 것으로

태어날 때부터 이미 정해져 있다. 하지만 성격은 다르다.

타고난 기질에 의해 성격이 좌우되기도 하지만

아이의 성격은 자라는 동안 주변 환경에 의해 조금씩 다듬어지고 완성된다.

아이의 기질이 두뇌성격에 어떤 영향을 미치는지 알아보고,

두뇌성격에 따라 어떤 특징이 있는지 살펴보자.

기질의 뇌, 성격의 뇌

기질은 성격을 낳고, 성격은 행동을 낳는다

태어난 지 얼마 되지 않은 신생아의 얼굴 위에서 모빌을 흔들어줘 본 적이 있는가? 어떤 아기는 물끄러미 바라볼 뿐 아무런 반응을 보이지 않고, 어떤 아기는 흔들리는 모빌에 호기심을 보이며 잡으려고까지 한다. 또 다른 아기는 움직이는 낯선 물체에 두려움을 느끼고 얼굴을 찡그리거나 팔다리를 버둥거리며 온몸으로 거부한다. 같은 월령의 아기들에게 같은 자극을 주었는데 왜 이처럼 각각 다른 반응을 보이는 것일까? 그것은 아이마다 가지고 태어난 기질이 다르기 때문이다.

그렇다면 유전자의 영향을 강하게 받아 형성된 기질은 아이의 성장에 어떤 영향을 끼치게 될까? 미국 하버드 대학교의 발달심리학자

제롬 케이건(Jerome Kagan, 기질 연구로 평생을 보냈으며, 20세기 가장 영향력 있는 심리학자) 박사는 어린 시절의 기질이 어른이 되었을 때의 성격에 영향을 미친다는 연구 결과를 발표했다. 그는 어렸을 때 유난히 수줍음을 탄 성인을 대상으로 연구를 했는데, 실험자의 뇌를 기능성 자기공명영상 fMRI로 촬영해보니 수줍음을 많이 탄 성인의 편도체가 다른 성인에 비해 더욱 활성화되었다고 밝혔다.

실험자에게 낯선 얼굴의 사진을 보여주자 두려움이나 경계심 등 부정적인 감정과 관련 있는 편도체가 반응을 보였나. 이러한 결과는 어릴 적 수줍음의 유발이 뇌의 차이에 기인했으며 20년이 지나도록 변하지 않았다는 것을 나타낸다.

제롬 케이건 교수는 500명의 아이가 영아에서 청년이 될 때까지 무려 20여 년 동안 그 기질이 어떤 식으로 변하는지 관찰했다. 세 살 미만일 때 전체 아이들의 약 20%는 낯선 사람이 오자 뚜렷한 반응을 보였다. 팔다리를 마구 흔들어대고, 만나는 시간의 3분의 1 동안 울어댔다. 또한 몸을 일으켜 등을 뒤로 젖히며 온몸으로 지금의 상황이 싫다는 것을 보여주었다.

아이 중 40%는 대개 가만히 앉아 있었고, 별로 울지 않았으며, 자주 옹알거리며 웃기도 했다. 제롬 케이건 박사는 이 아이들이 유치원에 다닐 나이가 되었을 때 다시 만나보았다. 이전에 수줍음을 많이 타던 아이들은 더욱 말이 없어졌었다. 교사가 질문해도 손을 들거나 대답을 하지 않았다. 수업 시간에 떠들지 말라는 교사의 규제를 잘 따랐으며, 아이들을 관찰하기 위해 교실 뒤에 서 있는 연구원을 매우 경계했다.

이에 반해 이전에 수줍음을 타지 않던 아이들은 적극적으로 발표에 참여했고, 교사의 규제와는 상관없이 시도 때도 없이 소리를 질렀으며, 그들 중 절반 이상은 연구원 곁으로 한 번 이상 다가오는 행동을 보였다.

제롬 케이건 박사는 저서에서 어린 시절 수줍음을 타던 아이를 내성적인 기질, 수줍음을 타지 않던 아이를 외향적인 기질로 나눴다. 그리고 내성적인 아이는 활성도가 높은 편도체를 가지고 있어서 공포심이 강하지만 외향적인 아이들은 편도체가 예민하지 않아 호기심과 에너지를 주체하지 못하고 위험을 무릅쓴다고 밝혔다. 20여 년에 걸친 제롬 케이건 박사의 '종단적인 기질 연구(같은 연구 대상을 오래도록 추적하며 관찰하는 연구)' 결과는 태어날 때 한번 결정된 기질은 성인이 되어서도 변하지 않는다는 것이다. 또한 아이들이 보여준 행동을 통해, 행동은 성격에서 나오고 성격은 기질에서 나온다는 것을 알 수 있다.

타고난 기질은 평생 변하지 않을까?

기질은 아이의 감정이나 사회성을 지배하며, 자라면서 그 영향력이 줄어들기도 하지만 일생을 두고 일정하게 유지된다. 물론 유전적인 기질이 환경과 어우러져 서로 영향을 미치면서 성격을 형성하지만, 그것만이 성격을 결정하는 유일한 요소는 아니다. 기질은 전적으로 유전에 의하지만, 성격은 주변 조건에 따라 달라지기 때문이다.

유전은 감성, 사회성, 공격성, 성실성 등과 같은 성격 특징의 50% 정도를 결정하며, 나머지 성격은 삶의 경험, 즉 아이를 둘러싼 환경에 의해 결정된다. 또한 기질은 주로 하부 변연계, 특히 편도체에 의해 정해지고, 성격은 뇌의 전체 영역, 특히 앞쪽의 전두엽이 관여한다. 전두엽이 발달하는 데는 시간이 많이 필요하므로 성격은 오랜 시간에 걸쳐 형성되는데, 환경의 영향이 너무 강하면 변연계의 구조를 변화시켜 기질이 바뀌기도 하고, 같은 기질이라도 환경에 적응하면서 전혀 다른 성격을 보이기도 한다.

기질에 관한 많은 연구 결과를 종합해보면 적어도 40%의 아이가 기질의 부정석인 면을 극복하고, 긍정적인 면을 활용한다고 되어 있다. 결국 기질은 그 자체로 드러나기보다는 특정한 성격으로 발전할 가능성이 크다는 것이다.

제롬 케이건 박사도 두 살 때 내성적이라고 판정받은 13명의 아이 중, 단 2명을 제외하고는 사춘기가 되었을 때 자신의 내성적인 행동을 극복했다고 밝혔다. 타고난 기질은 변하지 않아도 기질이 만드는 성격은 '환경'에 따라 충분히 바뀔 수 있다는 이야기다.

기질의 장점과 개성을 살리는 것이 더 중요하다

기질만 두고 좋은 기질이냐 나쁜 기질이냐를 구별할 수는 없다. 부모 또한 내 아이의 기질이 좋거나 나쁘다고 쉽게 판단해서는 안 된다. 어떤 이유로든 아이와 부모 사이에 기질이 충돌하면 아이는 심한 스트레스 상황에 놓인다.

아이는 스트레스를 받으면, 우선 놀라서 교감신경계가 흥분해 가슴이 두근거리고 호흡이 가빠지는 등의 현상을 겪는다. 또한 스트레스가 과도하게 지속되면 아이의 뇌는 전두엽의 이성적인 기능뿐만 아니라 변연계의 감정 조절 기능조차 약화해 오직 생존을 위한 처리에만 급급하게 된다. 자연히 아이는 집중력이 떨어지고 과잉 행동을 보이며, 자신을 학대하기도 하는 등 행동장애와 학습장애가 생기기 쉽다. 부모와 아이의 기질이 갈등을 겪으면, 부모와의 관계가 아이에게는 뇌 발달을 저해하는 가장 큰 스트레스 요인이 되는 것이다.

부모는 아이의 타고난 기질을 그대로 인정하고 받아들이면서, 최선을 다해 아이에게 관심을 기울이고 기질에 맞는 환경을 조성하도록 노력해야 한다. 아이의 기질을 존중하거나 수용하지 않고 부모가 마음대로 기준을 정해 아이를 밀어붙이면 문제행동이 나타날 수 있다.

일반적으로 부모가 아이의 기질을 중요하게 생각하는 때는 둘째 아이가 태어나면서부터다. 첫째를 키웠던 것처럼 둘째를 키우려고 할 때, 뭔가 어긋나는 경험을 하면서 '큰애랑 작은애는 기질이 다른가?' 하는 생각이 들기 때문이다. 그러나 기질이나 성격은 형제끼리도 달라서 몰아붙인다고 단번에 다른 기질이나 성격이 될 수는 없다. 앞서 말했듯이 부모의 강압적인 행동은 아이에게 큰 스트레스가 될 수 있으므로 매우 조심해야 한다.

숙고형 아이 Vs 충동형 아이

우리 아이, 숙고형일까? 충동형일까?

지능이 비슷한 두 아이가 있다. 두 아이에게 제한시간 30분을 주고 똑같은 문제를 풀게 했다. 한 아이는 제한시간을 꽉 채워 사용하며 문제를 꼼꼼하고 신중하게 풀었다. 그런데 다른 한 아이는 문제를 읽자마자 순식간에 답을 적어 내려갔다. 제한시간이 15분이나 남았지만 아이는 답안지를 내고 밖으로 나가버렸다.

이때 두 아이는 지능의 차이가 아니라 과제를 해결하는 방식이나 정보를 처리하는 방식이 다른 것이다. 아이마다 특정하게 느끼고, 기억하고, 생각하는 방식이 다른 것인데, 이 또한 '기질'에 의한 것이다.

전자처럼 충분히 생각해서 반응하는 아이를 '숙고형' 기질이라고 하고, 후자처럼 자신이 제대로 하고 있는지 생각하지 않고 반응하는 아이를 '충동형' 기질이라고 한다.

숙고형과 충동형은 과학적으로 아이의 반응 시간과 오답 수를 고려해서 판단하는데, 반응 시간이 평균보다 느리고 오답 수가 평균보다 적은 아이는 숙고형, 반응 시간이 평균보다 빠르고 오답 수가 평균보다 많으면 충동형으로 본다. 숙고형은 반응 속도가 느린 만큼 실수를 잘하지 않지만, 충동형은 반응 속도가 빠른 만큼 실수를 범하기 쉽다.

이외에도 숙고형과 충동형은 상황을 판단하는 방법, 생활하는 모습, 놀이하는 형태, 문제를 해결하는 방식 등에서 차이를 보인다.

충동형은 자라면서 숙고형이 될 수 있다

숙고형 아이와 충동형 아이의 특징을 서로 비교하면, 숙고형 아이가 학습에는 훨씬 유리하겠다는 생각이 들 수 있고 실제로도 그렇다. 특히 현재의 교육제도 안에서는 숙고형 아이가 더 공부를 잘하는 편이다. 성취도 평가도 대부분 지적 과제를 주고 제시된 여러 가지 정보를 활용해서 하나의 정답을 찾아내는 것이라서 숙고형이 충동형보다 더 높은 점수를 받는다.

학교는 집중력과 인내심, 자기 통제력을 요구하기 때문에 충동형 아이는 여러모로 불리하다. 그래서 충동형 아이들은 학교생활 중에 쉽게 자신감을 상실하거나 무력감에 빠지고는 한다.

물론 충동형 아이들에게 단점만 있는 것은 아니다. 충동형 아이는 확산적인 사고를 하므로 다양한 반응이 요구되는 과제에서는 우세하다. 여러 가지 사물을 보고 단어를 떠올리는 연상 테스트나 물건

두뇌성격이 아이 미래를 결정한다

의 이용 방법을 열거하는 용도 테스트에서도 숙고형 아이보다 더 많은 반응을 보이며, 반응의 다양성 면에서도 우수하다. 예를 들어, 블록으로 만들어진 작품에 대해 작품명을 지으라고 하면, 숙고형 아이는 모양이 매우 다른 작품임에도 '집'이라고 하는 경우가 많지만, 충동형 아이는 '십자가' '트럭' 등 다양하게 이름을 붙인다.

이처럼 자유롭고 유연한 발상을 바탕으로 하는 창의적인 사고에서는 숙고형보다 충동형 아이가 우수하다. 정리하자면 충동형은 요즘 부모들이 아이에게 키워주고 싶이 하는 '창의성'을 타고난 아이다. 이 아이들이 타고난 기질대로 학교생활을 하게 하면, 숙고형 아이들보다 상대적으로 낮은 평가를 받을 수도 있겠지만, 단점을 조금만 고쳐주면 무궁무진한 가능성을 가진 '충동형'으로 재탄생할 수 있다.

미국의 아동발달학자인 닐 J. 설카인드 (Neil Joseph Salkind, 캔자스 대학교 교수이자 노스캐롤라이나 대학교의 아동 및 가족 정책센터 연구원으로 아동 인지 발달을 중심으로 150개 이상의 논문을 발표했고 2017년에 사망했다) 박사 연구팀은 1978년의 아동 발달 잡지에 〈미국, 일본, 이스라엘 아동의 인지 단계〉라는 논문을 발표한 바 있다. 이 논문에서 설카인드 박사 연구팀은 그 아이가 속한 사회의 정서와 교육에 따라 충동형 아이가 숙고형 아이로 바뀔 수 있다는 것을 밝혀냈다. 일본의 경우 적지 않은 아이들이 8세 무렵에 충동형 기질이 숙고형 기질로 바뀌었으며, 미국이나 이스라엘의 경우는 10세 무렵에 기질 변화가 있었다는 것이다.

일본의 아이들이 미국이나 이스라엘의 아이늘보다 2년 정도 빠르게 성격이 바뀐 이유는, 일본 사회가 신중함, 침착함, 정확성에 가치를 두는 정서를 바탕으로 그에 맞는 교육을 하기 때문이라고 보았다. 이 연구 결과는 부모가 어떤 가치관을 가지고 아이를 키우느냐에 따라 아이의 기질이 바뀔 수 있다는 사실을 말해준다. 부모가 평상시 아이에게 일을 신중하게 처리하고 대처하는 행동 모델을 보여줌과 동시에 신중함을 요구하는 육아 태도를 보이면 아이는 충분히 충동형에서 숙고형으로 바뀔 수 있다.

다만 충동형의 아이를 키울 때는 주의할 점이 있다. 아무리 부모가 신중한 행동의 모델이 되고 육아 태도 또한 신중한 것은 필요하지만, 이것만 아이에게 강요해서는 안 된다는 점이다. 충동형 아이가 신중함을 가지려면 제일 먼저 '자기 통제력'을 키워야 한다. 자신의 감정과 행동을 스스로 억제할 수 있는 자기 통제력은, 자신의 주장이 허용되고 인정되는 경험을 충분히 한 후에야 점차 정서가 안정되면서 길러진다는 것도 꼭 기억해야 한다.

그러지 않으면 실패할 확률이 더 높다.

충동형과 또 다른 활동적인 아이

종종 충동형 아이로 오해받는 기질이 있다. 바로 활동적인 아이다. 활동적인 아이는 '충동적'이라고 생각하기 쉬운데 충동성이 꼭 활동적인 아이에게만 있는 것은 아니다. 충동성이란 예상치 못한 위험을 감수하거나, 게임에 매달리거나, 규칙을 무시하거나, 위험한 놀이를 하는 등의 행동들을 말하는 것으로, 규칙성이나 지속성이 부족한 아이에게도 나타날 수 있다. 특히 아이가 게임 중독에 빠지는 것은 활동성과 관계없을 때가 많다.

충동형 아이와 활동적인 아이의 차이는 긍정심이 핵심이다. 긍정심은 가치 있는 일을 추구하거나 얻었을 때 활성화되는 감정을 말한다. 활동적인 아이는 긍정심이 많아 일상생활에서 기쁨, 의욕, 열정, 흥분 등을 더 많이 경험한다. 기쁨, 의욕, 흥분은 모두 무엇인가를 얻는 것과 관련된 감정 상태다. 의욕은 아이가 원하는 것을 추구하게 만들며, 원하는 것을 얻게 되었을 때 흥분하고, 원하는 것을 얻은 후에 기쁨을 느끼게 한다. 활동적인 아이에게 가치가 있는 일은 다른 아이의 관심, 주도권, 물질적인 보상, 친구를 얻는 것, 새로운 기술을 습득하고 과제를 완성하는 것 등이다.

그래서 활동적인 아이는 욕심이 많고, 다른 아이들의 주목을 받고 싶어 하며, 주도적으로 집단을 이끌고 싶어 한다. 노는 것을 좋아하는 편이지만, 칭찬과 보상이 있다면 과제도 열심히 한다. 운동, 나들이, 새로운 것을 좋아하며, 목표를 향해 돌진하는 경향이 있다. 긍정심이 많은 아이가 활동적인 아이가 되는 것은 어찌 보면 당연한 이치인지도 모른다.

그렇다면 활동성이 낮은 아이는 어떨까? 활동성이 낮은 아이는 쾌감이 부족한 편이다. 활동적인 아이가 일상생활 중에 기쁨과 흥분을 많이 경험하는 반면, 활동성이 낮은 아이는 그 반대다. 그렇다고 해서 활동성이 낮은 아이가 슬픔과 두려움을 많이 경험할 것이란 생각은 오해다. 기쁨과 흥분의 반대는 슬픔과 두려움이 아니라 심심하고 지루한 상황이다.

긍정심이 많은 아이라고 해서 부정적인 감정이 없다고 할 수는 없다. 한 아이의 긍정심의 양과 부정적인 감정의 양은 서로 독립적이어서 기쁨이나 슬픔을 크게 느끼지 못하는 아이가 있는 반면 기쁨과 슬픔을 모두 크게 느끼는 아이도 있다. 활동성이 낮은 아이는 전자로 이해하면 된다. 그러므로 활동성이 낮은 아이가 절대 우울하지만은 않다.

긍정심이 많은 활동적인 아이는 '보상'에 따라 외적 동기와 내적 동기를 갖는다. 활동성이 낮은 아이는 노력을 통해 얻어지는 보상이 좋다는 것은 알지만, 절실하지 않다. 보상을 위해서 동기를 갖지도 않고, 보상이 없어도 실망하지 않는다. 친구가 있으면 만나겠지만 친구가 없다고 안달하지도 않는다. 활동성이 낮은 아이는 어떤 의미에서는, 세상이 주는 보상에 무관심하므로, 놀이나 공부도 보상에 구애받지 않고 한다. 따라서 활동성이 낮은 아이에게 부모의 칭찬이나 물질적 보상은 활동적인 아이보다 큰 의미가 없다.

활동적인 아이, 칭찬과 보상이 답이다

활동적인 아이는 자극과 동기에 대한 활성도가 높고 친구·성취·칭찬·물질적 보상을 얻으면 열정적으로 흥분을 느낀다. 반면 활동성이 낮은 아이는 긍정심 시스템의 활성도가 낮고 보상으로 얻는 심리적 만족감도 작다. 말하자면 활동성이 낮은 아이는 보상을 추구하려는 동기가 약한 아이다.

활동적인 아이가 다른 사람으로부터 기대하는 것은 인정받고 칭찬받는 것이다. 또한 자신의 생각이나 행동에 대해 항상 부모의 의견을 구하며 자기 방을 깨끗하게 치운 후에 부모가 알아주고 칭찬해주기를 원한다. 이런 아이는 위험에 대한 대비를 잘 하지 않지만, 더 큰 목표를 열심히 추구한다.

이외에도 활동적인 아이는 노는 것을 좋아하고 비싼 장난감을 사거나 새로운 게임에 빠지는 등, 활동성이 낮은 아이가 보기에 의미 없고, 소모적이며, 이해하기 어려운 일을 하기도 한다. 반면 활동성이 낮은 아이는 친구를 따라 움직이지 않고, 친구의 관심사에 도통 흥미를 보이지 않아 활동적인 아이를 실망하게 할 수도 있다.

아이가 활동적인 것 같다면, 부모가 잊지 말아야 할 지침들이 있다.

첫째, 과제나 공부를 할 때는 친구와 함께 하도록 하라는 것이다. 활동적인 아이는 친구들과 어울리는 것을 좋아한다. 친구와 함께 과제를 하면 조금 어려운 과제도 의견을 나누거나 토론을 하면서 의욕적으로 해낼 수 있다. 이런 아이들에게 '친구'는, 어떤 일에 의욕, 기쁨, 열정을 갖게 하는 자극제이기 때문이다.

둘째, 과제나 생활의 계획은 스스로 짜게 한다. 활동적인 아이에게 계획은 꼭 필요하다. 이 아이들에게는 충동성이 있어 오랫동안 모은 돈도 한순간에 써버린다는 단점이 있다. 무언가에 대비한다는 생각이 부족하기 때문이다. 계획은 스스로 짜게 하는 것이 좋다. 그래야 스스로 짰다는 자부심에 더 열심히 실천하기 때문이다. 이러한 성향의 아이들은 창의적이기 때문에 부모보다 더 좋은 계획표를 만들어 내기도 한다. 단, 너무 의욕이 넘쳐 계획표를 실천 불가능하게 짠 것은 아닌지 부모가 체크할 필요는 있다.

셋째, 일단 시작하게 한다. 활동적인 아이는 호기심이 많고 주변 사물에 대한 관심이 높다. 아이가 관심 있는 것만 따라다니다 보면 아무것도 시작하지 못해 성취감을 못 느끼는 아이가 될 수도 있다.

활동적인 아이는 성취감도 보상이다. 성취감을 느끼게 하려면 일단 무엇이든 시작하게 한다. 일단 시작하면 무서울 정도의 집중력으로 빨리 성과물을 얻어내기도 한다. 그래서 이 아이들의 계획표는 분량 중심보다는 시간 중심으로 짜는 것이 바람직하며, 하루도 거르지 않고 실천하게 하는 것이 좋다. 활동성이 낮은 아이라면 앞에서 말한 느린 아이의 육아법이 잘 맞는다.

이성형 아이 Vs 감성형 아이

자기중심적이고 감정적인 아이들

스위스의 발달심리학자이자 아동심리학자인 장 피아제(Jean Piaget)는 만 5세가 된 아이들을 대상으로 흥미로운 실험을 진행한 적이 있다. 네모난 식탁 위에 큰 산, 작은 산, 집이 있는 더 작은 산 모형을 올려놓은 뒤, 한쪽에 아이를 앉게 했다. 그리고 아이의 맞은 편에는 인형을 앉혔다. 그리고 그림을 여러 장 준 다음, 아이에게 자신이 앉은 자리에서 보이는 산들의 모습을 고르게 했다. 아이는 큰 고민 없이 정답에 가까운 그림을 골랐다.

다음으로 네가 맞은편 인형이라면 산이 어떻게 보일지를 생각하며 골라보라고 했다. 놀랍게도 대다수 아이는 처음과 똑같은 그림을 골랐다. 인형이 자신의 맞은편에 앉아 있음에도 자신과 똑같은 것을 보고 있다고 생각하는 것이다. 피아제는 만 7세 이전의 아이들은 대부분 자신의 입장에서 사물이나 상황을 이해할 뿐, 타인의 입장이나 관점을 생각하지 못한다고 밝혔다. 발달의 차이가 있을 수도 있겠지만, 만 7세 이전의 아이가 자기 입장만 주장하고 남의 입장을 생각하지 못하는 것은 당연하다는 말이다.

피아제의 이론은 뇌 과학 측면에서 보아도 매우 타당한 이야기다. 아이의 기질은 하부 변연계 특히 편도체에 의해 정해지는데, 아이가 태어나면 가장 먼저 활성화되는 뇌 영역이 편도체이기 때문이다. 그리고 아이가 자라면서 점차 상부 변연계와 전두엽이 발달하기 시작하는데, 상부 변연계와 전두엽의 발달 속도는 생각보다 느려 유년 시절 내내 발달이 계속된다.

변연계와 전두엽의 발달이 완성되지 않은 아이는 타인을 고려해 감정을 표현하거나 자신의 감정에 일정한 거리를 두는 것, 자신의 감정을 정확히 파악하는 것이 어렵다. 그래서 영국의 아동심리학자이자 심리치료사인 마곳 선더랜드(Margot Sunderland)는 감정을 조절할 수 있는 도구가 준비되어 있지 않은 아이의 뇌에는 '지금, 여기'만 존재한다는 연구 결과를 발표하기도 했다. 즉, 우리의 뇌는 전두엽의 개입 없이 변연계만으로 두려움, 기쁨, 슬픔 등의 감정을 조절할 수 없다.

감성적인 아이와 이성적인 아이의 특징

아이들의 감정 반응 유형에 따라 감성적인 기질의 아이와 이성적인 기질의 아이로 나눌 수도 있다. 감성적인 아이는 감정을 고려해 판단, 결정해야 한다고 생각하는 주관적인 아이다. 보통 이런 아이는 단호하기보다는 부드럽고, 의견이 일치되지 않을 때는 조화를 위해 자기 의견을 굽히기도 한다. 그런가 하면 다른 사람의 기분을 쉽게 알아차리고 그 감정을 고려해서 여러 가지를 결정한다. 토론할 때는 결과에 직접 관련이 없더라도 다른 사람과 갈등이 생기지 않도록 노력한다. 또한 자신의 일이 아니더라도 자신에게 닥친 일처럼 공감하는 것이 수월하며 무엇을 평가하라고 하면 느낌을 말하는 경우가 많다.

반면 이성적인 아이는 어떤 판단이나 결정을 내리기 전에 장단점을 따져보길 좋아한다. 대체로 객관적이고 침착하며 토론에서는 온화함보다 단호함과 분명함이 더 두드러진다. 만일 토론에서 의견이 일치되지 않을 때는 합의점을 찾기보다는 논점에 대해 철저하게 분석하는 것을 더 중요하게 생각하기도 한다. 따라서 세세한 것을 따지다가 결정을 못 내리는 경우가 많다. 다른 사람들에게는 '차가운 아이'로 인식되기 쉬운데, 자신의 감정에 대해서 자주 이야기하지 않을 뿐 실제로 차가운 아이는 아니다. 이런 아이들은 자비로움보다는 정의로움을 더 중요한 미덕으로 꼽는다.

두 기질의 특징을 정리해보면, 감성적인 아이는 변연계에 해당하는 '감정의 뇌'가 좀 더 활성화되어 있으며, 이성적인 아이는 대뇌피질에 해당하는 '이성의 뇌'가 좀 더 활성화되어 있다는 것을 알 수 있다. 우리 문화에서는 절반 정도가 이성적인 아이, 나머지 절반은 감성적인 아이다. 남녀 차이도 있는데 남자아이 중 3분의 2는 이성적인 아이, 여자아이 중 3분의 2는 감성적인 아이다.

두뇌성격을 변화시키는 육아법

최근 뇌 과학의 발달로 아이 뇌의 중요한 감정 체계가 부모의 육아 방식으로 결정된다는 사실이 밝혀졌다. 영유아기에 부모와 아이가 서로 주고받는 상호작용이 뇌의 체계와 호르몬에 영향을 준다는 것이다. 즉, 얼마나 자극을 받아야 감정을 나타내는지, 감정을 표현할 때 어떤 행동을 하는지, 얼마나 강한 표현을 하는지, 스스로 감정을 다스릴 수 있는지 등과 같은 감정 반응의 스타일을 육아법으로 바꿀 수도 있다는 것이다.

어떤 육아법이 이러한 효과를 낳을까? 아이가 '극단적인' 감성 혹은 이성의 뇌를 갖지 않으려면 우선 아이의 스트레스 반응 시스템을 강화하는 육아법이 필요하다. 감정을 조절하고, 분노와 불안을 이성적으로 다스리고, 스스로 자제할 수 있는 뇌의 시스템을 만들어주어야 한다. 중위뇌 안쪽 깊은 곳에는 선천적인 감정 시스템이 있는데 분노, 두려움, 분리불안, 탐색, 보호, 놀이, 욕망을 관리한다. 부모는 아이가 중위뇌의 격한 감정과 원시적인 충동을 다스릴 수 있도록 도와서 스트레스 상황을 효과적으로 처리할 수 있는 신경회로를 만들어주어야 한다. 그래야 자라면서 남을 배려하고 자신의 감정을 돌아볼 수 있다.

감정의 뇌에서 가장 중요한 정보 시스템은 편도체다. 편도체의 주요 기능 중 하나는 아이가 경험하는 감정의 의미를 파악하는 일이다. 편도체에서 위협으로 인식하면 그 정보가 뇌의 시상하부로 전달되고, 시상하부에서는 스트레스 호르몬을 분비해서 우리 몸이 싸우거나 도망칠 준비를 하게 만든다.

(tip) 상위뇌, 중위뇌, 하위뇌

뇌는 기능에 따라 상위뇌, 중위뇌, 하위뇌로 나뉜다. 전두엽, 측두엽, 두정엽, 후두엽이 상위뇌에 해당한다. 주로 생각이나 감정을 자각하고 적절한 행동을 선택해 문제를 해결하는 사고·사회적 기술과 관련된 기능을 한다. 중위뇌에는 바닥핵, 변연계(편도체, 해마, 대상회), 시상, 시상하부가 포함된다. 두려움, 분노, 질투, 사회적 유대 등 감정·사회적 본능과 관련된 기능을 한다. 하위뇌는 일명 뇌술기라고도 불리는데, 중뇌, 뇌교, 연수, 척수, 소뇌 등으로 구성되어 있다. 주로 생존과 관련된 기능을 하며, 호르몬 조절, 체온 조절, 호흡과 심박동 조절 등을 이곳에서 한다.

아이가 자주 격한 감정을 느낀다면, 아주 어릴 적부터 부모가 아이 감정의 정체를 정리해줌으로써 감정의 강도를 낮추고, 말로 표현하는 법을 일러주어 적절하게 처리하도록 한다. 이렇게 하면 이성의 뇌와 감성의 뇌를 연결하는 신경회로가 만들어지고, 시간이 지나면서 이 회로는 자연스럽게 분노, 두려움, 불안 같은 원시적인 충동을 제어하게 된다. 아이가 물거나 때리거나 도망치는 원시적인 행동 대신 생각을 하게 되는 것이다.

뇌의 기질을 바꾸기 위한 두 번째 육아법은 최소한 출생 후 두 돌까지는 아이를 따뜻하게 보살피는 것이다. 아이의 욕구에 민감하게 반응하고, 다정하게 말을 걸어주고, 많이 안아주고 아이를 대하는 눈빛, 손길, 목소리를 모두 최대한 부드럽게 한다.

이 시기의 육아에 이토록 공을 들여야 하는 이유는 생후 24개월 동안 전두엽에서 중요한 성장이 이루어지기 때문이다. 학습과 언어 발달의 기본이 되는 신경회로와 뇌의 불안을 관리하는 호르몬 체계의 틀도 모두 이 시기에 갖춰진다.

주로 발달하는 곳은 안와이마피질, 바깥쪽전두엽, 안쪽전두엽, 이마대상피질이다. 안와이마피질은 격한 감정을 효과적으로 조절해 하위뇌의 원시적 충동을 억제하는 중요한 역할을 한다. 다른 사람에게 민감하게 반응하고 그의 감정과 사교적 신호를 이해하게 한다. 바깥쪽전두엽은 사고, 계획과 반성, 선택 능력과 관련이 있다. 안쪽전두엽은 감정을 판단하는 능력과 관련 있으며, 경보 발령이 난 감정의 뇌와 본능의 뇌를 진정시킨다. 이마대상피질은 집중력을 높이고 자신을 성찰하게 한다. 이 시기의 육아 태도는 감정을 조절해주고 불안을 낮춰주는 엔도르핀과 옥시토신의 분비에 영향을 준다. 옥시토신은 사랑과 신뢰감이 생기게 하는 호르몬으로, 출생 시 분비되어 엄마와 아이의 유대감을 높여준다.

엔도르핀은 행복감을 주는 호르몬으로, 부모가 아이를 사랑스럽게 어루만지거나 품에 안아줄 때 생성된다. 아이를 따뜻하고 세심하게 보살피면 이들 호르몬이 활발하게 분비되면서 아이와 엄마의 유대감을 강화해 안정적인 애착 상태를 만든다. 애착이 잘 구축된 아이는 정서가 안정되어 감정을 잘 조절할 수 있다.

엔도르핀이나 옥시토신과 같은 호르몬들은 모두 뇌하수체에서 분비된다. 뇌하수체는 뇌의 가운데에 있는 내분비기관으로 시상하부의 지배를 받아 여러 가지 호르몬을 분비한다. 시상하부는 바로 위

○ 감정을 조절하는 중위뇌의 구조

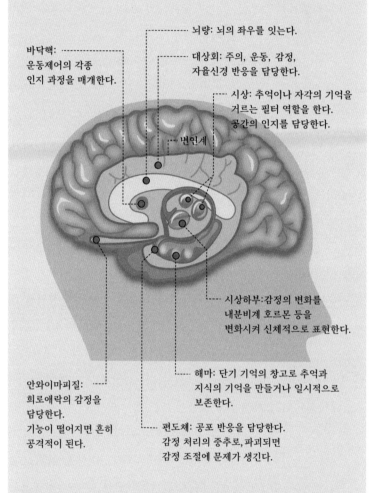

뇌량: 뇌의 좌우를 잇는다.

바닥핵:
운동제어의 각종
인지 과정을 매개한다.

대상회: 주의, 운동, 감정,
자율신경 반응을 담당한다.

시상: 추억이나 자각의 기억을
거르는 필터 역할을 한다.
공간의 인지를 담당한다.

변연계

시상하부: 감정의 변화를
내분비계 호르몬 등을
변화시켜 신체적으로 표현한다.

안와이마피질:
희로애락의 감정을
담당한다.
기능이 떨어지면 흔히
공격적이 된다.

해마: 단기 기억의 창고로 추억과
지식의 기억을 만들거나 일시적으로
보존한다.

편도체: 공포 반응을 담당한다.
감정 처리의 중추로, 파괴되면
감정 조절에 문제가 생긴다.

중위뇌는 감정적·사회적 본능과 관련된 기능의 뇌로 바닥핵, 변연계(편도체, 해마, 대상회), 시상, 시상하부가 이에 해당한다.

에 있는 변연계가 느끼는 감정 상태에 따라 뇌하수체에 명령을 내리므로, 중위뇌 전체가 감정과 관련된 일을 하고 있다고 보아도 된다. 사랑이나 행복감으로 인해 뇌하수체에서 분비된 엔도르핀은 다시 중위뇌를 활성화해 선순환을 만든다.

마곳 선더랜드는 부모 곁에 있으려는 아이의 욕구를 무시하고 멀리하거나 아이를 지나치게 야단치면 엔도르핀과 옥시토신의 분비가 억제될 수 있다고 말한다. 그 결과, 아이는 지속적인 스트레스로 인한 호르몬 연쇄 반응에 시달리게 되어 뇌 안에 영구적인 변화(필시 좋지 않은)가 일어날 수 있다고 경고한다.

세 번째 육아법은 아이의 감성지수(EQ : Emotional Quotient)를 높이는 것이다. 감성지수가 높으면 타인을 사랑할 수 있고, 타인을 이해할 수 있으며, 자아를 실현할 수 있고, 어떤 상황에서도 자신의 모습을 잃지 않을 수 있다. 따돌림, 갈등, 실패, 죽음, 이별, 시련과 같이 감정적으로 힘든 상황뿐만 아니라 다양한 만남과 성공에 적절히 대처할 줄 안다는 것을 의미하기도 한다. 결국 행복해질 수 있는 능력, 자신을 괴롭히는 것에 지배당하지 않을 능력, 자신의 삶을 선택하고 타인과 조화로운 관계를 맺을 줄 아는 능력을 갖게 되는 것이다.

현대사회에서는 자신감과 자율성, 원만한 대인관계가 성공에 이르는 열쇠가 된다. 소통과 감정 조절이 인지력만큼 중요한 요소가 된 것이다. 좌절감 다스리기, 만족감 뒤로 늦추기, 미래를 위해 현재 희생하기 등은 아이가 행복한 어른으로 자라는 데 갖춰야 할 중요한 능력이다. 이는 삶을 계획하고 실천할 때도 필요하지만, 다른 사람과의 조화로운 관계에도 도움이 된다.

감정지수를 키워주기 위해서는 신체 놀이가 제격이다. 신체 놀이는 항스트레스 효과가 있으며 뇌에서 베타엔도르핀이 나오게 해 긍정심을 갖게 한다. 특히 신체를 이용한 상호작용 놀이는 전두엽의 감정 조절력을 좋게 한다. 친구들과 신체 놀이를 하면 두뇌신경촉진 인자(BDNF)가 분비되어 자신의 감정과 스트레스를 좀 더 잘 관리하게 된다. 상위뇌의 기능이 발달하는 데도 도움이 된다. 각 분야의 전문가들이 성장기 아이들에게 규칙적인 신체 활동이나 운동을 강조하는 것도 이런 이유 때문이다.

사회성이 높은 아이, 그 뇌의 비밀은?

다른 사람의 반응을 끌어내거나 사회적 의사소통에 반응하는 스타일, 이 또한 하나의 기질이다. 이러한 기질을 '사회성'이라고 한다. 사회성과 관련된 기질은 부모가 만들어줄 수 있는 부분과 뇌가 발달해야 갖출 수 있는 부분이 있다. 아이가 다른 아이한테 친구가 되고 싶다고 말하거나, 자신의 기분과 감정을 말로 표현하고 자신의 뜻을 주장하는 사회적 기술은 부모가 가르칠 수 있다. 하지만 사회성의 중요한 요소인 고통에 대한 공감, 따뜻한 감성, 호감, 위로 등은 여기에 필요한 뇌의 신경회로와 호르몬 체계가 만들어져야 갖출 수 있는 능력이다.

사람의 뇌에서 다른 사람의 행동을 관찰하고 모방하며 고통을 공감하고 배려하는 등의 고차원적인 인지 기능, 즉 사회성을 담당하는 부위는 전두엽, 두정엽, 소뇌 등이다.

뇌량은 좌뇌와 우뇌의 소통을 돕는 역할을 한다. 부모가 아이의

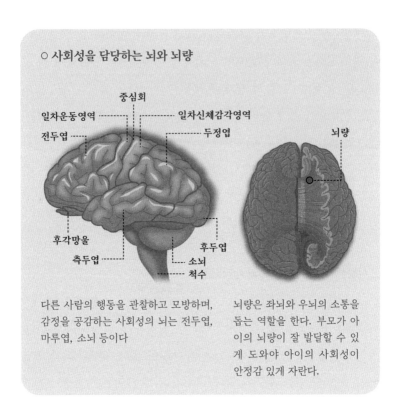

○ 사회성을 담당하는 뇌와 뇌량

일차운동영역

중심회

전두엽

일차신체감각영역

두정엽

뇌량

후각망울

측두엽

후두엽

소뇌

척수

다른 사람의 행동을 관찰하고 모방하며, 감정을 공감하는 사회성의 뇌는 전두엽, 마루엽, 소뇌 등이다

뇌량은 좌뇌와 우뇌의 소통을 돕는 역할을 한다. 부모가 아이의 뇌량이 잘 발달할 수 있게 도와야 아이의 사회성이 안정감 있게 자란다.

뇌량이 잘 발달할 수 있게 도와야 아이의 사회성이 안정감 있게 자란다.

전두엽은 좌뇌와 우뇌로 나뉘는데, 좌뇌는 언어적 정보를 처리하고 따뜻하고 긍정적인 감정들을 알아낸다. 우뇌는 비언어적 정보를 처리하는데, 고통이나 전반적인 감정 상태를 파악할 뿐 아니라 몸과 일체가 되어 아이가 느끼는 감정적 경험을 정확하게 기억한다. 좌뇌가 세부적인 정보를 처리한다면 우뇌는 전체적으로 파악한다.

두정엽은 공간 지각에 관여하는데, 다른 아이와 너무 가까이 있거

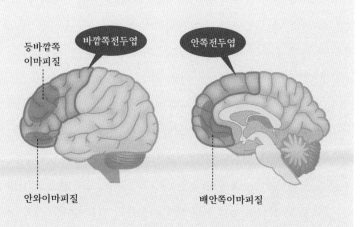

○ 좌뇌와 우뇌로 나뉜 전두엽

바깥쪽전두엽

안쪽전두엽

등바깥쪽
이마피질

안와이마피질

배안쪽이마피질

생후 24개월까지 전두엽에서는 학습과 관련된 신경회로와 불안을 관리하는 신경 체계들이 만들어진다.

나 멀어지지 않도록 적당한 거리를 유지하게 한다. 부모가 아이를 자상하게 보살피면 두정엽과 전두엽이 연결되어 조화로운 사회적 관계를 맺는 것이 가능해진다. 생후 24개월까지 전두엽에서는 학습과 관련된 신경회로와 불안을 관리하는 신경 체계들이 만들어진다.

소뇌는 전두엽과 연결되어 다른 아이의 말에 적절하게 반응하게 하고, 어떤 문제에 대해 다양한 관점에서 생각하게 한다. 뇌 과학자들은 최근에야 소뇌가 사회적 행동에 관여한다는 사실을 발견했는데, 주변 사람이나 상황에 관심을 보이지 않는 자폐아들은 이 부위가 변형되어 있다.

아이가 사회성을 형성하는 데는 뇌량의 발달도 중요하다. 뇌량은

좌뇌와 우뇌를 연결하는 신경섬유 다발을 말한다. 이것이 잘 발달해야 좌뇌와 우뇌의 소통이 원활해진다. 그런데 아이들의 뇌량은 아직 발달 중이라 제 기능을 온전히 발휘하지 못한다. 아이들이 어른보다 좌뇌의 특징 혹은 우뇌의 특징이 도드라지게 나타나는 것은 이 때문이다.

좌뇌가 우세한 아이는 사회성과 공감 능력이 부족해 다른 아이의 고통에 대해 무관심하다. 우뇌가 우세한 아이는 감정적이다. 자기 내면에서 솟아오르는 감정을 주체하지 못해 바닥에 드러누워 몸부림을 치기도 한다. 좌우뇌의 소통이 잘 이루어지지 않으면 사회성이 떨어질 뿐 아니라 새로운 환경에 적응하기 힘들어하고 매사 두려워하고 초조해한다. 유독 뇌량의 발달이 더딘 아이는 이제껏 해왔던 익숙한 방식만 고집하고, 어떤 일이든 항상 같은 시간에 같은 방법으로 해야 한다고 고집하기도 한다.

그렇다면 이렇게 중요한 뇌량을 어떻게 발달시켜야 할까? 아이가 경험한 것을 가지고 그 느낌을 생각해볼 수 있는 시간을 가져야 한다. 또한 어떤 감정에 대해 적절한 단어로 표현, 발산하는 방법을 터득해야 한다. 아이에게 자신의 감정이나 느낌, 생각 등을 정확히 파악하게 하고, 그것을 '말'로 표현해보도록 연습시킨다면 좌뇌와 우뇌의 소통을 담당하는 뇌량이 점차 발달할 수 있다.

아이가 격한 감정으로 떼를 쓸 때는 뇌량을 발달시킬 기회라고 생각하고, 아이의 감정을 받아준 후 떼쓰기가 아닌 말로 자신의 감정을 표현하도록 도와줘야 한다.

부모의 다정한 스킨십이나 정서 교류는 배안쪽전두엽의 세로토닌

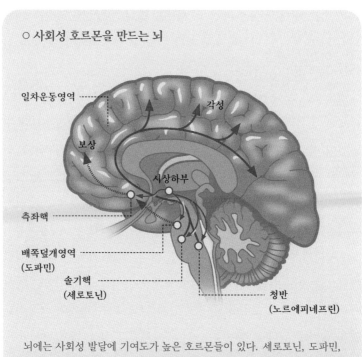

○ 사회성 호르몬을 만드는 뇌

일차운동영역

각성

보상

시상하부

측좌핵

배쪽덮개영역
(도파민)

솔기핵
(세로토닌)

청반
(노르에피네프린)

뇌에는 사회성 발달에 기여도가 높은 호르몬들이 있다. 세로토닌, 도파민, 엔도르핀 등이 바로 그것. 이들은 하나같이 부모와 함께하는 즐거운 시간 속에서 만들어진다.

이라는 신경전달물질을 증가시킨다. 또한 세로토닌은 사회성에 중요한 역할을 하는데, 정서를 안정시키고 공격성을 줄여서 다른 아이와 잘 지낼 수 있도록 한다. 뇌의 세로토닌 수치가 낮으면 아이는 충동적으로 되어 자주 화를 내거나 불안해한다. 또한 기분이 쉽게 나빠지고 자신의 감정을 평온하고 차분하게 유지하기 어려워한다.

　세로토닌은 부모의 육아법에 많은 영향을 받기 때문에 아이가 부모로 인해 극심한 스트레스를 받는다면 뇌의 세로토닌 시스템이 훼

손될 수도 있다. 부모와 즐거운 시간을 많이 가질수록 아이는 타인과 원만한 관계를 만들어가게 된다. 그리고 그런 행복은 평생을 살아가는 데 힘이 되어준다.

엔도르핀, 도파민도 원만한 대인관계를 유지하는 데 관련이 있다. 부모와 정서적 교류가 이루어지면 아이의 뇌에서는 엔도르핀과 도파민이 활발하게 분비된다. 엔도르핀은 심리적 안정에 관여하고, 도파민은 활력을 느끼게 해 아이를 사랑, 안정, 활력이 조화로운 사람으로 만든다. 또한 뇌줄기 깊숙이 있는 청반이라는 부위는 우리가 즐거움을 느낄 때 활발하게 작용한다. 마곳 선더랜드는 이 청반에서 노르에피네프린을 뇌 전체에 보내면 상황, 얼굴, 생각이 더 확실한 기억으로 저장된다고 말한다. 이런 즐거운 기억을 통해 아이는 자신이 다른 아이에게 호감을 준다고 믿게 되고, 다른 아이와 어울리는 것을 즐기게 된다는 것이다. 사회성은 이런 과정을 통해 탄생한다. 부모와의 즐거운 시간 속에 사회성의 모든 것이 담겨 있는 셈이다.

마지막으로 아이가 다른 사람의 고통을 이해하고 다른 아이들과 좋은 관계를 맺으며 훌륭한 구성원이 되도록 사회성을 키워주는 구체적인 방법을 살펴보자.

첫째, 짧은 문장으로 이야기한다. 부모가 아이와 정서적인 교류를 할 때는 긴 문장, 어려운 단어, 복잡한 문장으로 이야기하는 것을 피해야 한다. 아이의 흥미를 떨어뜨리기 때문이다. 그러므로 쉬운 단어가 담긴 짧은 문장으로 아이의 감정을 표현해주면서 대화한다.

둘째, 다른 아이의 슬픔이나 아픔에 관심을 두고 공감할 수 있게 도와준다. 사회성은 공감에서 출발한다. 공감 능력은 선천적인 특성이 강하지만 경험을 통해 차근차근 길러줄 수도 있다. 부모는 아이가 어떤 감정을 느낄 때 그 감정이 부정적이더라도 이를 거부하지 말고 있는 그대로 읽어준다. 내 아이의 감정뿐만 아니라 다른 아이의 슬픔이나 고통에 관심을 두고 그 감정도 그대로 읽도록 도와준다. 그다음, 자신의 감정이나 다른 사람의 감정을 그 자체로 인정하게 한다. 나의 감정과 남의 감정을 부정하지 않고 용기 있게 받아들일 수 있어야 그다음 단계인, 타인의 슬픔이나 아픔을 진심으로 이해하고 위로해주는 단게로 나이갈 수 있다.

셋째, 다른 아이와 관계 맺는 경험을 갖게 한다. 사회성이 높은 아이들은 다른 사람의 마음도 잘 파악한다. 그러려면 우선 다른 사람이 자신을 어떻게 느끼는지 가늠하고 반응과 태도를 보일 수 있도록 경험을 늘려야 한다. 놀이로 다양한 상황을 만들어 다른 아이의 입장에 서보게 하는 것도 좋다. 이는 자신과 상대방의 감정을 동시에 파악하게 할 뿐 아니라 남의 말도 주의 깊게 들어야 한다는 것을 알려준다.

다른 아이와 대화할 때 지켜야 할 몇 가지 팁을 알려주는 것도 도움이 된다. 예를 들어, 대화할 때 나의 이야기와 다른 사람의 이야기가 같은 비율로 섞이는 것이 좋고, 너무 가까이 다가서거나 너무 멀리 떨어져 있지 않으며, 대답을 너무 빨리 혹은 너무 늦게 해서는 안 되고, 화제에서 벗어난 엉뚱한 이야기를 하지 않도록 주의해야 한다는 것 등이다.

넷째, 훌륭한 사회 구성원이 되는 능력을 길러준다. 많은 부모가 자신의 아이를 훌륭한 리더로 키우고 싶어 한다. 그런데 부모들의 바람대로 모든 아이가 리더가 된다면, 그 리더를 따르는 구성원 역할은 누가 할까? 집단이 잘 운영되려면 리더가 있고 구성원도 있어야 한다. 따라서 사회성이 높은 아이는 다른 사람을 리드할 줄도 알고 적절히 따라갈 줄도 알아야 한다. 다른 아이와 갈등하거나 대립할 때는 남의 관점에서 생각해보고 적절한 협상을 할 수 있도록 한다. 또한 집단의 이익을 위해 구성원이 화합하는 것도 중요하다는 사실을 알려준다.

두뇌성격이 아이 미래를 결정한다

두뇌성격을 형성하는 5가지 기질

아이 성격에 영향을 주는 것은 기질 + 무엇?

지금까지 여러 가지 기질을 살펴봤다. 그중에 내 아이의 기질이 보였는가? 걱정스러운가 혹은 만족스러운가? 그 대답이 무엇이든지 속단하기에는 너무 이르다. 이것이 전부가 아니기 때문이다.

어떤 아이는 기질대로 살고, 어떤 아이는 성격대로 산다. '그 말이 그 말 아닌가?'라며 고개를 갸우뚱하는 부모도 있겠지만, 이는 완전히 다른 말이다. 타고난 기질이 그대로 성격이 되어 기질대로 사는 사람이 있는가 하면, 기질과는 전혀 다른 성격을 가지고 살아가는 사람도 있기 때문이다. 물론 후자의 경우 무슨 뾰족한 수가 있어 세상 누구도 바꾸지 못하는 것을 자신만 감쪽같이 '다른 기질'로 바꾼 것은 아니다. 그는 자신이 만족할 수 없는 기질이 성격으로 굳어지지 않도록 각고의 노력을 한 것뿐이다.

일란성 또는 이란성 쌍둥이를 대상으로 진행한 어느 연구에 따르면 성격 특징의 50% 정도만 유전으로 결정된다고 되어 있다. 나머지 50%는 기질과 같은 유전적 요인과 어릴 때의 경험, 부모와의 관계, 가족 구조, 학교생활, 친구 관계, 질병 등 삶의 경험이 결정한다.

하지만 기질이 성격에 50%의 영향을 준다는 것은 완전히 통계적이고 평균적인 것에 불과하다. 기질은 어린 시절에 형성되는 안정적인 행동 스타일이고, 성격은 사회 속에서 환경과 끊임없이 상호작용하면서 개인에게 만들어지는, 독특한 일관성·통일성이 있는 행동 경향이기 때문이다.

태어난 기질에 어떠한 노력도 하지 않고 그냥 흘러가도록 내버려 둔다면, 아마 그 사람은 기질대로 환경과 상호작용해 기질과 매우 흡사한 성격을 갖게 될 것이다. 반대로 태어난 기질의 특징과 다른 환경과 상호작용하려고 노력한 사람은 그 정도에 따라 기질과 완전히 반대되는 성격을 갖게 될 수도 있다. 기질은 사람에 따라 성격의 30%를 결정할 수도, 성격의 99%를 결정할 수도 있는 것이다.

종종 뮤지컬 배우나 영화배우, 가수들이 인터뷰에서, "어릴 때는 굉장히 내성적이었어요. 남들 앞에서 말도 잘하지 못했고요. 사람도 잘 사귀는 편이 아니었어요"라고 고백하는 것을 들은 적이 있을 것이다.

어린 시절의 성격대로라면 그 사람은 아마 그 일을 하지 못했을 수 있다. 소극적이고 내성적인 사람이 어떻게 그 많은 사람 앞에서 자신을 내보일 수 있겠는가? 그들은 자신의 꿈을 위해 엄청난 노력을 한 것이다. 성격에서 기질이 차지하는 비율을 최대한 낮춘 것이다.

이제 우리는 기질의 여러 성향 중 성격에 영향을 줄 수 있는 다섯 가지 요인을 뽑아서 살펴보려 한다. 바로 수다스러움과 활동성을 반영하는 외향성, 독창성과 예술성을 반영하는 개방성, 협동과 신뢰를 반영하는 수용성, 주의 깊음과 빈틈없음을 반영하는 성실성, 걱정과 불안정을 반영하는 신경성이다.

어린 시절에 보이는 5대 성격 요인은 상당히 안정적이다. 그래서 어른이 되어 결혼, 자녀, 이혼, 주거와 직업 이동 그리고 건강 등의 변화가 생겨도 비교적 크게 변화하지 않는다. 5대 성격 요인을 살피다 보면 내 아이의 기질이 점차 확연해질 것이다. 또한 아이의 좋은 성격을 위해 무엇을 더하고 빼야 할 줄도 알 수 있게 된다.

1. 외향성

외향성의 열정을 살리려면 도파민 분비를 자극하라

외향적인 아이는 말하기 좋아하고 혼자 있을 때도 종종 크게 떠들며, 새로운 환경에서도 먼저 인사하고 다가가 사람들과 어울릴 줄 안다. 혼자 있는 것을 싫어해 주위에 친구들이 없으면 외로워하고 지루해한다. 배우자마자 이야기하고 싶어 교실에서 가장 먼저 손을 들고, 발표하라고 하면 그때부터 답을 만들기 시작한다. 이런 아이는 생각하고 있는 것을 바로 말로 표현하므로 부모는 아이가 항상 깊이 생각하고 말하는 것이 아니라는 사실을 전제해야 한다.

아이의 외향성은 게임을 얼마나 좋아하는지, 친구와 지내는 데 얼마나 큰 노력을 들이는지, 새 친구를 얼마나 쉽게 사귀는지를 알려주는 지표가 된다. 하지만 아이가 친구 관계를 잘 유지하는지는 외향성이 아니라 수용성에 달려 있다. 외향성이 높은 아이도 수용성이 낮으면 좋은 친구 관계를 맺기 어렵다.

영국의 행동과학자이자 심리학자인 대니얼 네틀(Daniel Nettle, 영국 뉴캐슬 대학교 '인간 행동 및 진화센터' 교수이며 사회 조건과 인간 행동의 관계성을 규명하는 연구의 대가)은 저서에서 '외향성이 높은 아이는 게임이나 놀이를 하면 신나게 놀지만 다른 아이와 크게 싸우기도 한다'라고 말한다. 수용성이 낮으면서 외향성이 높은 아이는 거리낌 없이 다른 아이가 보는 앞에서 친구를 무시하기도 하며, 자신한테 이익이 되는 행동을 즐기기도 한다.

외향성이 높은 아이는 외부 지향적이고 열정적이고 활동적이며, 다른 아이와 어울리기를 좋아한다. 아이는 자신이 한 행동을 널리 자랑하고 다니며, 일단 일을 저지른 후 다른 사람의 반응이나 자신의 경험을 토대로 수습하는 스타일이다. 글보다는 말로 표현하기를 즐긴다. 이것저것 다양한 것에 흥미와 관심을 두고, 한꺼번에 여러 활동을 하며, 무엇이든지 하겠다고 덤빈다. 외부 자극에 금세 반응하며 실수하고 경험하는 과정을 통해 터득하고 배운다.

반면 외향성이 낮은 아이는 자신의 생각과 감정에 몰두하며, 자기 마음에 맞는 소수의 친구와 어울린다. 아주 침착해서 외적인 자극에 아랑곳하지 않은 채 조용히 할 일을 하고, 과제를 맡으면 강한 집중력을 보인다. 과제를 하는 이유, 내용, 성과를 알고 예측한 후 행동할 만큼 신중하다. 말보다는 글로 표현하기를 좋아하고, 자신만의 공간을 원하며 일대일로 대화하는 것을 좋아한다.

외향적인 아이는 시끄러워도 공부에 지장을 받지 않는다

외향성은 뇌의 생리적 각성 수준과 관련이 있다. 영국의 심리학자 한스 위르겐 아이젠크(Hans Jurgen Eysenck)에 의하면 외향성은 뇌의 생리적 각성 수준의 차이 때문에 생기는 것으로, 상행그물활성화 시스템(ARAS)이 대뇌피질의 전반적인 각성을 조절하는 데 관여한다고 한다.

내성적인 아이는 적은 양의 자극만으로도 생리적으로 과잉 자극이 되는데, 과잉 자극이 된 아이는 고통스러워하고 행동의 위축을 보인다. 반면에 외향적인 아이는 이 시스템이 쉽게 자극되지 않아서 내성적인 아이보다 더 적극적으로 친구를 사귀거나 모험을 즐긴다. 이 각성 수준 때문에 외향적인 아이는 교실에서 차분히 앉아 있거나 책을 읽는 것과 같이 단조로운 일에 관심을 보이지 않으며 지루해한다.

외향적인 아이와 내성적인 아이에게 지루하고 어려운 과제를 내주면서 아이들이 좋아하는 소음 자극을 환경으로 선택하게 했더니 외향적인 아이들이 내성적인 아이들보다 더 높은 자극 수준을 선택했다는 연구도 있다.

외향적인 아이들이 과제를 할 때 내성적인 아이들이 선호하는 더 낮은 소음 수준을 제시하면, 각성이 잘 안 되고 지루해하며 과제를 잘 수행하지 못했다. 내성적인 아이들은 정반대였다. 외향적인 아이들이 선호하는 더 높은 소음 수준을 제시하면, 과잉 각성이 되어 당황해하며 수행력이 떨어졌다. 따라서 내성적인 아이가 공부할 때는 조용한 분위기를 만들어주는 것이 좋다. 외향적인 아이라면 친구들과 공부하거나 주변이 다소 시끄러워도 공부에 지장을 받지 않는다.

주변을 간결하게 하라

외향적인 아이는 새로운 것을 좋아한다. 이것은 시각적 자극에 대한 편도체의 활성도 때문으로, 편도체가 자극을 받으면 공포와 공격성, 불쾌한 감정이 나타난다. 즉, 아이가 공포를 느끼고 즉각 반응하도록 함으로써 생명의 위협으로부터 자신을 보호하도록 만든다. 또한 편도체는 분명하지 않은 시각적 자극에도 반응을 보인다. 예를 들어, 고해상도 이미지와 저해상도 이미지를 보여줬을 때 편도체는 저해상도에서 좀 더 빠른 반응을 보인다. 이런 편도체 탓에 외향적인 아이는 공부를 하더라도 휴대전화가 울리는 등 다른 자극이 있으면 주의가 쉽게 분산될 수 있다. 그러므로 주변을 간결하게 하는 것이 바람직하다.

외향적인 아이들은 열정도 많다. 하지만 아무 과제에나 이런 반응을 보이는 것은 아니다. 이런 아이들은 호기심과 강한 흥미를 느낄 수 있고 적극적으로 탐색할 수 있는 상황에서 내적 동기와 사명감이 생기며 그 과제에 대한 열정이 생기는 것이다.

뇌는 대뇌피질인 상위뇌, 변연계를 포함하는 중위뇌, 중뇌나 소뇌를 포함하는 하위뇌로 나눌 수 있는데 하위뇌에는 선천적인 탐색 시스템이 있다. 이 탐색 시스템이 활성화되어야 호기심을 갖고 주변을 탐구한다. 공부에 대한 의욕, 새로운 것을 추구하는 에너지, 성취감

우리 아이, 외향성일까?

☐ 활발하고 밖에서 노는 것을 좋아한다.

☐ 여러 사람과 함께 있는 것을 좋아한다.

☐ 혼자 있으면 외롭고 불편해한다.

☐ 자신이 한 일을 즉시 이야기한다.

☐ 개방적이고 솔직하며 위험을 감수한다.

☐ 자신이 생각한 것을 이야기하길 좋아한다.

☐ 이견이 생겼을 때 그 자리에서 해결한다.

☐ 친구들과 같이 공부하는 것을 좋아한다.

☐ 다른 사람에게 먼저 말을 건다.

☐ 칭찬과 인정받는 것을 좋아한다.

※ 3개 이하이면 약한 외향성, 4~6개 사이이면 중간 외향성, 7개 이상이면 강한 외향성에 해당한다.

을 맛보려는 열망은 여기에서 발생한다. 탐색 시스템과 전두엽은 서로 조화를 이루면서 꿈을 실현하게 하려고 노력을 부추긴다. 하위뇌와 대뇌피질의 원활한 상호작용은 아이가 블록으로 멋진 성을 완성하는 것에서부터 어른이 되었을 때 장래 희망이었던 글로벌 리더가 되는 것까지, 많은 일을 가능하게 한다.

뇌의 탐색 시스템에는 여러 신경전달물질이 작용한다. 도파민이 전두엽 전체에 흐르면 창의력이 생길 뿐 아니라 그것을 현실화하려는 목표 의식이 생긴다. 탐색 시스템은 마치 근육과 같아서, 사용할수록 호기심이 왕성해지고 창의적으로 되며 더욱 열심히 하게 된다.

하지만 몇 시간씩 TV 앞에 앉아서 하루를 무기력하게 보낼 때는 뇌의 탐색 시스템이 활성화되지 않는다. 그로 인해 도파민 분비가 감소하면서 점점 따분해진다. 뇌의 탐색 시스템을 활성화해 외향적인 아이의 열정을 살리려면, 부모는 아이가 지속해서 흥미로운 경험을 할 수 있도록 호기심과 창의력을 자극하는 풍부한 환경을 제공해야 한다.

2. 개방성

개방적인 아이는 복습보다 예습이 효과적

개방적인 아이는 과제를 맡기면 거기에 필요한 것이 무엇인지 생각한 후에야 일을 진행하고 실제적인 파악을 해나간다. 무엇을 결정할 때도 결정 자체보다는 결정을 하기 위해 정보를 모으는 과정을

두뇌성격이 아이 미래를 결정한다

더 즐거워한다. 그래서 개방적인 아이는 신속한 결단을 해야 하는 상황이 몹시 힘들 수 있다. 최대한 많은 정보를 수집한 후 후회 없는 결정을 내리는 기질이기 때문이다.

또한 이런 아이는 미리 완벽하게 계획하기보다 시간을 두고 일의 진행을 지켜보는 경우가 많다. 계획을 완벽하게 짜더라도 그대로 실천하지 못하는 경우도 있다. 구속당하는 것을 싫어하기 때문이다. 항상 여러 가능성을 남겨두며 일하다가도 언제라도 멈추고 다른 놀이에 빠질 수 있다. 부모는 새로운 과제를 하기 전에 하던 일을 꼭 끝내라고 가르치지만, 개방적인 아이에게는 쇠귀에 경 읽기다.

개방성이 높은 아이는 새롭고 모험적인 것을 즐기고, 모방을 싫어하며 독창적인 방법을 찾고 싶어 한다. 언제나 소란스럽고 어딘가에 참견하기를 좋아하며, 참을성이 없어서 욕구를 참지 못하고 어떤 식으로든 해결되어야 직성이 풀리는 스타일이다. 언어 감각이 좋은 아이들이 많고 상상력도 풍부하며 매사가 쾌활하다.

개방성이 낮은 아이는 쉽게 화를 내지 않고 웬만하면 잘 참는 스타일이다. 현실을 그대로 인정하고 일상의 반복적인 일도 잘해낸다. 원칙과 관례를 중요하게 여기며 관찰력도 뛰어나지만 전체를 통찰하는 힘이 부족하다.

개방적인 아이의 자유로운 특성을 키워라

개방적인 아이는 독서, 음악, 미술, 영화 등을 다양하게 좋아한다. 사회·경제적 여건이 좋지 않거나, 문화적 자극을 받을 기회가 많지 않아도, 자신이 가진 개방성 때문에 문화적인 자극을 즐기려 한다.

하지만 개방성이 낮은 아이는 그 어떤 것에도 관심이 없다. 다만 실용적이고 실제적인 문제, 심지어 몹시 어려운 문제는 잘 풀어낸다. 그러다 보니 학교나 가정에서는 개방성이 낮은 아이를 더 높게 평가한다. 개방성이 높은 아이는 쓸데없는 것에만 관심이 있다고 꾸지람을 듣기 일쑤다. 창의성이 중요하다고 입으로는 부르짖고 있어도, 학교에 가면 아이들은 여전히 창의성보다는 성실성으로 많은 평가를 받는다. 우리 문화에서는 아이 중 45%가 개방적인 아이다. 지금 이 아이들은 불필요한 열등감에 시달리고 있다.

미래에는 분명 개방적인 아이가 더 인정받을 것이다. 그러니 부모는 아이의 자유로운 특성을 최대한 존중하고, 그것이 자존감이 될 수 있도록 지켜주어야 한다.

복습보다는 예습에 초점을 맞춘다

개방적인 아이들은 반복적인 일, 틀에 짜인 형식을 싫어해 금세 싫증을 낸다. 오늘 배운 것은 오늘 복습해야 한다거나 여러 번 복습해서 완벽하게 알아야 한다는 식으로 아이를 지도해서는 절대 공부시킬 수 없다. 아이가 좋아하는 것, 잘하는 것에 초점을 맞춰야 한다.

이런 아이들은 새로운 것을 좋아하고 스스로 탐구하는 것을 좋아하며, 모르는 것을 알아가는 과정을 즐기므로 복습보다는 예습이 훨씬 효과적이다. 하지만 지나친 선행학습은 바람직하지 않다. 개방적인 아이에게 선행학습을 시키면 수업 시간에 자신이 다 안다고 생각해 지루해한다.

개방성이 높은 아이에게 꼭 필요한 육아의 원칙은 아이의 집중력과 호기심, 모험심을 자극한 후, 한발 물러서서 아이디어와 창의력을 발휘할 수 있도록 지켜봐주는 것이다. 개방적인 아이는 누군가 지시한 대로 고분고분 따르는 것을 별로 좋아하지 않는다. 아니, 아주 싫어한다. 부모는 아이를 이끌어가는 것이 아니라, 미끼를 제공한 후 따라가는 모양새로 아이를 키워야 한다. 즉, 자신이 주도하는 탐구 학습을 시켜야 한다.

예술 활동으로 욕구를 분출시켜라

개방적인 아이는 주변 환경의 자극이 많으면 집중력이 분산된다. 공부방에 컴퓨터나 휴대전화가 있으면 인터넷 검색을 하고 싶어 공부에 소홀하고 휴대전화기 소리에 주의가 분산된다. 밖에서 다른 아이들이 노는 소리에도 주의력을 빼앗기므로 조용하고 차분한 환경이 만들어져야 집중이 된다. 따라서 사방이 조용한 밤에 집중을 잘 하는 편이다. 아이가 낮에는 놀고 밤에만 공부하더라도 아이의 공부 스타일을 인정해준다.

개방적인 아이는 문화적인 욕구도 커서 시험 기간에 공부하더라도 머릿속으로는 보고 싶은 영화, 운동 경기, 전시회, 콘서트 등을 떠올릴지 모른다. 이때는 적절히 허용하는 것이 낫다. 스트레스를 해소하면 오히려 다음 공부의 의욕을 높일 수 있기 때문이다. 또한 개방적인 아이의 창의력은 수학이나 공학보다는 시와 미술 같은 예술 활동 쪽으로 기울어 있다. 아이가 그쪽에 강한 관심을 보인다면 관련 활동을 정기적으로 하게 하는 것도 필요하다. 자유분방한 욕구를 분출하면 틀에 박힌 공부나 학교생활에 대한 거부감이 줄어들 것이다.

Self-Check

우리 아이, 개방적일까?

☐ 소란스럽고 모든 일에 참견한다.

☐ 무엇이든지 주도하려고 한다.

☐ 다른 아이들에 비해 가만히 있지 못하고 활동적이다.

☐ 여러 과제를 한꺼번에 한다.

☐ 위험을 기꺼이 감수한다.

☐ 작은 일에도 쉽게 냉정을 잃는다.

☐ 다른 사람의 칭찬에 기운을 얻는다.

☐ 독서, 음악, 미술을 좋아한다.

☐ 초자연적이거나 신비한 것을 좋아한다.

☐ 자신이 원하지만 당장 가질 수 없는 것에 대해 기다리지 못한다.

※ 3개 이하이면 약한 개방성, 4~6개 사이이면 중간 개방성, 7개 이상이면 강한 개방성에 해당한다.

3. 수용성

공감 능력이 뛰어나 친구와 잘 어울린다

수용성이 높은 아이는 부모나 또래 아이들의 반응에 민감하며, 다른 사람의 인정이나 요구에 잘 반응한다. 일상의 사소한 변화들에도 잘 적응하며 쉽게 부정적인 감정을 내보이지 않는다. 또한 부모가 하지 말라고 하는 규율에 대해서도 쉽게 순응하며 마음을 고쳐먹는다.

아이의 이러한 특성은 유난히 뛰어난 공감 능력에서 비롯된다. 도덕적이고 사회적인 행동을 하려면 타인에 대한 공감이 있어야 하며, 즉각 반응하지 않고 숙고해야 하며, 잘못을 저지르면 벌을 받을 것이라는 두려움이 있어야 한다. 수용성이 높은 아이는 이 세 가지를 모두 갖추고 있어 반사회적인 행동을 거의 하지 않는다.

아이의 주된 기질이 어떻든지 높은 수용성을 함께 갖고 있다면, 또래와의 관계나 사회성이 좋다고 짐작할 수 있다.

수용성은 아이의 생각이나 행동에 많은 영향을 주는데, 수용성이 높은 아이는 여러 아이와 함께 어울려 놀기를 좋아하고, 친구의 칭찬이나 인정에 크게 기뻐한다. 부모든 친구든 관계를 중요하게 생각하고 행동한다. 좋고 나쁨이 중요하며, 의사결정을 할 때 자신에게 어떤 의미가 있는지 고려한다.

수용성이 낮은 아이는 자신이 옳다고 생각하면 인정에 얽매이지 않고 결정한다. 친구들 사이에서도 때때로 냉정하다 싶을 만큼 원칙을 내세운다. 아이의 관심은 객관적인 사실과 진실에 집중되어 있으며, 논리적이고 분석적인 작업을 좋아한다. 무엇인가를 설명할 때도 직선적으로 분명하고 간단하게 표현한다. 아이는 자신의 생각과 고집에 더 집착하며, 마음을 잘 표현하지 않고, 위로를 받으려고 하지도 않는다. 그리고 부모가 칭찬해도 별로 반응하지 않는다.

수용성이 낮을수록 학업 성취도는 높다

사회나 인간관계의 차원에서는 수용성이 높은 것이 유리하지만, 개인의 성취 차원에서는 그렇지 않고 학업 성취도는 수용성이 낮을수록 오히려 높다. 창의력은 개방성과 밀접하게 관련되어 있지만, 창의적인 일을 해내려면 역시 수용성이 낮아야 한다. 무언가를 성취할 때는 집착도 해야 하고, 때로 자신과 자신의 일을 앞세울 수 있어야 하기 때문이다. 주도적이고 성취적인 아이 또한 수용성이 낮다.

어찌 보면 수용성이 높은 아이는 친절하고 공감을 잘하기 때문에 친구로서는 훌륭하지만, 어떤 일을 성취해낼 때는 다소 불리한 특성을 갖고 있다고 볼 수도 있다. 따라서 수용성이 높은 아이는 무엇인가 성취하거나 집중해야 할 때 혼자 하는 것이 낫다. 공부도 친구랑 하거나 학원에 가기보다 혼자서 하는 것이 훨씬 더 효과적이다.

수용성이 높은 아이는 늘 익숙한 방식이어야 수월하게 공부하고 효율성도 더 좋다. 그러나 편한 것을 좋아하고 미루는 성격 때문에 아이가 하는 대로 내버려두면 학업 성취도가 낮아질 수 있다. 이런 아이에게는 시간 계획표가 꼭 필요하다. 부모와 함께 시간 계획표를 세워서 꾸준히 지키도록 한다.

수용성이 낮으면 공감 능력을 높이자

아이의 수용성이 높으면 그때그때 상황에 맞춰 공부를 비교적 열심히 한다. 시험 하루 전날 벼락치기 공부에도 능하다. 하지만 꾸준히 계획적으로 공부하는 아이를 당해낼 수 없는 데다 스스로 알아서 시간을 활용하는 것을 어려워한다. 따라서 과목당 무조건 일정하게 복습 시간을 정해놓고 집중하게 한다.

이 아이들은 공부나 일을 잘 미루는 편인데, 다행인 것은 미루다가도 일단 시작하면 쉽게 포기하지 않는다는 점이다. 처음 시작은 미약하더라도 미루지 않고 꾸준히 공부하는 습관을 들이도록 한다.

모든 것이 마찬가지이지만 수용성은 넘쳐도 문제, 모자라도 문제다. 수용성이 지나치게 낮다면 부모는 그 능력을 키워주는 데 신경 써야 한다. 보통 남자아이들이 여자아이들보다 수용성이 낮은 편인데, 이는 남자아이의 성호르몬인 테스토스테론이 공감 능력을 떨어뜨리기 때문이다. 보통 여자아이들은 개인적 성취보다 조화로운 집단 구성원이 되는 것을 선호하고, 남자아이들은 좋은 관계에서 얻는 혜택보다 개인적 성취에서 얻는 혜택을 선호한다.

영유아기에 공감 능력을 높이는 방법에는 역할 놀이가 있다. 다른 사람의 입장이 되어서 생각하게 하는 것이다. 처음에는 어려워해도 부모가 먼저 아이나 아이 친구, 혹은 그림책 주인공들의 마음을 읽어주는 시범을 보이면 점차 나아질 것이다. 아이의 시각, 청각, 촉각을 자극하는 활동을 많이 하는 것도 공감 능력을 높이는 데 도움이 된다. 사회적인 내용이 들어 있는 그림책이나 동화를 읽어주고 스스로 생각할 기회를 주거나 느낌에 관해 이야기해보게 하는 것도 효과적이다.

우리 아이, 수용성일까?

☐ 칭찬받는 것에 대해 크게 기뻐한다.

☐ 혼자 있기를 싫어하는 편이다.

☐ 혼자 놀기보다는 다른 아이들과 어울려 놀기를 좋아한다.

☐ 다른 무엇보다 사람들에게서 기운을 얻는다.

☐ 다른 사람의 마음에 관심을 가지고 공감한다.

☐ 자신의 생각이나 욕구보다는 다른 사람의 요구나 허락을 중요시한다.

☐ 다른 사람의 말을 쉽게 믿는다.

☐ 부모가 자신에게 미소 짓는 것에 신경을 많이 쓴다.

☐ 평소 부모나 다른 사람들에게 위로를 구한다.

☐ 규칙과 관습을 잘 따른다.

※ 3개 이하이면 약한 수용성, 4~6개 사이이면 중간 수용성, 7개 이상이면 강한 수용성에 해당한다.

4. 성실성

똑똑한 아이일수록 덜 성실하다?

아이가 인터넷이나 게임에 중독되는 것은 그 쾌감이 커서라기보다 한때 그것이 주었던 보상 때문이다. 성실한 아이는 인터넷에 잘 중독되지 않는다. 성실한 아이가 게임을 하면 전두엽, 이마띠다발피질과 안와이마피질이 활성화되는데, 이 부위가 자신이 정한 규칙이나 계획을 추구하기 위해 충동적인 반응을 억제하는 통제 시스템이기 때문이다. 성실성이 낮은 아이는 이 부위의 활성도가 떨어진다. 주의력결핍 과잉행동장애(ADHD) 증상이 있는 아이들은 보통 성실성이 낮고, 신경성이 높으며, 수용성이 다소 낮다.

하지만 아무리 학습이나 자기 통제에 좋은 성실성이라도 너무 높으면 문제가 된다. 강박적인 성격의 아이는 성실성이 지나치게 높은 편인데, 이 아이들은 전두엽의 통제 시스템이 너무 강해서 충동성이란 것이 전혀 없다. 오직 규칙과 계획만이 생활을 지배한다. 이로 인해 다른 사람이나 주변 환경과 상호작용하는 것을 버거워한다. 고지식하고 융통성도 없고 끊임없이 같은 놀이만 반복하기도 한다.

환경에 따라서도 성실성의 호불호는 달라진다. 일반적으로 매우 안정적이고 예측 가능한 환경에서는 그날 어떤 일을 하는 것이 가장 좋은지 미리 알 수 있어서 높은 성실성은 큰 장점이 된다. 반면 예측 불가능한 환경에서는 순간순간 주어진 상황에 즉각 충동적으로 반응할 수 있는 아이가 더 낫다. 융통성이 필요한 상황에서는 성실성이 낮은 아이가 유리한데, 일상의 변화를 좋아하고 그 변화에 잘 적응하기 때문이다.

아이의 성실성이 높으면 인내심도 강해서 어떤 일을 시작하면 끝까지 밀어붙이는 경향을 보인다. 비록 융통성이 없어서 답답한 부분은 있지만 잘 짜인 틀 안에서 체계적으로 뭔가를 하고, 지시에 따르며, 결론도 빨리 내린다. 다만 새로운 방식을 금세 받아들이지 못하고 소심한 면 때문에 걱정을 사서 하는 타입이다.

반면 성실성이 낮은 아이는 부모나 교사의 지시에는 열성적이지 않다가도, 자율적으로 해야 하는 일에는 적극적인 경향을 보인다. 그리고 갑자기 일이 생겨도 당황하지 않고 상황 파악을 잘하며 여유가 있다. 일의 결과보다 과정을 중요하게 여기며 융통성 있게 문제를 해결하려고 한다. 하지만 너무 여유를 부리다가 정해진 시간을 넘겨 주위의 신뢰를 잃을 수도 있다.

성실한 아이는 스스로 할 때 더 잘한다

아이의 성실한 성향은 공부를 잘하는지를 알 수 있는 중요한 바로미터다. 즉, 성실한 아이들은 그 어떤 것도 별로 나무랄 데가 없기도 하고 공부도 잘한다. 또한 이렇게 성실성이 높은 아이는 학습 방법도 거의 모범적인 특성을 보인다. 성실한 아이는 목표를 설정해놓고 체계적으로 진행하는 것을 좋아한다. 그런데 이런 아이에게 너무 권위적으로 지시하면 공부하기 싫어한다. 스스로 생각해 공부할 때 더 잘하는 스타일이기 때문이다.

이런 아이에게는 왜 공부를 해야 하는지만 납득시키면 된다. 앞으로 어떤 사람이 되고 싶은지, 당장 해야 할 일은 무엇인지에 대해서 아이와 대화를 나누다 보면 스스로 답을 찾아갈 것이다. 아이는 현재 해야 할 일, 자신의 부족한 부분을 채우는 방법들을 찾아나가면서 학습 의욕을 불태우게 된다. 많은 학원을 보내거나 개인 과외를 시키기보다 참고서를 이용해 혼자 공부하게 하는 것이 더 효과적일 수 있다.

기본 개념부터 차근차근 공부해야 효과적이다

교과서에는 그 단원에서 배우게 될 내용을 소개하는 '단원의 길잡이'나 '학습 목표'가 있다. 이것은 단원 중에서 가장 중요한 내용을 정리한 것이므로 반드시 익혀야 할 핵심이다. 성실성이 높은 아이는 학습 목표를 익히는 것도 중요하게 생각하지만 그전에 기본 개념부터 완전히 자기 것으로 만들려고 한다. 자신이 그 원리를 완전히 이해하지 못하면 더 나아가지 못한 채 그 자리에 머무르기 때문이다.

그러므로 어떤 과목을 공부하든지 기본 개념을 숙독하는 것부터 시작하는 게 바람직하다. 신중하게 관찰하고 깊이 생각해서 기본 개념을 머릿속에 정리하기까지는 다소 시간이 걸릴 것이다. 하지만 일단 정리가 되면 꾸준히 앞으로 나아가므로 크게 걱정할 필요 없다.

똑똑한 아이는 성실성만 갖추면 최상이다

사실 똑똑한 아이일수록 덜 성실할 가능성이 크다. 지능이 높은 아이는 어떤 어려운 과제에 부닥치더라도 신속하게 문제를 해결할 수 있어서 미리 대비하거나 과도하게 시간을 투여하지 않아도 된다. 반면 지능이 평범한 아이는 가볍게 처리할 일들도 체계적으로 준비

우리 아이, 성실할까?

□ 어려운 과제를 맡더라도 쉽게 포기하지 않는다.

□ 시작한 과제는 어떤 것이라도 끝내려고 노력한다.

□ 오랫동안 한 가지 장난감을 가지고 논다.

□ 근면하고 참을성이 있다.

□ 절제하고 자신을 잘 통제한다.

□ 퍼즐 맞추기를 즐긴다.

□ 자신이 하던 공부를 끝마치기 전에 중단하기를 싫어하는 편이다.

□ 목표를 정하면 바로 공부에 들어간다.

□ 혼자서 공부하는 것을 좋아한다.

□ 성공할 때까지 작업을 계속한다.

※ 3개 이하이면 약한 성실성, 4~6개 사이이면 중간 성실성, 7개 이상이면 강한 성실성에 해당한다.

하고 계획적으로 행동해야만 처리할 수 있다. 그래서 더 성실해진다. 지능과 성실성은 아주 조금은 반비례한다고도 볼 수 있다. 분명한 것은 지능이 높은 아이가 성실성까지 갖추면 결과는 최상이 된다는 것이다.

아이의 지능이 높아 성적이 좋은 편이라도 어느 정도의 성실성은 키워주는 것이 좋다. 체계적으로 계획을 세워서 일정하게 학습하도록 해보자. 그러면 아이는 날개를 단 듯 높은 곳까지 올라갈 수 있다. 지능이 높은 아이에게 성실성을 길러주는 이유는 공부에 날개를 달아주기 위한 것만은 아니다. 지능은 우리의 뇌가 얼마나 빨리, 얼마나 효율적으로 작동하는지 보여준다. 지능이 높으면 기본적인 반사 신경부터 운동 능력, 언어, 기억력, 보상 시스템과 통제 시스템에 이르기까지 모든 것이 효율적으로 작동한다. 하지만 지능이 높은 아이들도 인터넷이나 게임 중독자가 될 가능성에서 벗어나 있지 않다. 따라서 뇌의 자기 통제력을 키우기 위해서라도 이런 아이들에게 성실성은 꼭 필요하다.

5. 신경성

신경질적인 아이, 스트레스 요인을 줄여준다

생후 18개월에서 24개월 정도 되면 아이의 성향이 뚜렷해져 긍정적인 아이인지 부정적인 아이인지를 구별할 수 있다. 부모나 주위 사람들의 애정 표현에 어떻게 반응하는지, 자신의 물건을 어떻게 다루고 얼마나 잘 챙기는지, 아이가 하던 일 대신 다른 활동으로 바꾸는 것을 편안하게 느끼는지 등을 보고 판단하면 된다. 긍정적인 아이는 오감을 통해 주위의 정보를 받아들이는 경향이 강하다.

아이는 보고, 듣고, 맛보고, 냄새 맡고, 만지는 감각을 통해 그 존재를 인정한다. 그렇기 때문에 부모는 물론 주변 사람들의 접근, 신체 접촉 등을 좋아한다. 부정적인 아이는 반대다. 부정적인 아이에게는 세상 모든 것이 스트레스일 수 있다. 신체 접촉도 싫고 누가 놀아주는 것도 꺼린다. 하던 일을 멈춰야 하는 것도 견디지 못한다. 누가 내 물건을 만지는 것도, 내 물건이 원래 있던 자리에 없는 것도 모두 스트레스다. 세상 모든 것이 스트레스인 아이, 높은 신경성을 가졌을 가능성이 크다.

신경성이 높은 아이는 수줍음을 많이 타고 겁이 많은 편이다. 돌 무렵부터 낯가림이 심해지는데, 새로운 사람이나 새로운 환경을 접하면 일단 뒤로 물러나서 엄마에게 매달린다. 새로운 것을 일단 경계하며 긴장하게 되고, 이런 긴장이 해소되는 데 오랜 시간이 걸린다.

반면 신경성이 낮은 아이는 바깥세상 일과 자기 내부의 일 모두가 잘 돌아간다고 느낀다. 실패를 두려워하지 않으며 무슨 일에도 불안해하거나 초조해하지 않는다. 이런 아이는 긍정적인 감정을 자주 경험하기 때문에 한편으로는 깊이 생각하지 않고 행동하는 면도 있다.

많이 울면 아이의 뇌가 손상된다

아이가 너무 많이 울면 신경질적으로 변한다. 또한 울면서 스트레스를 받으면 일련의 호르몬 연쇄 반응이 일어난다. 연쇄 반응은 시상하부에서 시작되는데, 시상하부에서 분비되는 호르몬인 코르티솔을 계속 분비해 신체와 뇌에 퍼지게 해서 온몸을 스트레스 호르몬 속에 빠지게 하는 것이다. 이렇게 되면 아이의 뇌는 치명적인 영향을 받는다.

또한 스트레스는 신경전달물질의 변화까지 가져온다. 신경전달물질의 불균형이 일어나면 뇌가 손상되거나 여러 부작용이 나타날 수 있고 장기 기억과 언어추리력을 담당하는 해마의 뉴런도 사멸해버린다.

도파민과 노르에피네프린이 부족하면 집중력이 떨어져서 학습 부진으로 이어지고, 세로토닌이 부족하면 우울하거나 폭력적인 성격이 되며, 공포와 스트레스 완화 역할을 하는 엔도르핀이 부족하면 부정적인 감정과 스트레스가 커지고 긍정적 감정이 감소한다.

우는 아기를 달래는 것은 이런 무시무시한 일들을 막을 수 있는 유일한 방법이다. 돌 전부터 아기가 울 때마다 부모가 일관되게 달래주고 반응할 필요가 있다. 그래야 아기의 뇌에 안정된 스트레스 반응 시스템이 형성되어 자라면서 스트레스를 잘 견딜 수 있는 아이로 성장하게 된다.

그렇다면 도대체 몇 살이 될 때까지 울며 매달리는 아이를 받아주어야 할까? 아이의 불안이 조절되고 스트레스 반응 시스템이 강화될 때까지는 그렇게 해야 한다. 부모가 일관된 태도로 흔쾌하고 민감하게 아이의 울음을 받아줄수록 그 시기는 빨라진다.

○ 성격을 좌우하는 기질의 5대 요인

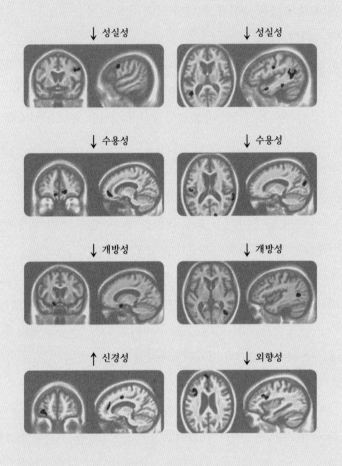

fMRI상 성격을 좌우하는 기질의 5대 요인인 성실성, 수용성, 개방성, 신경성, 외향성을 담당하는 해부학적 부위의 활성도가 상승되는지 저하되는지 보여주고 있다.

두뇌성격이 아이 미래를 결정한다

아이의 신경성은 부모의 심리적 안정으로 낮출 수 있다

연구에 의하면 엄마가 임신 후기 3개월 동안 지속해서 스트레스를 받으면 스트레스 호르몬인 코르티솔, 글루타메이트가 탯줄을 통해 태아의 뇌로 전달된다고 한다. 따라서 예비 엄마는 안정되고 편안하게 지내는 것이 중요하다. 또한 엄마가 스트레스를 받으면 아기가 더 많이 우는 경향이 있다. 예민한 아기는 엄마의 위로와 위안을 많이 받아야 하는데, 그러기 위해서는 엄마가 먼저 심리적으로 안정되어야 한다.

아기가 태어난 후에도 육아 태도가 얼마나 안정적인지에 따라 선천적으로 타고난 신경성이 얼마나 발현되는지 또한 결정된다. 만일 부모 자신이 불안하고 신경성이 높다면, 그 즉시 심리적 안정을 찾을 방법을 적극적으로 모색해야 한다. 그것은 부모 자신을 위한 일이기도 하지만 아이의 신경성을 낮추는 일이기도 하다.

아이의 너무 이른 독립은 스트레스 조절에 최악

아이 뇌의 GABA 시스템은 부모와 분리되는 환경 변화에 민감하게 반응한다. 연구에 의하면 어릴 적 부모와 격리된 경험은 불안 시스템에 변화를 가져온다고 한다. 스트레스 호르몬인 코르티솔은 보통 아침에 가장 높았다가 시간이 지나면서 감소한다. 하지만 어린이집에 맡겨진 5세 이하 아이들을 대상으로 한 연구에 의하면, 코르티솔 농도가 시간이 지나면서 떨어지는 것이 아니라 오히려 높아지는 것으로 나타났다. 그러다 아이들이 부모와 만나자 코르티솔 농도는 크게 낮아졌다.

어린아이에게 부모란 이런 존재다. 곁에 있는 것만으로도 스트레스 호르몬 분비를 줄일 수 있다. 그러니 너무 어린 시기부터 아이의 독립성에 집착할 필요가 없다. 독립성은커녕 신경성만 키우는 결과를 초래할 수도 있기 때문이다.

어떤 부모는 아이를 일찍 떼어두고 아이가 울어도 달래지 않는 것이 아이의 스트레스 반응 시스템을 강화하는 것이라고 오해하기도 한다. 이런 오해는 아이한테 전혀 도움이 되지 않는다. 만일 아이의 스트레스 반응 시스템을 강화하고 싶더라도 아이가 감당할 정도의 스트레스 상황에 적응하도록 애써야 한다.

스킨십과 감정 교류에 주력하는 것이 신경성에 특효

신경성이 높은 아이는 부모와 스킨십을 하고 감정을 교류하는 것이 중요하다. 애정을 느끼게 하는 신경전달물질은 중독성이 있어서 아이를 수시로 안아주고 달래주고 즐겁게 해주면 매우 강력한 유대감이 생기게 한다. 부모의 부드러운 손길과 다정한 목소리는 아이에게 엔도르핀과 옥시토신이 분비되게 하고, 아이는 부모와 일체감을 느끼며 행복해한다. 이런 아이는 세상을 보다 긍정적이고 안정적으로 바라볼 수 있다. 어찌 보면 부모와의 스킨십과 감정적 교류는 신경성을 낮추는 가장 좋은 약인 셈이다. 반대로 부모와 오래 떨어져 있어 스킨십의 절대량이 부족한 아이에게서는 우울증 환자에게서 볼 수 있는 것과 같은 공포와 불안이 나타난다고 한다.

우리 아이, 신경질적일까?

☐ 쉽게 두려워한다.

☐ 다른 아이들에 비해 스트레스로부터 더 늦게 회복된다.

☐ 새로운 상황을 늘 불편해하고 걱정을 많이 한다.

☐ 수줍음을 많이 타는 편이다.

☐ 낯선 상황에서 부모에게 매달린다.

☐ 예상치 못한 상황으로 당황했을 때 안정을 찾는 데 시간이 걸린다.

☐ 쉽게 깜짝 놀란다.

☐ 낯선 사람과 친해지는 데 오랜 시간이 걸린다.

☐ 낯선 방에 들어갈 때 긴장하고 초조해한다.

☐ 무서운 장면을 보여주거나 나쁜 경험을 했을 때 강한 반응을 보인다.

※ 3개 이하이면 약한 신경성, 4~6개 사이이면 중간 신경성, 7개 이상이면 강한 신경성에 해당한다.

좌뇌의 성격, 우뇌의 성격

성실성은 높지만, 외향성·개방성은 낮은 좌뇌 아이

자식을 머리 좋은 아이로 키우고 싶은 것은 모든 부모의 소망일 것이다. 하지만 그런 소망은 말 그대로 소망에 그치기 쉽다. 그렇다 면 머리 좋은 아이는 어떤 아이란 말인가? 머리가 좋다는 것은 지능 이 높다는 의미일까?

지능은 어떤 상황에 대한 반응 속도와 공간지각력 같은, 학습과 상관없이 일상적인 일을 수행하는 능력이다. 물론 지능은 측정되는 수치로 '내 아이의 머리가 좋을까? 나쁠까?' 하는 부모의 호기심을 채워주기는 한다. 또한 객관적으로 제시하기 모호한 '머리가 좋은 아이'는 종종 '지능이 높은 아이'와 같은 의미로 사용되기도 한다. 하 지만 지능이 아이의 공부나 성공을 꼭 보장하지는 않는다.

뇌 속에서 기질과 성격이 만들어지는 과정을 보면 좋은 머리나 나쁜 머리가 따로 있는 것도 아니다. 뇌의 감수성에 맞춰 잘 만들어진 건강한 신경회로가 있을 뿐이다. 머리가 좋은 아이란 한 번 본 책을 줄줄 외우는 아이가 아니라, 상황에 맞춰 문제를 해결하고, 위험한 것을 구별하고, 친구들과 잘 소통하며, 좋아하고 관심 있는 것에 집중력을 발휘하는 아이라고 말할 수 있다. 아이의 감정, 이성, 주의력, 기억력 등은 뇌에서 상호작용하며 최고의 신경회로를 만들어내기 때문이다. 즉, 아이가 자신의 기질, 성격, 잠재력을 최대한 활용해 문제를 해결해나갈 때 좋은 머리를 가지고 있다고 할 수 있는 것이다.

앞서 성격의 5대 요인으로 내 아이의 기질을 구체적으로 파악했다면, 이제 본격적으로 내 아이의 두뇌성격에 대해서 알아보자. 두뇌성격은 크게 좌뇌형 아이와 우뇌형 아이, 이성적인 아이와 감성적인 아이로 나뉜다. 각각의 두뇌성격은 5대 요인의 조합이 서로 다르다.

먼저, 좌뇌형 아이부터 살펴보자. 좌뇌형 아이란 뇌를 오른쪽과 왼쪽으로 나눠 각각 우뇌와 좌뇌라고 했을 때, 우뇌보다는 좌뇌의 활성도가 높은 아이다. 이 아이들의 기질적 특징은 성실성이 높고, 개방성과 외향성이 낮은 편이다.

과제를 할 때 끝까지 밀어붙이며, 힘들고 피곤하더라도 쉽게 그만두지 않는다. 고집도 있고, 많이 경험해서 익숙하거나 성공한 적이 있는 확실한 방법을 지속한다. 무엇을 이루고자 하는 야망도 있고, 부지런히 노력해서 자기 능력 이상을 발휘한다. 끈기와 참을성도 많고 필요하면 희생도 감수한다. 성실성이 높기 때문이다.

안정된 환경이나 조직을 좋아하며 호기심이 적고 감정 표현도 자제하는 경향이 있다. 새로운 친구와 친해지는 데도 시간이 걸린다. 꼼꼼하고 세밀하며 논리적으로 생각한다. 잘 짜인 계획에 따라서 행동하고 공부하며 개방성이 낮다.

좌뇌형 아이는 자기 생각과 감정에 몰두하며, 자기 마음에 맞는 소수의 친구와 어울린다. 말보다는 글로 표현하기를 좋아하고, 자신만의 공간을 원하며, 일대일로 대화하는 것을 좋아한다. 외향성도 낮다고 볼 수 있다.

개방성·외향성 높지만, 성실성이 낮은 우뇌 아이

우뇌형 아이는 어떨까? 이런 아이들은 개방성과 외향성이 높고, 성실성이 낮다. 자극적인 모험을 추구하며, 낯선 장소나 상황을 탐색하는 과정에서 흥분을 느낀다. 또한 정형화된 지루한 과제는 견디기 힘들어한다. 대신 새로운 생각이나 낯선 사람들에게 관심을 보이며 열광적으로 몰두한다. 직관에 따라 행동하고, 감정을 다소 과장하는 경향이 있다. 보상의 뇌가 발달해 돈을 좋아하고 충동적으로 돈을 쓰기도 한다. 개방성이 높기 때문이다.

또한 자신이 좋아하는 것이 아니라면 꼭 해야 하는 일만 하고, 종종 게으르고 나태한 모습을 보인다. 끈기와 일관성이 부족하고 쉽게 마음이 바뀐다. 위축되거나 피곤한 상황에 맞닥뜨리면 쉽게 포기한다. 무엇을 이루고자 하는 성취 욕구가 부족해서 현재에 만족하고, 더 나아지고 좋아지기 위해 노력하는 일은 별로 없다. 현실과 타협할 준비가 되어 있으며 보상이 중단되면 바로 행동을 그만둔다. 성실성이 부족해 나타나는 생각이나 행동들이다.

자신이 한 행동을 널리 자랑하고 다니며, 일단 일을 저지른 후 다른 사람의 반응이나 자신의 경험을 토대로 수습하는 스타일이다. 글보다는 말로 표현하기를 즐긴다. 흥미가 다양해 이것저것 관심이 많고, 한꺼번에 여러 활동을 하며, 무엇이든지 하겠다고 덤빈다. 외부자극에 금세 반응하며, 실수하고 경험하는 과정을 통해 배운다. 보상이나 칭찬에 예민하다. 이는 외향성이 매우 높다는 것을 의미한다.

이성적인 우뇌, 감성적인 좌뇌?

우뇌형 아이, 좌뇌형 아이를 뇌의 오른쪽과 왼쪽 중 어느 쪽이 더 활성화되었는지로 판단한다면, 이성적인 아이는 이성의 뇌인 대뇌피질의 활성도가 높은 편이고, 감성적인 아이는 감성의 뇌에 속하는 변연계의 활성도가 높다.

이성적인 아이는 어떤 의사결정을 하기 전에 장단점을 파악하고 객관적으로 판단하며 침착하다. 흥분하거나 감정에 휘둘리는 일도 거의 없다. 대신 다른 아이들과 개인적인 감정을 나누는 데 서툴고 친밀감을 느끼지도 않는다.

이에 비해 감성적인 아이는 마음으로 결정하는데, 다른 사람의 감정을 고려해 주관적으로 판단한다. 항상 친구들과 친밀하게 지내고 싶어 하고, 감정적인 분위기에 잘 휩싸이며, 쉽게 눈물을 흘린다. 중요한 누군가가 자신을 거절하면 민감하게 반응한다. 사소한 무시 같은 것에도 예민하게 반응하는 편이다.

우세한 뇌 부위가 두뇌성격을 만든다

아이의 두뇌성격은 좌뇌 혹은 우뇌가 우세한지 혹은 대뇌피질 혹은 변연계가 우세한지에 따라 네 가지로 나눌 수 있다. 즉, 좌뇌형이면서 이성적이냐, 감성적이냐에 따라 이성좌뇌형, 감성좌뇌형으로 구분한다. 우뇌형이면서 이성적이냐, 감성적이냐에 따라 이성우뇌형, 감성우뇌형으로 구분한다.

먼저 이성좌뇌형 아이는 논리적이고 분석적이며 사실에 따라 판단하고 양적인 것을 중요시한다. 감성좌뇌형 아이는 조직적이고 단계적이며 계획적으로 일하고 상세하게 챙긴다. 이성우뇌형 아이는 전체적이고 직관적이며 통합하고 합성한다. 감성우뇌형 아이는 유대감이 있고 느낌에 따라 판단하며 운동을 잘하고, 감정적이다. 이성좌뇌형 아이는 이성적이어서 감정을 자각하는 것이 느린 편이다.

성실성이 높지만, 개방성이나 외향성은 낮다. 따라서 자기 정리와 단련을 통해 자신만의 규칙과 원칙을 지키며 행동한다. 그만큼 자신의 내면세계를 중요시하고, 일을 계획적이고 성실하게 이행한다. 부모가 가장 선호하는 두뇌성격이다. 새로운 것에 대해서는 조금씩 단계적으로 접근하려고 하며 반복 학습을 좋아한다.

감성좌뇌형 아이는 과제도 잘 해결하고 말도 잘하며, 자기 발전에 대한 욕구가 강하다. 과제가 주어지면 어떻게 할 것인가를 신속하게 파악해 주도한다. 시간 낭비하는 것을 싫어하고 급한 일이라도 단계적으로 시간을 맞추고, 짧은 시간 내에 많은 것을 이뤄내기를 좋아한다.

이런 아이는 성실성이 높지만, 개방성이나 수용성은 낮다.

어려서부터 스스로 해내려는 의지를 보이고 책임감 또한 강하다. 다른 아이를 도와주는 것도 좋아한다. 하지만 이면에는 칭찬받고 싶다는 강한 욕구가 깔려 있다. 자신이 속한 집단에서 꼭 필요한 사람으로 인정받기를 바라며, 사회의 보편적인 가치와 요구에 부응하려고 노력한다.

이성우뇌형 아이는 호기심이 많고 활동적이다. 이 아이에게는 보는 것, 듣는 것 모두가 궁금한 것들이고, 궁금한 것이 온종일 머릿속에서 떠나지 않으므로 끊임없이 질문을 해댄다. 자신은 특별한 존재라서 남에게는 허용되지 않아도 자신에게는 용납된다고 생각하는 경향이 있으며, 규칙을 지키지 않아 따돌림을 당하기도 한다.

성격 요인을 보면 개방성과 외향성은 높지만, 성실성이 낮다. 이런 아이는 하고 싶은 일, 갖고 싶은 것이 있으면 반드시 그것을 하거나 가져야 한다.

감성우뇌형 아이는 작은 것에도 눈물을 흘리고 우수에 잠기는 일도 많다. TV 드라마나 영화 내용이 조금만 슬퍼도 금세 눈물을 흘린다. 늘 환상과 공상에 사로잡혀 백일몽을 많이 꾸기도 한다.

개방성과 수용성이 높고 성실성은 낮다. 깊이 생각하는 것을 싫어하고 객관적으로 자신을 살피지 못하며, 인간관계에만 마음을 빼앗기기도 하지만 다른 사람들에게 호감을 주고 눈길을 끈다는 장점이 있다. 처음 만난 아이와도 금세 친해지고 잘 어울린다. 감정이입을 잘하며 표현력도 풍부하다.

우리 아이의 두뇌성격은 무엇일까?

이성좌뇌형 아이

1. 혼자 노는 것을 좋아하는가?

2. 관심 분야에 몰두하면 인내심이 많은가?

3. 친구와 오래도록 지속적인 관계를 잘 유지하는가?

4. 사실적이고 구체적인 것을 좋아하는가?

5. 말수가 적고 조용하지만 자기 의견을 또렷하게 말하는가?

6. 여럿이 모인 자리에선 주로 듣기만 하면서 방관자처럼 관찰하는가?

7. 무표정해서 속으로 무슨 생각을 하는지 알 수 없는 때가 많은가?

8. 사람들의 주목을 받는 것을 싫어하는가?

9. 단체 행동을 싫어하는가?

10. 물건들을 잘 모으는가?

11. 자기 방이나 책상을 스스로 정리하며, 깔끔한 편인가?

12. 책임감이 강하고, 어떤 역할을 주면 정확히 해내는가?

13. 농담이나 우스갯소리를 싫어하며 진지한 것을 좋아하는가?

14. 일별, 주별, 월별로 계획 짜는 것을 좋아하는가?

15. 다른 사람들에게 비난을 받지 않으려고 신경을 많이 쓰는가?

16. 화가 나는데도 삭이느라 긴장할 때가 자주 있는가?

17. 부모에게 순종하며 충실하고 헌신하는가?

18. 모범생으로 교사나 친구들의 신뢰를 받는 편인가?

19. 위험이 따르는 일을 좋아하지 않는가?

20. 마감 일자를 잘 지키는가?

※ '예'라고 대답한 개수는 몇 개인가?

내 아이는 이성좌뇌형일까, 감성좌뇌형일까, 이성우뇌형일까, 감성우뇌형일까? 한 눈에 알아볼 수 있는 체크리스트를 준비했다. 각 두뇌성격 체크리스트에서 '예'라고 대답한 개수가 가장 많은 것이 아이의 두뇌성격과 가장 유사하다.

감성좌뇌형 아이

1. 학교 활동에 주도적이고 적극적으로 참여하는 편인가?

2. 자신감이 있고 활기가 있는가?

3. 지배적인 성향이 강한가?

4. 성취 지향적인가?

5. 경쟁심이 강하며, 무엇이든 최고가 되려고 하는가?

6. 자기 자신에게 엄격한 편인가?

7. 남 앞에 나서기를 좋아하는가?

8. 남들에게 꾸며서라도 좋게 보이려고 애쓰는가?

9. 목표를 세우기 좋아하고, 목표를 이루려고 끈기 있게 노력하는가?

10. 종종 자기 생각에 몰두해서 다른 사람의 말을 놓치는가?

11. 다른 사람의 비난을 잘 참지 못하는 편인가?

12. 친구를 주위에 모으는 편인가?

13. 다른 아이들을 이끄는 편인가?

14. 남에게 복종하는 것을 싫어하는가?

15. 비이성적일 때가 있는가?

16. 부모나 교사에게도 고집을 부려 힘들게 하는가?

17. 종종 흥분하고 화를 쉽게 내는가?

18. 역사책이나 논픽션 책을 좋아하는가?

19. 말이나 행동이 굼뜬 친구를 보면 답답해서 참지 못하는가?

20. 솔직하고 직선적인가?

※ '예'라고 대답한 개수는 몇 개인가?

이성우뇌형 아이

1. 친구들과 잘 어울리는가?

2. 명랑하고 낙천적인가?

3. 장난을 잘 치고 산만한가?

4. 풍부한 상상의 세계를 갖고 있는가?

5. 한군데 가만히 앉아 있거나 지루한 것을 참지 못하는가?

6. 완벽주의자는 아니지만 이상주의자인가?

7. 마음에 드는 물건이 있으면 갖지 않고는 못 배기는가?

8. 친구 관계를 위해서는 용돈 쓰는 것을 아까워하지 않는가?

9. 쉽게 좋아하고 쉽게 미워하는 편인가?

10. 스타 의식이 있고, 자기도취적인 면이 있는가?

11. 호기심과 끼가 많은가?

12. 우스갯소리를 잘하고, 재미있는 일로 친구의 관심을 받는가?

13. 어른들에게 애교를 잘 부리는가?

14. 자신감이 넘치며 일을 빨리 처리하는가?

15. 야단을 맞아도 조금만 지나면 잊어버리는가?

16. 새로운 물건을 사주면 금세 싫증 내는가?

17. 한 가지 일을 끝까지 해내는 인내심이 부족한가?

18. 충동적이고 잘 어지르며 부주의하게 행동하는가?

19. 쉽게 변할 수 있다고 생각해 한 가지 방식만 고집하지 않는가?

20. 독립적인 듯하지만, 곧 의존적으로 되어 도와달라고 하는가?

※ '예'라고 대답한 개수는 몇 개인가?

감성우뇌형 아이

1. 어려움에 부닥친 사람을 보면 걱정하며 돌봐주고 싶어 하는가?

2. 친구가 달라고 하지 않았는데도 장난감이나 과자를 잘 주는가?

3. 즉흥적인 편인가?

4. 다른 사람을 기쁘게 하려고 일부러 명랑하게 행동하는가?

5. 공부보다 친구들과 함께 잘 어울리는 일을 중요하게 여기는가?

6. 융통성이 많은가?

7. 부모나 교사에게서 칭찬을 받으려고 애쓰는가?

8. 사람들 앞에서 보여주는 것을 즐기는가?

9. 완벽해지려고 하지 않는 편인가?

10. 이야기나 영화, 음악, 미술 등을 즐기는 것을 좋아하는가?

11. 물건을 고르는 데 까다롭고 아름다운 것을 수집하려고 하는가?

12. 여리고 섬세하며 감수성이 풍부한가?

13. 상상력이 풍부하며, 새로운 것 만들기를 좋아하는가?

14. 하고 싶은 것을 하고, 하고 싶을 때 하는가?

15. 아이답지 않게 죽음이나 비극적인 일에 대한 관심이 많은가?

16. 과제를 체계적으로 하지 못하는가?

17. 부모에게 안기는 것과 같은 신체적 접촉을 좋아하는가?

18. TV나 컴퓨터에 매달려 지내거나 집 안에서 빈둥거리는가?

19. 계획이나 일정에 얽매이지 않는가?

20. 무언가를 선택할 때 친구나 어른들의 결정에 맡겨버리는 편인가?

※ '예'라고 대답한 개수는 몇 개인가?

부모의 두뇌성격은 어떤 형일까?

이성좌뇌형 부모일까?

1. 항상 약속 시간을 정확히 지킨다.

2. 인내심이 많다.

3. 친구들이 성실하고 이해심이 많은 사람으로 본다.

4. 물건을 잘 모은다.

5. 사소한 것도 완벽히 해내는 것을 좋아한다.

6. 감정을 잘 표현하지 못한다.

7. 일상생활에서 나만의 시간과 공간이 있어야 편하게 쉴 수 있다.

8. 사실적이고 구체적인 것을 좋아한다.

9. 위험이 따르는 일을 좋아하지 않는다.

10. 예측할 수 있는 일을 좋아한다.

※ '예'라고 대답한 개수는 몇 개인가?

아이에게만 두뇌성격이 있는 것은 아니다. 부모에게도 두뇌성격이 있으며, 이것은 육아 환경을 좌우하는 또 다른 조건이다. 육아 전쟁 속에서 좀 더 편안해지려면 부모와 아이의 두뇌성격이 조화를 이뤄야 한다. 과연 나의 두뇌성격은 무엇일까? 체크한 항목이 많을수록 나의 두뇌성격에 가깝다.

감성좌뇌형 부모일까?

1. 늘 무언가 하는 것을 좋아한다.

2. 자기주장이 강하고 화끈하다.

3. 종종 흥분하고 쉽게 화를 낸다.

4. 성취 지향적이다.

5. 자신이 이룬 실적을 체크하기 좋아한다.

6. 다른 사람을 이끄는 편이다.

7. 자신에게 매우 엄격하다.

8. 지배적인 성향이 강하다.

9. 도전할 대상이 있어야 힘이 솟는다.

10. 다른 사람의 비난을 잘 참지 못한다.

※ '예'라고 대답한 개수는 몇 개인가?

이성우뇌형 부모일까?

1. 명랑하고 호기심이 많다.

2. 한 가지 방식만 고집하지 않는다.

3. 한 가지 일에 집중하기보다는 관심 분야가 계속 바뀐다.

4. 한꺼번에 여러 가지 일을 하는 것을 좋아한다.

5. 쉽게 사랑하고 쉽게 증오하는 편이다.

6. 다른 사람과 잘 어울리는 편이다.

7. 고통스러운 일, 슬픈 일은 빨리 잊어버리려고 한다.

8. 따분하고 단순한 일을 싫어하며, 싫은 일은 쉽게 피해버린다.

9. 풍부한 상상의 세계를 가지고 있다.

10. 낙천적이다.

※ '예'라고 대답한 개수는 몇 개인가?

감성우뇌형 부모일까?

1. 사람 앞에서 보여주는 것을 좋아한다.

2. 느낌에 많이 의존한다.

3. 일을 체계적으로 하지 못한다.

4. 주위 사람들의 기분에 민감한 편이다.

5. 완벽해지려고 하지 않는다.

6. 남이 나를 비판하는 데 민감한 편이며, 사소한 것에도 상처를 받는다.

7. 매우 융통성이 있다.

8. 다른 사람과 서로의 감정을 나눌 수 있을 때 기쁨을 느낀다.

9. 일을 할 때 우선순위를 정하지 못해 망설이는 때가 많다.

10. 즉흥적이다.

※ '예'라고 대답한 개수는 몇 개인가?

CHAPTER 03

이성좌뇌형 아이,
빌 게이츠처럼 키워라

이성좌뇌형 아이는 생각이 깊고 주관이 뚜렷하지만,

이것을 겉으로 잘 표현하지 않는다.

매사에 객관적이고 합리적이며 절제하는 자세를 잃지 않는다.

그러다 보니 지나친 압박감과 책임감 때문에

아이답게 제대로 놀지도, 쉬지도 못하는 경우가 있다.

지나치게 경직된 이성좌뇌형 아이라면 '감성'을 키워주는 데 주력하자.

우리 아이, 이성좌뇌형일까?

관찰력과 기억력이 뛰어나다

올해 5세가 된 은미는 매우 섬세하다. 환경이나 사물의 작은 변화도 빨리 알아차리고 기억한다. 은미가 다니는 유치원의 담임교사는 긴 단발머리인데 머리카락을 묶을 양으로 오른쪽 손목에 항상 고무밴드를 차고 다닌다. 아이가 그린 선생님의 모습에도 오른쪽 손목에 검은색과 갈색 고무줄이 그려져 있다. 아이는 자신이 좋아하는 친구의 원피스 단추가 사과 모양이었는지, 하트 모양이었는지도 알고 있을 만큼 관찰력이 뛰어나다.

기억력도 뛰어나서 그림책을 읽고 인상 깊었던 장면을 그려보라고 하면, 교사나 부모가 놓친 아주 세밀한 것까지 그려놓는다. 그림 실력이 뛰어난 것은 아니지만, 아이는 그림책에 나오는 인물이나 사물을 되도록 똑같이 그리려고 노력한다. 자신이 할 수 있는 한 그렇게 그리는 편이다. 은미는 아주 작은 물건이라도 언제나 같은 자리에 있을 만큼 자기 방 정리도 잘한다. 간혹 엄마가 자기 물건을 원래 자리에 두지 않으면, 귀신같이 알아채고 여지없이 짜증을 낼 정도다.

이성좌뇌형 아이는 위의 아이처럼 관찰력이 뛰어나서 다른 사람들이 보지 못하는 것을 볼 수 있다. 특히 추상적인 것보다는 구체적이고 세부적인 것들을 잘 이해하는 편이며, 문제를 분석적으로 파고든다. 어떤 경우에는 아주 시시콜콜한 것까지 끄집어내어 사람을 놀라게 하기도 한다. 제법 오래전에 장난삼아 부모가 한 약속도 기억하고, 오랜만에 뵌 할머니의 머리 모양이 바뀐 것을 알아차리기도 한다. 엄마가 망가진 장난감을 슬쩍 버린 것도 금세 눈치챘다. 아이의 이런 능력은 '학습'에 좋은 영향을 준다. 학교에 들어가게 되면, 암기나 읽기 과제의 성적이 좋으며 추리 과제나 인지 과제도 잘한다. 특히 침착함과 신중함이 필요한 과제를 잘해낸다.

이런 아이들은 더 어린 시절에 부모를 당황하게 만들기도 한다. 모두 다 그런 것은 아니지만, 이성좌뇌형 아이 중에는 돌 전에 낯가림이 심한 경우가 많기 때문이다. 이 아이들은 뛰어난 관찰력과 기억력을 갖고 있어 아주 작은 변화에도 예민한데 자신이 늘 먹던 음식의 형태가 조금만 바뀌어도 고개를 돌리고, 엄마가 안경을 바꾸거나 새 옷을 입어도 다 알아차린다. 그래서 낯선 장소와 낯선 사람은 말할 것도 없고, 아주 작은 일상생활의 변화에도 쉽게 적응하지 못하는 경우가 많다.

이런 아이들은 새로운 환경에 대한 적응력이 떨어지기 때문에 대부분 어려서부터 익숙한 음식, 옷, 장난감을 좋아하고, 새로운 장난감이나 옷을 싫어하기도 한다. 물론 다 자라서까지 성격이 이런 것은 아니다. 이런 아이는 변화를 싫어하지만 격렬하지 않아서, 부모가 키우기 쉽고 환경에 서서히 적응시키면 점차 나아지는 타입이다.

명예를 중시하며 책임감이 강하다

준호는 오늘도 씩씩대며 들어왔다. 초등학교 2학년에 올라와 자기 반 회장이 되고부터 매일 화가 나 있다. 아이들이 도대체 자기 말을 듣지 않는다는 것이다. 숙제도 잘 안 해오고, 규칙도 잘 안 지키고, 선생님이 계시지 않으면 어찌나 떠드는지 화가 나서 견딜 수가 없단다. 엄마는 "너무 선생님처럼 아이들한테 명령하지 말고 부탁을 해봐. 친한 아이들한테 도와달라고도 해봐"라고 조언했다. 하지만 이 말을 끝낸 엄마는 이내 스스로 뜨끔해졌다.

사실 준호에게는 변변히 '친구'라고 할 만한 아이가 없다. 준호는 어른들에게 인기가 좋다. 공손하고 예의 바르고, 항상 모든 행동에 타의 모범이 되려고 노력하기 때문이다. 공부도 곧잘 하는 편이고, 어떤 학원을 가든 학원 선생님이 입에 침이 마르도록 칭찬한다. 그런데 정작 친구들에게는 그저 그렇다. 준호랑 같은 반인 옆집 애 엄마 말로는, 준호가 너무 엄격한 선생님처럼 굴어서 반 아이 중에는 준호를 싫어하는 친구가 몇 있단다.

이성좌뇌형 아이는 위의 아이처럼 다른 사람들 앞에서는 화를 잘 표현하지 않고, 화가 나도 속으로 삭이려고 노력한다. 겉으론 평온하고 밝은 표정을 짓지만, 속으로는 분노와 긴장을 참느라 말이 빨라

두뇌성격이 아이 미래를 결정한다

지고 목소리의 톤이 높아지는 때도 있다. 그렇다고 친구들이나 주변 사람들이 화가 난 것을 눈치채지 못하는 것은 아니다. 이성좌뇌형 아이들이 이런 경향을 보이는 것은 책임감 때문이다. 책임감이 무척 강하기 때문에 자신이 맡은 일을 너무나 잘하고 싶어서 생기는 현상이다.

만일 이 아이가 회장과 같은 중책(?)을 맡지 않았다면, 이 아이는 아무 번민 없이 지금까지 하던 대로 철저하게 자신이 맡은 일을 수행했을 것이다. 섬세한 계획하에 하루의 일과를 시작하고 계획에 맞춰 움직였을 것이다. 또한 끊임없이 자신의 행동을 살펴서 부족한 점이 발견되면 그때그때 자기반성을 했을 것이다.

하지만 회장이라는 직책을 맡았는데 아이들이 자기 마음대로 움직여주지 않으니, 자신의 책임을 다하지 못한 것 같아 괴로운 것이다. 이런 아이들은 공부를 잘해서 학교에서 중책을 맡는 일이 많지만, 본래는 모든 일을 혼자서 하는 편이다. 혼자 놀기 좋아하고 책을 읽거나 자신의 관심 분야에 몰두하며 시간을 보내는 경우가 많다. 한 분야에 관심을 두기 시작하면 인터넷을 뒤지고 도서관에 가서라도 정보를 모으려고 한다. 또한 생각을 정리하기 위한 자신만의 시간과 공간을 아주 중요하게 여긴다.

이런 아이들은 사실 남 앞에 나서거나 주목받는 것을 좋아하지 않기 때문에, 주목받지 않기 위해서라도 어디서든 규칙을 잘 지킨다. 자신이 한 일을 떠벌리거나 무리하게 경쟁하는 것도 싫어한다. 늘 무리에서 한 발자국 떨어져 관찰자나 방관자로 머물다 보니, 고립감이나 소외감을 느끼는 일도 있다. 아이는 일찍부터 독립적이며, 학교

○ 이성좌뇌형 아이의 뇌

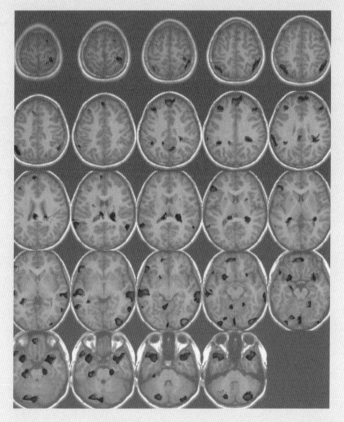

fMRI상 성실성의 뇌활성도는 높지만, 개방성과 수용성의 뇌활성도는 낮다.

에서도 스스로 공부한다.

이런 이성좌뇌형 아이에게는 부담이 되지 않을 정도로만 책임 있는 일을 맡기는 것이 좋다. 스스로 지나치게 많은 일을 자신의 책임이라고 생각하고 괴로워한다면, 부모가 진지한 대화로 책임의 한계선을 알려주는 것이 필요하다. 모든 것이 너의 책임은 아니라는 것을 일러줘야 한다. 다른 아이들의 생각을 부모가 읽어주는 것도 좋다. 그리고 지금 하는 일을 격려해주는 것이 필요하다.

융통성이 부족해 자기 절제가 심하다

초등학교 5학년 민혁이는 과제만 했다 하면 유독 오래 걸린다. 다른 아이들이 한두 시간이면 뚝딱해내는 과제도 온종일 매달려야 한다. 엄마는 그런 아이를 보면 이만저만 안쓰러운 것이 아니다. 아이의 집중력과 꼼꼼함은 높이 사지만, 저렇게 사전 정보를 많이 모을 필요가 있을까 싶기 때문이다. 아이는 하나에서부터 열까지 모든 경우의 수를 따지고, 넘칠 정도로 자료를 모은 다음 과제를 시작한다.

그러다 보니 과제 하나를 해결하는 데도 항상 많은 시간이 소요된다. 어떨 때는 과제에 도움이 되지 않는 불필요한 정보까지 신경 쓰느라 시간을 허비한다. 아빠는 아이와 비슷한 면이 있어 '민혁이, 쟤저 근성 좀 봐. 뭐가 되어도 되긴 되겠어' 하는 마음으로 은근히 흐뭇해하지만, 엄마가 보기에는 지나치게 융통성이 없어 보인다. "민혁아. 엄마가 그런 것까지 다 찾을 필요 없다고 했잖아. 머리를 좀 써서 요령 있게 하라고." 엄마가 자신도 모르게 내뱉은 말에 아이는 방문을 꽝 닫고 들어가버렸다.

이성좌뇌형 아이는 무슨 일을 하든 계획적이고 체계적이다. 어떤 일을 하는 데 필요한 세부적인 상황을 정확하게 파악하고 있으며, 여러 가지 정보도 시의적절하게 잘 활용하는 편이다. 또한 문제를 해결할 때도 과거의 경험을 잘 활용하며, 지루하게 반복되는 일이나 일상적인 일에 대한 인내력도 강하다. 그러나 때때로 세부 사항에 너무 집착해 큰 흐름을 파악하지 못하는 일도 있다. 무슨 일에든 주관이 뚜렷해서 다른 사람의 말에 별 영향을 받지 않고 융통성도 부족하다. 그렇다고 자신과 의견이 다른 사람을 비난하거나 비판하지는 않는다. 그저 의지가 강하고 고집이 세기 때문에 다른 사람의 의견에 큰 영향을 받지 않을 뿐이다.

이성좌뇌형 아이는 외유내강형으로 내면에 확고한 신념과 뚜렷한 원칙을 가지고 행동하는 경우가 많다. 또한 자신의 원리 원칙에 맞는 명확한 일상을 편안해한다. 반면 끊임없이 바뀌고 변화하는 상황이 닥치면 무척 혼란스러워한다. 책상, 옷장, 서랍 등은 늘 정돈되어 있어야 하며 조금만 흐트러져 있어도 못 견뎌 한다.

또한 무엇을 하든지 한 번에 하나씩 해야 마음이 놓인다. 책을 읽은 다음에 TV를 보든지, 아니면 TV를 본 다음에 책을 읽든지 한 번에 하나만 해야 한다. 그래서 아이가 무언가를 하고 있는데, 엄마가 다른 것을 시키거나 다른 방식으로 하라고 갑자기 요구하면 받아들이지 못한다. 행동이든 생각이든 쉽게 바꾸지 못한다.

이성좌뇌형 아이, 이렇게 키워라

성실하고 똑똑한 아이에겐 감성이 필요

이성좌뇌형 아이는 생각이 깊고 주관이 뚜렷하지만, 이것을 겉으로 잘 표현하지 않는다. 행동은 공손하고 예의 바르다. 매사에 객관적이고 합리적이며 절제하는 자세도 잃지 않는다. 그러다 보니 지나친 압박감과 책임감 때문에 여유가 없어 아이답게 놀거나 쉬지 못하는 경우가 있다. 착하고 바른 아이가 되려는 자기 감시 시스템이 너무 강하기 때문에, 남들이 보기에는 잘하고 있는데도 정작 본인은 만족하지 못해 끊임없이 노력하기도 한다.

또한 남 보기에는 충분한 실력을 갖추고 있는데도 스스로 완벽함을 추구하느라 선뜻 행동으로 옮기지 못해 소극적으로 보이기도 한다. 이런 아이는 이성의 뇌만 주로 사용하기 때문에 지나치게 경직

되어 있다. 자신의 즐거움을 생각하면서 긴장을 풀고 여유롭게 상황을 이끌어나가는 감성의 뇌가 작동하지 않는 것이다. 그런 만큼 이런 아이를 키울 때 가장 많이 신경을 써야 할 것은 '감성'이다.

이성좌뇌형 아이들은 표정에도 변화가 별로 없다. 항상 큰 시험을 앞둔 사람처럼 잔뜩 긴장해 있거나 무표정한 얼굴이다. 기쁜 일이 있어도 크게 웃지 않고, 슬픈 일이 있어도 크게 울지 않는다. 누가 봐도 화가 많이 날 일도 무덤덤하게 대한다. 이것은 아이가 감정을 잘 조절하기 때문이 아니라 감정을 자각하기까지 시간이 너무 오래 걸리기 때문이다.

자칫 이대로 이성좌뇌형 아이를 키우면 감성이 메마른 사람으로 자랄 수 있다. 부모는 아이에게 감성의 뇌를 발달시킬 수 있는 자극을 주어야 한다. 어릴 때부터 음악을 자주 들려주고 그림을 많이 접하게 하면 좋다.

아이가 아무리 집 안에서 혼자 책 읽는 것을 좋아하더라도, 아이를 데리고 밖으로 나가 자연을 접하게 노력하는 것도 중요하다. 만일 아이가 책 읽기만 고집한다면 자연 속에서 책을 읽게 해도 된다. 관심 있는 주제의 전시회나 박람회, 체험 활동을 준비해도 좋다.

이런 아이들은 대부분 과학이나 논리적인 분야에 소질이 있다. 그래서 그 분야에만 집중하고 싶어 한다. 아이가 관심을 보이는 분야는 충분히 집중할 수 있게 해주되, 그 외에 창의력을 키워줄 수 있는 풍부한 경험을 마련해야 한다. 우리 두뇌는 한쪽 부분만 월등히 발달해서는 제 기능을 하지 못한다. 양쪽 뇌가 조화롭게 발달해야 두뇌의 각 영역이 별문제 없이 기능을 발휘한다.

감성의 뇌를 발달시키려면 감성적인 경험이나 활동뿐만 아니라 부모와의 따뜻한 시간도 필요하다. 바쁘더라도 식사만큼은 아이와 함께하면서 즐겁게 대화를 나누도록 하자. 아이와 몸을 부대끼면서 놀아주는 것도 필요하다. 자연스러운 신체 접촉은 무엇보다 감성 발달에 효과적이다.

이성좌뇌형 아이는 남 앞에 나서거나 주목받는 것을 좋아하지 않는다. 하지만 때에 따라서는 많은 사람 앞에서 당당히 자기 의견을 말할 수 있어야 한다. 리더가 되어야 하는 상황이라면, 그 또한 흔쾌히 받아들일 수 있어야 한다. 그러려면 자기표현 능력을 키워야 한다. 이 것은 비단 남 앞에 나서기 위해서만 필요한 것이 아니다. 자기표현 능력이 생기면 자신의 생각을 실천하는 에너지를 더 키울 수 있다. 자기 생각을 좀 더 현실적으로 구체화하는 힘을 키우게 되는 것이다. 자기 표현 능력은 웅변이나 시 낭송과 같은 활동을 통해 키울 수 있다.

계획과 규칙을 미리 알려주면 스스로 해낸다

이성좌뇌형 아이는 일단 목표나 과제를 주면 거의 틀림없이 해낸다. 목표를 알고 자신의 능력을 파악하므로 부모가 말하지 않아도 스스로의 학습이 가능하다. 부모는 아이에게 무엇을 하라고 하기보다는 아이가 원하는 것을 파악해 지원해주거나 필요한 정보를 제공해주도록 한다. 이런 아이는 목표가 있을 때 공부를 열심히 하며, 목표가 자신의 수준보다 다소 높을 때 열정을 보이기 때문이다.

반드시 1등을 해야 한다고 몰아붙일 필요는 없다. 1등이 아니라 아이가 원하는 목표를 정해야 한다. 이성좌뇌형 아이는 한번 몰입하면 시간 가는 줄을 모른다. 무엇이든 꼼꼼히 따져서 하므로 자칫 시간이 늘어지기도 한다. 그래서 계획과 규칙을 미리 정해줄 필요가 있다. 계획과 규칙은 부모와 아이가 함께 정해야 하지만, 부모는 지켜보면서 빠뜨린 것이나 불가능한 것을 알려주는 정도에 그치고 구체적인 계획표는 아이가 스스로 짜게 한다.

몇 가지 규칙도 아이와 미리 약속해놓는다. 나중에 약속한 일을 하지 않았다면 잔소리하거나 체벌하기보다는 미리 약속했다는 사실을 상기시켜주는 것으로 충분하다. 비교적 공부 시간을 잘 지키고 부모의 말도 잘 듣기 때문에 한 번에 할 수 있는 공부 시간을 약간 길게 잡아도 된다. 특히 공부 내용을 일일이 가르쳐주기보다는 시간 관리법이나 과목별 공부 방법, 필기 요령 등을 같이 검토하면서 부족한 부분을 보완하도록 한다.

계획이나 규칙을 정할 때 부모가 아이에게 반드시 일깨워주어야 하는 것이 있다. 계획이나 규칙의 목표가 '지금 당장'에 맞춰진 것이 아니라 먼 미래를 위한 작은 전술이라는 점이다. 10년 후의 꿈이 이루어지도록, 앞으로 2~3년간의 계획과 목표를 생각한 후에 1년간의 계획을 세우고, 앞으로 한 달간의 계획을 세우게 해야 한다. 그래야 자신의 목표를 잃지 않고 매진할 수 있다. 이런 아이들은 목표가 분명하고 계획이 체계적으로 짜여 있을수록 마음이 안정되어 공부에 전념한다.

아이가 주로 생활하는 환경은 조용하고 안정감 있는 분위기가 좋다. 소음에 민감하므로 가능하면 주변 환경을 조용하게 하고, 방을 꾸밀 때도 지나치게 강렬한 색상이나 다양한 색상은 피한다. 대신 파

스텔 색상이나 베이지 계열의 색상을 쓰도록 한다. 이사나 전학 등 생활환경이 바뀌면 적응 기간이 다른 아이들보다 길다는 것도 기억해두자.

예를 들어, 어린아이들은 살던 집에서 이사하면 그전에 잘 가리던 소변도 갑자기 실수할 때가 있다. 낯선 환경에 적응하기가 어려워 일시적으로 소변 가리는 능력을 잃어버리는 것이다. 스트레스로 인한 퇴행 현상으로 보통 1~2개월 안에 원래대로 돌아온다. 사실 이런 문제로 상담해오면 집 정리보다는 아이의 마음 정리에 먼저 신경 쓰라고 조언하곤 한다. 더 많이 안아주고 이해함으로써 마음의 안정을 빨리 찾게 하는 것이 이성좌뇌형 아이의 문제행동을 예방하는 가장 좋은 방법이기 때문이다. 적응 기간이 길 뿐 적응하지 못하는 것은 아니므로 부모가 여유를 갖고 기다려야 한다.

칭찬과 복습이 학습 능률을 좌우한다

"우리 아이는요. 책을 읽는 게 세상에서 가장 행복하대요. 취미도 독서, 특기도 독서래요. 공부도 스스로 알아서 척척 하는 모범생이에요. 영어 공부를 시작한 지 3년밖에 되지 않았는데, 벌써 언니 오빠들과 함께 수업할 정도로 실력이 좋아요. 공부라면 신경 쓸 것이 하나도 없어요."

공부 잘하는 이성좌뇌형 아이를 가진 엄마의 자랑이다. 이성좌뇌형 아이들은 대부분 공부를 곧잘 한다. 그래서 부모가 몇 가지 주의점만 알고 있으면 정말 사례 속 엄마의 자랑처럼 공부에 따로 신경을 쓰지 않아도 된다. 이런 이이는 난이도 있는 과제에 대한 수행 욕구가 높으며, 집중력이나 인내심이 강하다. 강한 욕구나 집중력은 지적 과제, 학업 과제 등의 수행에서도 유리하게 작용한다. 나아가 이런 성공 경험이 많아지면 성취감이나 자신감을 느끼게 되면서 난이도 있는 과제에 대한 도전 욕구도 강화된다.

이런 아이는 모든 것을 체계적이고 단계적으로 처리하기 때문에 일을 처리하거나 공부할 때 시간이 좀 더 오래 걸리고 더딘 편이지만, 한번 익힌 지식은 좀처럼 잊지 않는다. 새로운 지식을 받아들일 때도 수많은 질문 과정을 통해 규칙적이고 논리적으로 정리해나갈 수 있다. 하지만 몇 가지 주의할 점이 있다.

첫째, 혼자 공부하게 하는 것이 더 좋다. 이성좌뇌형 아이는 자신의 사생활을 중요하게 생각하기 때문에 간섭받지 않고 혼자 있는 것을 좋아한다. 따라서 여러 학원에 다니게 하기보다는 혼자 공부할 시간과 공간을 마련해주는 것이 좋다. 부모의 잔소리도 필요 없는 이런 아이에게 중요한 것은 자기 주도로 공부할 수 있느냐의 여부다.

둘째, 예습보다는 복습 위주로 공부하는 것이 좋다. 이런 아이는 똑같은 질문을 반복하거나 새로운 환경에 적응하고, 자신의 머릿속 지도를 바꾸는 데 다른 아이들보다 더 많은 시간이 필요하기 때문이다. 또한 새로운 것을 알려고 하기보다는 알고 있는 것을 제대로 아는 것을 더 좋아하기 때문에 아직 배우지 않은 부분을 예습하기보다 복습을 많이 하는 것이 학습 효율성을 높일 수 있다.

셋째, 강의식 수업이나 토론 수업을 선택한다. 사고가 논리적이기 때문에 정보가 체계적으로 전개되는 강의식 수업을 좋아하며, 꼼꼼해서 공책 정리도 잘한다. 특히 충분한 시간을 주고 주제를 연구 조사한 다음 깊이 있게 토론하는 방식을 가장 좋아한다. 언제 어떻게 공부할 것인가를 미리 정한 다음 가르치는 것이 좋다.

넷째, 논리적으로 칭찬한다. 두루뭉술하게 칭찬하거나 잘못했다고 말하는 것은 잘 받아들이지 못한다. 하지만 부정적이든 긍정적이든 전체적인 것보다 각 부분의 평가를 구체적으로 말해주면 의외로 잘 받아들인다. 스스로 나아지고자 하는 욕구가 있기 때문이다. 논리적인 칭찬이나 지적에는 자신의 의견을 말하기도 하면서 자기 발전의 자양분으로 삼는다.

하지만 작은 실수를 지나치게 지적하면 본인의 실수를 대범하게 받아들이지 못하는 성격이라 한층 더 위축되고 기가 죽을 수 있다. 그러면 아이는 실패하느니 차라리 하지 않는 것이 낫겠다고 생각해 새로운 도전을 주저할 수도 있다.

친구 사귀기를 강요해서는 안 된다

"돌 전에는 낯가림이 심한 편이긴 했어도, 시간이 지나니까 점차 괜찮아졌어요. 그런데 아직 낯가림이 남아 있는 것도 아닐 텐데 친구들과 통 어울리지 못해요. 놀이터에 가서도 아이들 사이에 끼지 못하고 머뭇거리고요. 그저 멀리서 아이들이 노는 것을 바라만 보고 있어요. 간혹 다른 아이가 와서 놀자고 하면, 쌀쌀맞게 외면하고는 혼자 모래밭에서 놀지 뭐예요."

이성좌뇌형 아이를 가진 한 엄마의 걱정이다. 이성좌뇌형 아이는 친구들에게도 낯을 가리는 편이다. 먼저 말을 걸지 않을 뿐 아니라 또래가 다가와도 뿌리치기 일쑤다. 늘 혼자 놀고 혼자 행동한다. 물론 친구를 싫어하는 것은 아니다. 늘 친구를 그리워하지만, 친구 만들기가 힘들 뿐이다. 이런 아이는 말수가 적고 행동이 조심스러우며 자신의 감정을 잘 드러내지 않는다. 친구를 사귄다는 것은 감정을 나누는 것인데, 그것을 부담스러워하다 보니 친구를 잘 사귈 수 없는 것이다. 하지만 걱정은 안 해도 된다. 친구를 두루 사귀는 것을 힘들어할 뿐이지, 아예 못 사귀는 아이는 아니기 때문이다.

이성좌뇌형 아이들은 대인관계의 폭이 좁은 편이지만 한두 명이라도 진지한 얘기를 나누는 속 깊은 친구를 만들곤 한다. 초등학교 저학년까지는 아이의 친구 사귐에 대해서 너무 고민할 필요는 없다. 이 시기까지는 여럿이 놀더라도 함께 노는 것뿐이지 우정을 쌓는 관계라고 보기는 어렵기 때문이다. 이때는 여러 놀이를 많이 알고 있거나 운동을 잘하거나 힘이 세거나 리더십이 있는 아이가 다른 아이들에 비해 좀 더 인기가 있다.

자기표현을 잘하도록 자신감을 키워주어야 한다

아이 중에는 리더십이 있고 주도적이며 경쟁심이 강하고, 목표가 생기면 반드시 성취하고자 하는 두뇌성격이 있다. 부모가 이 두뇌성격의 장점을 잘 살려주면 리더십이 뛰어나고, 도덕성도 높아지며, 위기 대처 능력이 강해져 경쟁력 있는 글로벌 리더로 자랄 수 있다. 그러나 역으로 약점을 제대로 보완하지 못하면 반항적이거나 폭력적인 아이가 되어 다른 사람을 무시하고 지배하려는 안하무인이 될 수도 있다.

만일 초등학교 고학년이 되어도 아이가 친구를 전혀 사귀지 못한다면, 그때는 주의 깊게 아이를 살펴야 한다. 먼저 아이의 자아존중감이 부족한 것은 아닌지, 의존적인 성향이 너무 강한 것은 아닌지 확인해본다.

만일 자존감에 문제가 없고 의존적인 성향도 없다면, 친구를 사귀는 기술이 부족한 것이다. 누군가에게 친구가 되어달라고 말하는 법, 감정을 말로 표현하는 법, 거절하는 법, 자신의 생각을 주장하는 법 같은 단순한 기술은 부모가 가르쳐줄 수 있다. 하지만 친구를 사귀는 것은 말로만 할 수 있는 일이 아니다. 상대방의 감정을 이해하고 공감하고 위로할 수 있어야 진정한 친구를 사귈 수 있다.

부모는 아이가 어릴 때부터 아주 가까운 사람들과 자연스럽게 감정 교류를 할 수 있는 경험을 만들어주면 좋다. 친구를 사귀는 것이 서툰 이성좌뇌형 아이라도 어린 시절부터 편안하게 부모와 감정 교류를 해왔다면, 어른이 되어도 사회성에 별다른 문제가 생기지 않는다.

이성좌뇌형 아이에게는 친구와 어울리라고 강요하거나 인간관계를 잘하라고 다그치지 말아야 한다. 무작정 활달한 아이로 바꾸려고 하기보다는 자기표현을 잘할 수 있는 자신감부터 키워준다. 예의 바른 표현을 할 수 있도록 가르치고 단계적으로 사회성을 길러준다. 이런 아이는 마음에 맞는 아이들과 함께 있을 때 편안해한다. 아이의 친구를 받아들이고 신뢰하며, 친구들과 지내는 시간을 존중해주도록 한다.

사람들 앞에 나서야 할 때는 미리 준비할 시간을 마련해주고 간혹 자기 입장만을 옳다고 생각해 고집을 부릴 수 있으니 타협하는 법도 가르쳐줄 필요가 있다.

• 이성좌뇌형 아이의 나이별 육아법 •

영아기 (0~12개월)

내성적이고 약간 까다롭지만 비교적 키우기 수월한 편이다. 규칙적으로 먹고, 자고, 비교적 엄마가 쉽게 예상할 수 있을 정도로 대소변을 본다. 깨어나도 칭얼거리지 않고 혼자 장난감을 만지며 논다. 낯선 물건에 호기심도 보이지만 조심스러워서 사고를 치는 일도 없다.

이렇게 키워요 ● 낯선 음식, 사람, 물건에 조금 예민한 편이므로 모두 서서히 접하게 한다. 특히 이유식은 새로운 재료를 시도할 때 주기를 길게 잡는다. 새로운 그림책이나 장난감을 줄 때는, 아이 손에 쥐여주기보다는 주변에 놓아두는 것이 좋다. 아이 스스로 호기심을 보이고 마음 편히 접근할 때까지 기다린다. 아이가 무언가 요구를 하거나 반응을 보이면, 격렬하게 요구하지 않더라도 민감하게 반응해준다.

유아기 (만 1~4세)

걷게 되어도 그렇게 활동적으로 돌아다니지는 않는다. 혼자서 조용히 노는 편이다. 온순하고 고분고분하며 내심 겁이 많다. 여전히 낯선 사람과 음식, 새 옷을 조심스러워하고 새로운 경험을 부담스러워한다.

이렇게 키워요 ● 이 시기는 걷기, 대소변 가리기, 말하기, 첫 유아 교육기관 다니기 등 아이가 해내야 할 일이 많은 때다. 아이는 이 정도의 새로운 경험만으로도 스트레스를 많이 받는다.
억지로 또래와 어울려 놀게 한다든지, 여러 개의 놀이학교에 보내는 등 새로운 활동을 계획하는 것은 바람직하지 않다. 가급적 새로운 경험은 줄이고, 또래에 맞는 발달 과제들을 잘해내는 것에만 집중한다.

두뇌성격이 아이 미래를 결정한다

학령전기 (만 5~6세)

모험적이거나 위험한 놀이를 싫어한다. 친구와 싸울 수밖에 없는 상황에서도 싸움을 회피하는 편이다. 처음 유치원에 갔다면 적응하는 데 상당한 시간이 걸린다. 유치원에서는 조용히 혼자서 노는 편이다. 그림책, 퍼즐, 블록 놀이 등을 좋아한다.

이렇게 키워요 ● 너무 얌전한 것 같다고, 억지로 친구와 어울려 놀게 하거나 활달한 친구의 행동을 따라 하라고 강요하지 않는다. 놀이터의 놀이기구도 아이가 너무 무서워한다면 태우지 않는다. 아이의 놀이 형태를 존중해준다.
혼자 있는 시간이 필요한 아이이므로 유치원에 다녀온 후에는 충분히 쉴 수 있게 해준다. 바닥을 뒹굴며 책을 읽고, 혼자 상상 놀이에 빠져 있어도 그냥 둔다. 그런 활동이 하루의 스트레스를 풀어주기 때문이다.

학령기 (만 7~12세)

목소리가 차분하고 부드러우면서도 힘이 실려 있으며, 행동과 표정에 변화가 작다. 항상 모든 행동에 타의 모범이 되려고 노력한다. 비교적 공부를 잘한다. 동작이 느리고 운동도 썩 잘하는 편이 아니라 활발하게 움직이는 것보다는 앉아서 사색하는 것을 훨씬 좋아한다.

이렇게 키워요 ● 친구가 많은 편은 아니어도 1~2명의 단짝 친구는 있어야 한다. 여전히 혼자서만 놀려 하고 공부만 한다면, 차츰 어울려 놀 기회를 마련해준다. 또한 공부나 친구 관계로 인한 스트레스가 많아지는 시기이므로, 규칙적인 운동이나 취미 활동으로 스트레스를 풀어주는 것도 필요하다.

03

이성좌뇌형 아이와 부모의 두뇌궁합

이성좌뇌형 부모
:관심사와 적성이 비슷한 찰떡궁합

"아이를 한 인격체로 존중하고, 아이가 좋아하고 잘하는 것을 찾아서, 아이가 할 수 있도록 도와주는 것이 부모의 역할이라고 생각해요."

이성좌뇌형 부모의 '육아'에 대한 생각이다. 아이가 모범 학생의 특징을 가진 것처럼, 부모도 바람직한 가치관을 가지고 있다. 따라서 이런 부모는 아이와 마음이 잘 맞는 편이다. 양쪽 다 논리적이고 지적 호기심이 강하며, 쉽게 행동하지 않는 성격이라 서로 강한 유대감을 느낀다. 관심사와 적성까지 비슷하다면 찰떡궁합인 셈이다. 그런데 인간관계에서 서로 잘 안다고 생각하면 너무 편한 나머지 자칫 무관심해지기도 한다. 이성좌뇌형 부모와 아이 사이에도 이런 일이 벌어질 수 있다.

일반적으로 아이는 어떤 유형이냐를 불문하고 모두 부모의 도움을 필요로 한다. 부모의 관심을 먹고 자라기 때문에 자식에 대한 부모의 무관심은 어떤 경우에든 독이다. 이성좌뇌형 부모가 아이를 자신과 비슷하다고 생각해 특별히 신경을 쓰지 않으면 일상적인 대화가 점차 줄어들면서 아이와의 거리가 멀어질 수 있다. 따라서 최고의 궁합일수록 내 아이의 특성 중 어떤 점에 유의해야 하는지, 내가 어떤 실수를 유발할 수 있는지 알아둘 필요가 있다.

첫째, 아이의 말을 경청하도록 노력한다.

이성좌뇌형 부모는 아이의 이야기를 참을성 있게 잘 들어주고, 아이의 성실하고 소박한 면을 존중한다. 그러나 이런 아이가 가진 원칙과 독선적인 면을 부정적으로 보고 아이에게 높은 지적 발달 수준을 기대하기도 한다. 하지만 이런 경우 아이가 받는 스트레스가 크다는 것을 알아야 한다.

이성좌뇌형 아이는 공부를 스스로, 그것도 좋아서 하는 아이다. 심지어 책을 읽으며 놀 정도로 독서와 공부를 좋아한다. 부모는 아이의 이런 성실성을 존중해주면서 아이가 자기 생각과 감정을 적극적으로 표현할 수 있도록 도와줘야 한다. 이런 아이는 부모를 거스르지 않지만 제 생각이나 감정을 부모가 듣지 않을 것 같으면 말을 하지 않는다. 아이가 의견을 말할 때는 아무리 사소한 것이라도 주의 깊게 들어야 한다. 아이의 생각에 대해 무관심하거나 애매하게 대답하지 말고, 확실하게 반응을 보이고 의견을 제시하도록 한다. 그리고 부모가 무슨 생각을 하고 있는지 수시로 이야기해주는 것도 필요하다.

둘째, 긍정적이고 느긋한 태도로 바라보라.

부모가 아이 앞에서 긍정적이고 느긋한 태도로 생활하는 모범을 보일 필요가 있다. 그래야 아이가 세상을 긍정적으로 바라본다. 항상 조급해하고 계획에만 집착하는 모습을 보이면, 부모의 단점이 아이의 단점을 더욱 악화시킬 수 있다. 이성좌뇌형 아이는 혼자서 문제를 해결하는 것을 좋아한다. 부모가 안달복달하지 않아도 혼자서 잘하는 아이다. 그러니 아이에게 더 잘할 것을 강요하기보다 좀 더 여유롭게 삶을 대하는 자세를 가르쳐줄 필요가 있다. 아이에게 무엇을 시키거나 설득할 때도 간단명료하게 말하기보다는 구체적으로 상세하게 설명해준다. 아이가 질문을 하거나 어떤 것을 확인하려 들면 참을성 있게 대답해준다. 다그치지 말고 아이의 속도에 맞춰 차근차근 알려준다. 너무 더딘 것이 아닌가 걱정하지 않아도 된다. 그 과정에서 논리적인 추론력이 키워지기 때문이다. 아이의 특성과 관심사를 존중해 질문을 자주 던지고 이야기를 들어주면서 스스로 자기주장을 할 수 있는 힘을 길러주어야 한다.

셋째, 잔소리를 줄인다.

이성좌뇌형 부모는 일관성을 가지고 아이를 대하기 때문에 안정적이고 아이에 대한 책임감이 강하다. 도덕적이고 정의롭고, 타협하지 않는 성격으로 바른 생활을 하며, 아이를 위해서는 헌신형이기도 하다. 하지만 아이와 타협하거나 아이를 잘 다루는 여유가 부족해서 아이를 강압적으로 키우는 일도 있다. 이런 부모는 아이를 완벽하게 키우고 싶다는 책임감과 의무감 때문에 매사에 잔걱정이 클 수 있고 과잉보호하려는 육아 태도를 보이기 쉽다.

아이에 대한 기대가 크기 때문에 더 잘하라고 잔소리를 하며 과민해지기도 할뿐더러 아이의 행동이 마음에 들지 않으면 빈정대기도 한다. 소극적이고 우유부단한 아이를 지나치게 간섭하거나 밀어붙이며 아이의 자주성을 인정해주지 않는 경우도 있다.

이런 부모는 의식적으로라도 아이를 부드럽게 대하도록 노력해야 한다. 이성좌뇌형 아이는 규칙과 질서를 존중하며 공동체의 일에 참여하기 좋아하는 모범생이 많다. 또한 자신에게 가혹할 정도로 비판적인 아이들이다. 때문에 이성좌뇌형 부모는 가능한 한 간섭하지 말고 옆에서 아이를 지켜보면서 격려하는 것이 좋다. 그래야 안정감과 신뢰감이 싹트고 자립심이 키워질 수 있다.

넷째, 긴장을 풀 기회를 자주 갖는다.

이성좌뇌형 아이는 무엇보다 원리 원칙을 따지고 완벽을 추구한다. 자기주장이 강하고 타협하는 것에 익숙하지 않으므로, 의견이 다를 때 겉으로는 순종하면서도 속으로는 반발심을 키우기도 한다. 아이의 특성이 이렇다 보니 학교에서도 집에서도 아이는 항상 긴장한 상태일 수 있다. 결국 아이 주변의 분위기는 지나치게 딱딱할 수 있다. 이렇게 되면 아이는 자신이 가진 지적인 면을 긍정적으로 키우지 못한다.

아이가 좀 더 편안하게 공부하고 친구들과 어울리게 하려면, 여러 가지 활동에 참여하게 유도하고 감성적인 대화를 많이 해서 긴장감을 풀어주어야 한다. 집 안에서 할 수 있는 가벼운 운동이나, 아이가 몰입할 수 있는 취미 생활을 하게 하는 것도 좋다. 부모가 같이하면서 자연스럽게 대화를 유도한다면 아이에게는 더욱 편안한 시간이 될 수 있다.

감성좌뇌형 부모
:외향성의 추진력이 아이를 힘들게 한다

감성좌뇌형 부모는 부지런하고 충실하다. 대체로 교육열이 높고 유능하므로 아이의 성취를 위한 지원에 능하다. 좋은 성적을 얻고 좋은 학교에 들어가는 것이 행복의 지름길이라고 여긴다. 때문에 아이에게 공부하라고 압력을 넣기도 하고 아이를 스타로 만들려고 애쓰기도 한다. 엄마는 사회적으로 활발하게 활동하면서도 가정을 행복하고 아기자기하게 꾸밀 줄 안다. 그러나 아이를 강압적으로 키우고 따뜻한 모습을 보여주지 못하는 경우가 많다.

특히 엄마가 직업을 갖고 있으면 일 때문에 바빠서 아이에게 신경을 쓰지 못하는 경우가 많다. 엄마가 전업주부인 경우에도 자신의 유능함을 발휘하려다 보니 아이에게 요구가 많은 편이다. 감성좌뇌형 부모의 두뇌성격은 수완이 좋고 삶을 즐기며 친구도 잘 사귀는 등 외향성이 강하다. 추상적이고 개념적인 것보다는 보고 듣고 경험한 것에 의존하는 현실주의자로, 물질적인 소유를 좋아하고 그것을 얻기 위해 노력한다.

이에 반해 이성좌뇌형 아이는 집중력이 높고, 머리 회전이 아주 빠르고, 사고가 정밀하지만, 내향적이고 말수가 적은 편이다. 부모의 말에 순종하는 편이지만 규칙에 충실하고 소박한 것을 좋아하므로 부모가 편법 쓰기를 요구하거나 겉치레에 신경 쓰면 스트레스를 받는다. 또한 부모의 입장에서 아이의 우유부단한 성격이나 겁 많은 부분을 다그칠 수 있다. 하지만 아이와의 갈등이 잦아지면 아이의 자존감이 낮아질 수 있다. 감성좌뇌형 부모가 이성좌뇌형 아이를 더 잘 키우는 비법 몇 가지를 소개한다.

첫째, 아이의 관심 분야를 존중한다.

아이는 소박하고 성실한데 부모는 외향성이 강한 현실주의자이다 보니, 아이가 부모에게 의존하고 복종하는 관계가 되기 쉽다. 부모가 거칠게 대하면 아이가 어릴 때는 일단 무섭고 불안해 부모 뜻대로 행동한다. 부모와 생각이 달라도 겉으로는 전혀 티를 내지 않는다. 문제는 사춘기 이후에 발생한다. 아이는 부모가 전혀 예상하지 못한 상황에서 강하게 반항하고 문제행동을 일으킨다.

이런 불상사를 막으려면 아이가 좀 예민해 보이더라도 그 성격을 존중해야 한다. 아이가 천천히 탐구하는 것을 즐기고 혼자 있기를 좋아해도 나무라지 않아야 한다. 부모가 아이의 관심사를 존중하지 않으면 아이의 말수가 더욱 줄어들고, 좀처럼 자기 의견을 말하지 않는다. 그러면 감성좌뇌형 부모는 더욱 답답해져 아이를 다그치는 일이 늘어날 수 있다.

이성좌뇌형 아이에게는 부모가 생각하는 것보다 시간이 더 필요하다. 이 아이들은 말하기 전 자기 생각을 정리하기 때문에 뜸을 들이는 시간이 길다. 이때는 다그치지 말고 이렇게 말한다. "네 생각이 정리될 때 말하렴." 그리고 충분히 기다려준다. 그러면 아이도 부모가 자신을 존중하고 있다고 느낄 것이다.

둘째, 지나치게 개입하지 않는다.

감성좌뇌형 부모가 이성좌뇌형 아이를 보고 있으면 답답한 면이 한두 가지가 아닐 것이다. 따라서 수시로 아이의 일상에 개입하고 싶은 욕구가 솟구쳐 올라올 것이다. 사실 감성좌뇌형 부모에게는 아이의 행동이 사사건건 마음에 안 들 수도 있다. 하지만 개입하고 싶은 욕구를 눌러야 한다. 그래야 아이의 자립심을 키우는 데 문제가 생기지 않는다.

특히 아이의 말을 자르고 부모의 의견을 말하는 일은 삼가야 한다. 감성좌뇌형 부모들은 너무 성급해서 아이의 말을 끝까지 듣지 않고 지레짐작해 판단하는 일이 잦다. 때로는 말하기보다 가만히 들어줄 수 있어야 한다. 또한 아이가 의견을 말했을 때, "좋으면 좋은 거고, 싫으면 싫은 거지, 그런 말이 어디 있니? 네 생각을 정확하게 말해!"라고 윽박지르지 않도록 조심한다.

감성좌뇌형 부모들은 어중간한 것을 싫어한다. 흑백을 명확히 가리는 것을 좋아해 아이의 의사를 무시할 수도 있으며, 아이가 유순하고 나약해 보이면 용감하게 행동하라고 밀어붙인다.

셋째, 결과뿐만 아니라 과정도 중요시하자.

감성좌뇌형 부모는 매사를 속전속결로 처리하고 추진력도 뛰어나다. 현실주의자로 결과물을 중시할뿐더러 원하는 결과물을 잘 얻어낸다. 그러다 보니 학자처럼 깊이 파고들고 체계적으로 학습하는 이성좌뇌형 아이의 지적인 면을 존중하려고 애쓰다가도, 한 번쯤 예외적인 결과를 거론하며 아이에게 패배감을 안겨주기도 한다.

부모는 성취 욕구가 강해 결과에만 집착하지만, 아이는 결과뿐만 아니라 과정도 중요시한다는 점을 기억하자. 혹 결과가 좋지 않더라도 아이가 공들인 과정을 보고 결과를 다시 평가하는 따뜻한 부모가 되어야 한다. 만일 부모가 결과만 챙긴다면, 아이는 부모를 인정하지 않고 매번 부모에게 반발하는 아이가 될 수도 있다.

넷째, 사교성과 리더십을 키우자.

감성좌뇌형 부모는 세상사에 관심이 많고, 늘 사람들과 관계 맺기를 좋아하고 솔직하며 적극적이다. 이렇게 자신감 있는 태도는 이성좌뇌형 아이에게 활기를 주며 리더십을 길러줄 수 있다. 이성좌뇌형 아이는 사교적인 면이 부족하다. 다그치지 말고 부모의 장점을 살려서 아이와 효과적인 대화를 하다 보면 아이의 사회성이 길러질 것이다. 내 아이라고 생각하지 말고 내가 좋은 관계를 맺고 싶은 '이성좌뇌형의 어떤 사람'으로 아이를 생각한다면, 어떻게 아이에게 접근하고 어떻게 대화를 시도해야 할지 답이 나올 것이다. 아이는 부모의 섬세한 배려를 통해 사교성과 리더십을 배울 수 있다.

이성우뇌형 부모
:정서적 안정감과 잦은 애정 표현이 중요

이성우뇌형 부모는 새로운 지식과 경험을 좋아하고 활기차고 낙천적이다. 또한 신중하고 걱정이 많은 이성좌뇌형 아이에게 활기를 주어 신명 나게 할 수 있다. 그러나 이것저것 많은 일을 시키면 아이는 적응하지 못하고 혼란을 느낄 수도 있다.

가령 아이에게 새로운 자극을 준답시고 집 안 인테리어를 자주 바꾸거나, 아이는 내켜 하지 않는데 체험 학습이나 여행 등을 지나치게 권유한다. 아이가 지닌 개성과 잠재력을 찾아낸다고 각종 박람회를 다닌다거나, 이 학원 저 학원을 전전시키며 되도록 많은 것을 경험하고 배울 것을 요구하기도 한다.

이것이 아무리 아이들의 창의성을 키우기 위한 노력이라 해도, 아이는 오히려 곤혹스럽고 혼란스러울 수 있다. 이성우뇌형 부모가 이성좌뇌형 아이를 키울 때, 가장 중점을 두어야 하는 것은 '안정감'이다.

그러므로 집 안 분위기를 차분하게 만들고 함께 있는 시간은 늘리며 애정 표현을 자주 하도록 한다. 이성우뇌형 부모는 집 안 분위기를 밝게 만들기만 하면 아이가 행복을 느낄 것이라 생각할 수 있지만, 아이는 따뜻하고 애정 어린 말 한마디를 더 원한다. 이성좌뇌형 아이는 안정감을 느껴야 부모가 원하는 새로운 지식과 경험을 찾아 나설 용기를 얻는다. 이성우뇌형 부모가 이성좌뇌형 아이를 잘 키우려면 다음과 같은 점을 유념해야 한다.

첫째, 소신껏 키운다.

새로운 방법을 시도하기 좋아하는 이성우뇌형 부모는 자녀 교육에서도 종종 일반 사람들과 다른 교육 방법을 시도한다. 아이를 대안학교에 보내거나, 귀농해 자연 속에서 아이를 교육하는 등 소신껏 키운다. 개성을 무시한 획일적인 사고방식을 싫어하는 부모는 일찍부터 아이의 개성을 찾아 가능성을 열어줄 수도 있다. 아이가 남과 다른 자신만의 개성을 살려 살아가기를 원하기 때문이다.

이러한 성향은 문제가 생겼을 때 대안과 가능성을 제시하고 아이가 선택할 수 있도록 배려한다는 것이 장점이다. 하지만 새로운 시도가 너무 잦으면 자칫 줏대 없는 부모가 되기도 한다. 이때 아이는 부모가 변덕스럽게 자신을 키운다고 느낄 수 있다. 새로운 시도를 할 때는 자신의 가치관에 맞는지, 아이도 원하는지 신중히 검토해보아야 한다.

둘째, 아이와 함께 가치관을 이야기한다.

이성우뇌형 부모는 보이는 가치와 보이지 않는 가치를 다 소중히 여긴다. 사물의 근본에 관해서 대화하는 것도 좋아한다. 이러한 성향은 이성좌뇌형이 가진 탐구 본능을 채워주기에 매우 적당하다. 이성좌뇌형 아이는 무엇이든 완벽히 이해해야 다음 단계로 나아가고, 자연스럽게 행동하는 경향이 있다. 그러므로 아이와 자주 근본적인 질문에 관해 대화를 나누며 행동에 의미를 부여해주면 좋다. 아이는 삶의 가치에 대해서 생각할 줄 알기 때문에, 쉽게 포기하거나 절망하지 않고 자신 있게 새로운 일에 도전할 수 있는 용기를 갖게 된다. 그러면 삶을 더 진지하게 받아들이는 어른으로 성장할 수 있다.

셋째, 아이가 스스로 하게 한다.

이성우뇌형 부모는 호기심이 강하고 지적인 것을 동경하는 성격이다. 그러나 부모가 자극적인 일을 강요하거나 무리하게 사람들과 어울리기를 바라면 이성좌뇌형 아이는 압박감을 느낀다. 가뜩이나 내성적인 성격이 더 내성적으로 될 수 있다. 그러므로 부모는 아이의 생활 영역을 존중해주고, 내성적인 성격을 무리하게 변화시키려 하지 않아야 한다. 이성좌뇌형 아이에게는 이것저것 요구하기보다 아이 스스로 자기 일을 결정하고 해나갈 수 있도록 기회를 주어야 한다.

또한 아이의 관심사에 대해 자주 대화를 나누도록 한다. 아이의 내성적인 성격을 변화시키고 싶다면, 무언가를 강요하기보다는 평소 긴장을 풀어주고 자주 웃게 해주는 것이 효과적이다. 마음이 편안해져야 자기 생각이나 감정도 서서히 무장해제 하기 때문이다.

넷째, 비전을 제시한다.

이성우뇌형 부모는 오감을 통해 세상을 이해하는 것이 아니라 직관으로 사물을 이해하는 경향이 있다. 이런 부모는 보이는 사물의 현상을 중시하기보다는 내면에 담겨 있는 것을 보려고 한다. 어떤 현상이나 가능성을 발견하는 통찰력이 뛰어나다. 따라서 이성좌뇌형 아이가 꽉 막힌 사고에서 헤어나지 못할 때, 비전을 제시하고 넓은 시야로 아이를 이끌 수 있다. 비전을 보여줄 때는 단정적이기보다는 몇 가지 열린 가능성이 더 있다는 식으로 넌지시 알려주는 것이 좋다. 아이들은 자신을 이끌려는 강한 의도를 눈치채면 종종 거부 반응을 보이기도 하기 때문이다.

감성우뇌형 부모
: 지나치게 방임적인 육아 태도는 경계

스토리온 〈영재의 비법〉 시즌 1에 나온 한 남자아이는 꽤 많은 학원에 다니고 있었다. 아이는 학교가 파하면 여러 개의 학원에 다녔는데, 그 학원에서 내준 숙제를 감당하느라 밤이면 녹초가 되었다. 아이에게 솔직히 좀 힘들지 않느냐고 물었다. 성인에게조차 아이의 학원 스케줄은 녹록지 않아 보였기 때문이다. 아이는 조용히 고개를 끄덕였다. "엄마한테 '학원 많이 다니는 것 힘들어요'라고 말해본 적 있니?"라고 물으니 고개를 저었다. 아이는 엄마한테 한 번도 그런 이야기를 해본 적이 없다고 말했다.

아이 엄마에게 아이가 학원에 다니는 것을 누가 결정하느냐고 물었다. 엄마는 "결정은 제가 하지만 미리 아이에게 의견을 물어보는 편이에요"라고 대답했다.

　대한민국 엄마 대부분이 그러하듯, 이 엄마 역시 아이에게 의견을 묻지만, 최종 결정은 엄마가 하고 있었다. 그렇다면 아이는 왜 엄마에게 말하지 않았을까? 아이는 엄마에 대한 의존도가 높았다. 엄마의 말과 행동에 용기를 얻기도 하고 심하게 좌절하기도 했다. 엄마에게 칭찬받기 위해 엄마가 원하는 대로 했다. 무슨 일을 하든지 엄마에게 먼저 물었다. 이 아이는 전형적인 이성좌뇌형이다.

　이런 아이와 감성우뇌형 부모가 만났다면? 감성우뇌형 부모는 따뜻하고 느긋하다. 수용성이 높아 아이에게 잘 공감하고, 자발적으로 행동하도록 동기를 부여하는 편이다. 창조적이고 독특한 것을 좋아한다. 부모는 의견을 물어도 솔직히 말하지 않고 안전한 방법만 추구하는 아이가 답답할 수 있다. 거의 정반대인 것 같은 두뇌성격을 가진 부모와 아이. 매사 부딪칠 것 같지만, 의외로 서로의 부족한 면을 보충해주는 좋은 궁합이 될 수도 있다. 감성우뇌형 부모가 이성좌뇌형 아이를 잘 키우려면 다음과 같은 점을 유념해야 한다.

첫째, 아이의 감성을 키워라.

　감성우뇌형 부모는 자주 안아주고, 쓰다듬어주며, 상냥하게 말을 건네는 등 자상한 것이 장점이다. 부모의 이런 행동은 아이에게 자신이 사랑받고 있으며, 특별하게 보호받는다고 느끼게 할 수 있다. 아이의 생각이나 고민을 진지하게 들어주고 공감해주기 때문에 부모의 솔직하고 사려 깊은 마음에 아이는 감동하면서 감성적인 것에 눈뜨게 된다.

이때 주의할 점이 있다. 부모이다 보니 걱정스러운 마음에 아이의 긍정적인 면보다 부정적인 면에 민감하게 반응할 수 있다. 아이 입장에서는 부모의 이런 행동이 자신의 단점을 평가하고 비판하는 것이라고 받아들이게 된다. 그렇게 되면 아이는 더욱 위축된다. 그러므로 부모는 되도록 아이의 장점을 보고, 칭찬과 격려를 아끼지 않아야 한다.

둘째, 혼낼 것은 혼내고 관대할 것은 관대하자.

감성우뇌형 부모는 원만하고 느긋하며, 아이의 세계를 잘 이해해주는 따뜻한 면이 있다. 항상 아이 곁에 있으면서 아이를 보살피고 함께 놀아주고, 적성을 존중하며 융통성 있게 잘 지원해준다. 이성좌뇌형 아이는 부모의 이런 육아 태도로 인해 세상에 대한 신뢰감과 정서적인 안정감을 느끼며 자랄 수 있다.

그런데 부모의 긍정적인 육아 태도가 아이의 정서에 좋은 영향을 주려면 그 적정선이 지켜져야 한다. 감성우뇌형 부모 중에는 아이를 대하는 태도가 너무 온순하고 관대한 경우도 많다. 갈등을 피하려고 아이가 잘못해도 혼내지 않거나, 나쁜 버릇을 무조건 받아주고 방치하기도 한다. 이런 경우 아이는 절제력, 인내심, 자립심을 키우기 어려운 응석받이가 되어버린다.

아이에게 정서적인 안정감을 주려면 따뜻하고 민감한 손길만큼이나 단호하게 옳고 그름을 가르쳐주는 것도 필요하다. 혼낼 때는 미련 없이 혼내도록 한다. 상황 파악을 못하는 응석받이는 남까지 불안하게 만든다.

셋째, 부모 자신의 감정 기복을 조절한다.

감성이 풍부한 감성우뇌형 부모는 감정 기복이 심한 편이라 감정을 잘 조절하는 게 중요하다. 어쩌다 고민이 생기면 마냥 침울해져 아이 돌보기를 귀찮아하거나, 부정적인 감정이나 말들을 아이에게 쏟아낼 수도 있다. 우울하고 무기력해져 말수가 줄어들고, 아이에게 애정 표현을 거의 하지 않기도 한다.

이럴 때 아이는 부모가 어렵다. 겁이 난다. 혹시 자신이 부모에게 부담을 주는 존재가 아닌지 불안해진다. 부모가 자신을 싫어하는 것은 아닌지 걱정한다. 따라서 부모는 항상 자신의 감정을 잘 조절해야 한다. 매사 긍정적으로 생각하고, 일상의 평범한 것도 감사히 받아들이도록 노력한다. 자부심을 품고 마음을 알아주는 친구들과 자주 교류하고, 정서적 교감을 나누면서 편안한 모임을 갖도록 한다.

간혹 감성우뇌형 부모는 예민한 만큼 아이에게 집착하거나 과잉보호를 하기도 한다. 이때 아이는 부모처럼 예민한 성격이 아니기 때문에 심한 압박감을 느낄 수 있다. 또한 감성우뇌형 부모 중에는 정서적으로 민감하고 예술적 창의성은 높지만, 생활인으로서 일상을 처리하는 것에는 서툴러 아이를 힘들게 하는 사람도 있다. 이런 경우 아이를 위해 좀 더 적극적으로 생활인의 역할을 배우는 것도 필요하다.

이성좌뇌형 아이를 위한
학습 솔루션

성적에 민감하고 실수를 두려워한다

이성좌뇌형 아이는 새로운 것을 배우는 데는 소극적이지만 그렇다고 잘하려는 욕구가 없는 것은 아니다. 이 아이들은 겉으로 티만 내지 않을 뿐, 오히려 내적 욕구는 더 강한 경우가 많다. 그래서 한 번 실수에도 생각보다 크게 좌절한다. 시험 문제를 잘못 읽어 알고 있는 것을 틀렸을 때, 시간이 부족해 다 풀지 못했을 때, 둘 중의 하나가 답인 것까지는 알았는데 마지막 고른 답이 정답이 아니었을 때, 분명히 공부한 내용인데 도저히 생각이 나지 않아 답을 적지 못했을 때, 다른 아이들은 "에이, 속상해. 다음에 잘하지 뭐" 하고 툴툴 털고 일어날 수 있지만, 이 아이는 한참을 의기소침해한다.

이런 아이들이 계획을 매우 세밀하게 짜고, 철저하고 꼼꼼하게 공부하는 이면에는, 작은 실수나 실패에 대한 지나친 불안감이 도사리고 있다. 물론 이런 불안감이 무조건 나쁜 것은 아니다. 적당하면 오히려 능률을 최대로 끌어올리는 좋은 기폭제가 되기 때문이다. 집중력도, 기억력도 높일 수 있기 때문이다.

하지만 그 정도가 심하면 오히려 위험 요소가 된다. 아이는 사소한 것도 빠뜨릴까 봐 연연하는데, 오히려 완벽주의 성향이 지나치면 스트레스가 넘쳐 학습 효과를 떨어뜨릴 수 있기 때문이다.

부모는 이성좌뇌형 아이가 어느 정도 완벽주의 성향을 타고났다는 것을 인정하고 그 성향을 자극하지 않도록 주의해야 한다. 사소한 것이라도 아이에 대해 비판적이거나 부정적인 말을 삼가야 한다.

또한 아이의 재능이나 흥미에도 장점과 약점이 있음을 아이 스스로 인정하도록 돕는다. 지나친 완벽주의적인 성향은, 그런 성향을 지닌 부모의 행동이나 다른 사람들의 기대로부터 비롯되는 경우가 많다. "뭐든 1등을 해야지", "100점을 맞아라", "이런 말도 안 되는 실수를 …" 등과 같은 말은 아이가 어릴 때부터 삼가야 한다.

아이는 자신에게 중요한 사람들을 실망시키지 않으려고 노력하다가 작은 실수에도 지나치게 민감한 아이가 된다. 이렇게 작은 실수에도 민감한 아이는 공부를 아무리 잘하더라도 자존감이 높은 아이가 되기 힘들다. 아이는 끝도 없이 자신의 크고 작은 실수를 찾아내서 자신을 비하하기 때문이다. 어릴 때부터 아이가 실패감이나 좌절감에 빠져 있다면, 아이의 장점과 과거 성취 경험을 상기시켜준다. 무조건 잘했다고 칭찬하라는 말이 아니다. 아이가 노력했던 과정에 대해서 진정한 평가를 해주고, 그에 상응한 인정을 해주라는 것이다.

이성좌뇌형 아이를 공부시킬 때는 더 많이 관찰하고 관심을 가져야 한다. 공부에 자신감을 잃지 않도록 세심하게 배려하자. 부모 자신부터 아이의 실수나 성적에 민감해서는 안 된다. 아이 자신이 부모보다 더 실수하는 것을 두려워하고, 실수하면 마음에 상처를 입기 때문이다. 부모는 아이의 이런 면을 보듬어주어야 한다.

어쩌다 실수하더라도 야단치지 말고 "그 정도의 실수는 괜찮아"라고 위로를 건넨다. 부모의 경험을 이야기해주며 누구나 실수할 수 있고, 또 실수를 통해 배울 수도 있음을 가르쳐준다. 또한 아이가 계획에 따라 매일 일정하게 공부한다면, 작은 시험에서는 좋지 않은 성적을 냈더라도 큰 시험에서 조금씩 효과를 나타냈다면 충분히 칭찬해준다. 그래야 자존감이 생긴다. 공부에서는 성실과 자존감이 가장 중요하다.

서술형, 주관식 문제에 취약하다

이성좌뇌형 아이는 서술형이나 주관식 문제처럼 장기 기억으로부터 정보를 꺼내야 하는 개방형 질문과 빈칸 채우는 문제를 어려워한다. 반면에 기억을 상기시키는 표현이나 보기가 나온 인지형의 질문, 즉 다중선택(객관식) 문제에는 강하다. 부모 세대에서 시험 성적이 좋았던 사람들은 아마도 이성좌뇌형이었을 가능성이 크다.

그때는 시험 문제 대부분이 사지선다형이었기 때문에 이성좌뇌형이 답을 맞히기에 유리했다. 예전이나 지금이나 이성좌뇌형 아이들은 다른 두뇌성격의 아이들에 비해 많은 학습 내용을 장기 기억에 저장하고 있다.

하지만 부모 세대의 이성좌뇌형들보다 지금 아이들의 성적이 잘 나오지 않는 것은, 오늘날의 시험 문제가 개방형 질문으로 많이 바뀌었기 때문이다. 이성좌뇌형 두뇌는 융통성이 부족해 저장한 정보를 자유자재로 바꾸어 찾는 것에 익숙하지 않다. 즉, 개방형 질문에 유려하게 답을 적어 내려갈 만큼 저장된 정보를 검색하지 못한다. 이런 아이들은 같은 학습 내용의 문제라도 개방형이면 틀려도 인지형은 곧잘 풀어낸다. 학습 내용의 저장에는 문제가 없다는 소리다.

그렇다면 어떻게 해야 할까? 문제 유형에 능숙해져야 한다. 공부할 때 되도록 주관식, 서술형 문제를 많이 풀어보게 해서 두뇌가 정보를 찾는 데 익숙해지도록 한다. 이성좌뇌형 아이는 새로운 것을 알려고 하기보다 반복을 더 좋아하기 때문이다. 또한 개방형 질문에 익숙해지는 연습을 하려면, 이미 아이가 정확하게 알고 있는 것부터 시작해, 점진적으로 새로운 학습 내용을 추가하는 것이 좋다.

연습을 시킬 때는 아이에게 어떤 식으로 진행할 것인지 미리 알려준다. 그리고 아이의 속도에 맞추어 진행한다. 이성좌뇌형 아이는 변화를 받아들이는 속도가 늦다. 처음에는 움츠러들어, 알고 있는 것도 대답을 못 할 수 있다. 틀릴 것이 우려되어 말하지 않을 수도 있다. 너무 조심스러워 제대로 표현하지 못할 수도 있으니 무조건 기다려야 한다. 부모의 속도가 아니라 아이의 속도로 차근차근 익숙해질 수 있도록 기다려야 한다.

무조건 외우기는 통하지 않는다

이성좌뇌형 아이는 생각과 주장이 뚜렷해 무조건 외우기보다 앞뒤 인과관계를 이해하며 공부하기를 좋아한다. 그래서 무조건 외워야 한다는 식의 강압적인 지도는 안 된다. 이 아이들은 그 대목이 이해되지 않으면 다음 학습 내용을 받아들이지 못한다. 그러니 "그냥 좀 외워. 이것 한 다음 해야 할 것이 산더미야. 그냥 달달 외우고 좀 넘어가자"라고 말하면 안 된다.

열 번을 쓰고 스무 번을 외쳐도 자신이 이해하지 못하면 이상하리만큼 공부가 되지 않는다. 따라서 이성좌뇌형 아이의 부모는 조급한 마음을 버리고 아이 스스로 과제를 이해할 수 있도록 충분한 시간을 허락해야 한다. 이런 아이는 기억력이 있어야 하는 문제보다 사고력이 필요한 문제에서 시간을 더 끌 수 있다. 그때는 아이가 고차원적인 사고를 하고 있다는 뜻이므로 방해하지 않도록 한다.

아이를 재촉하려면 '빨리빨리'를 외칠 것이 아니라 방법을 알려주는 것이 효과적이다. 이런 아이는 숙제에 대한 긴장과 불안이 많은 편이다. 가뜩이나 학교 숙제를 빨리하지 않으면 불안한 아이를, 이 학원 저 학원 끌고 다니며 숙제를 덤으로 가져와 불안감을 키워서는 곤란하다. 그보다는 부모와 아이 모두 학교에서 돌아오자마자 숙제부터 하기로 약속한다. 또한 준비에 대한 불안감이 크므로, 등교할 때의 준비물과 입을 옷을 전날 저녁에 미리 챙기는 것이 좋다. 체계적으로 이해하고 싶은데 잘되지 않아 힘들어한다면 필기하는 요령도 알려준다. 이렇게 꾸준히 하면 학습 속도도 높일 수 있고, 아이 또한 머릿속에 차곡차곡 정리할 수 있게 된다.

말끝마다 "무슨 말이야?"라고 해요.

어디서부터 어디까지 설명해주어야 할까요?

'무슨 말이야'형 질문은 어떤 개념이나 자료에 대해 확실하게 이해하지 못했을 때 주로 많이 한다. "이해가 잘되지 않아요" 혹은 "다시 설명해주세요"라는 말의 다른 모습이다. 이때는 기본 개념부터 차근차근 설명해주는 것이 좋다. 만일 자료가 있다면 하나하나 짚어가며 친절하게 설명해준다. 설명 후에는 아이에게 "조금 더 알고 싶은 것이 있니?"라고 물어봐주는 것이 좋다. 그래야 아이가 아직도 풀리지 않는 의문을 편하게 물을 수 있다.

이런 아이들은 아무리 작은 일이라도 한참 고민하고, 일이 다 끝나가는 분위기에서 꼬투리를 잡는 경우도 많다. 매우 신중해서 무엇 하나 허투루 하는 법이 없다. 따라서 무엇을 하든 구체적으로 상세하게 설명해줘야 한다. 그러지 않으면 매번 왜 해야 하는지 따지고 들지도 모른다. 이것은 이런 아이들이 보이는 전형적인 행동이므로, 반항한다거나 대든다고 생각하면 안 된다. 아이에게는 본능과 같은 자연스러운 행동이기 때문이다.

이성좌뇌형 리더
빌 게이츠에게 배우기

원칙과 가치를 중시한다

이성좌뇌형의 대표적인 리더를 뽑아보라면 단번에 떠오르는 사람이 빌 게이츠(Bill Gates, 미국의 마이크로소프트사를 창업한 소프트웨어 개발자로 한때는 세계 최고의 부자였다. 지금은 미국의 교육 문제와 기후 문제 해결을 지원하고 있다)다. 그는 어린 시절 최고가 되지 않고는 못 견디는 성격이었다. 학교 숙제라면 보고서 작성이든 악기 연주든 온종일 매달려 연습했다고 한다. 그런 탓에 학교 성적은 항상 상위권이었고, 특히 수학이나 과학 등은 반 친구들보다 월등했다.

영재들을 위한 레이크사이드 고등학교(Lakeside School)에 들어간 후 이런 성격은 더 빛을 발했다. 그곳에서 컴퓨터를 처음 접하고, 완전히 매료된 그는 친구들과 함께 프로그램을 만들고 게임을 하며 많은 시간을 보냈다. 레이크사이드 고등학교를 졸업한 후 하버드 대학교에 진학했지만, 여전히 컴퓨터에 빠져 살았다. 잠자고 먹는 시간을 빼고는 새로운 프로그램을 개발하는 일에만 매달렸다.

그는 책벌레로 불렸을 만큼 독서도 많이 했다.

빌 게이츠 같은 이성좌뇌형은 바르고 완벽하게 살아가려는 욕구를 갖고 행동한다. 자신의 주관적인 생각과 감정에 따라 결정할 일이 있어도 대개는 객관적인 규칙에 따라 결정하고 판단한다. 그리고 높은 이상을 정하면, 그 기준으로 모든 일을 건설적이고 일관성 있게 처리하려고 애쓴다.

인재를 발굴하고 주도한다

이성좌뇌형은 어떤 일이든 계획을 세워 체계적으로 수행하는 능력이 뛰어나다. 따라서 문제를 해결하는 데 사람을 중요시할 뿐 아니라 인재를 조직적으로 구성하는 능력이 뛰어나다. 빌 게이츠는 인재야말로 최고의 자산이라 여기며 직원들의 열정과 자신감을 고취시켰다.

그리고 수행해야 할 과제나 이행해야 할 의무가 있으면 그 양이 얼마가 되든지 수행하려고 하며, 자신이 모두 짊어지고 가겠다는 책임감이 강하다.

현장 파악력이 뛰어난 것도 이성좌뇌형의 특징인데, 모든 문제를 분석해 '이것은 이렇게 해보라'라고 제안하는 전략가의 성향을 지니고 있다. 새로운 지식에 대한 호기심이 많고 지적 욕구를 충족하려고 한다.

그런데 이성좌뇌형 아이였던 빌 게이츠가 어떻게 그 많은 사람의 의견을 수용할 수 있게 된 것일까? 이성좌뇌형은 고집이 센 편이라 다른 사람의 말을 잘 듣지 않는 특징이 있는데 말이다. 그 답도 그의 부모한테서 찾을 수 있다.

빌 게이츠의 부모는 자신들이 밖에서 경험한 것들을 아이들에게 자세히 전하며 활발히 토론하도록 교육했다고 한다. 그런 영향 때문인지 빌 게이츠도 자기 아이들이 언제든지 자유롭게 발언할 수 있는 환경을 만들었고, 아이들의 의견도 존중해주었다.

자신을 성찰하며 심신을 단련한다

이성좌뇌형은 진행 속도는 좀 느리지만 처음 하는 일임에도 시행착오 없이 성공할 가능성이 크다. 머릿속으로 혹은 연필로 적어가며 수도 없이 생각하고 수정하고 자세히 검토했기 때문이다. 그래서 이성좌뇌형이 리더보다는 참모나 전략가로 성공하는 경우가 많다.

좀 더 빠른 판단을 하려면, 아이는 평소에 어떤 일을 하더라도 먼저 자신을 성찰해 마음의 안정을 얻는 것이 중요하다. 마음의 안정은 다른 일을 시작하게 하는 추진력이 되는데, 자신을 성찰하는 것은 내면의 질서와 규칙을 중요시하기 때문이다. 또한 지금 당장 코앞에 닥친 일뿐만 아니라 먼 미래에 대한 큰 그림을 그리도록 훈련하는 것도 필요하다.

이성좌뇌형 아이가 생각이 많은 것은 섬세함 때문이기도 하다. 긍정적인 측면에서 본다면 환경이나 타인의 마음에 대해 매우 민감하다는 뜻이다. 이런 아이는 자라서 타인의 심리적 어려움을 잘 파악하고 도와주는 사람이 될 수 있으며, 그 섬세함을 잘 활용해 다양한 분야에서 두각을 나타낼 수도 있다. 겉으로는 약해 보이지만 어떤 난관에도 굴하지 않는 강인함을 지니고 있기 때문이다.

빌 게이츠는 "매일 아침 눈뜨는 순간 혁신을 생각해야 한다"라고 말하며 언제나 변화와 혁신을 추구했다. 그가 이성좌뇌형임에도 놀라운 추진력을 보여준 것은, 매일매일 자신이 무엇을 하는지, 어떻게 살고 싶은지 상기하며 자신을 단련했기 때문이다.

목표를 설정했다면 행동한다

이성좌뇌형 아이에게는 변화와 혁신보다는 끈기, 일관성과 같은 단어가 훨씬 잘 어울린다. 또한 우리 사회에서 그 나름대로 명성을 떨치고 있는 전문가들은 대부분 이성좌뇌형이다.

이런 아이들은 책을 좋아하고 공부만 잘할 뿐, 융통성이 부족한 것이 아쉬운 부분이다. 이 아이들의 목표는 거의 '좋은 성적' 혹은 '좋은 대학'이다. 부모가 원하는 목표가 아이의 것으로 설정된 경우도 많다. 이성좌뇌형 아이가 가진 장점이 잘 커나가게 하려면, 아이의 관심을 인정하고 꿈과 비전을 갖도록 잘 이끌어야 한다.

빌 게이츠가 컴퓨터를 처음 접한 것은 우리나라로 치면 중학생 무렵이었다. 처음 컴퓨터를 접한 그는 밤새도록 컴퓨터를 만지작거리며 공부를 소홀히 하기도 했다. 이때 빌 게이츠의 부모는 자식을 혼내지 않았다. 강압적으로 공부하라고 다그치지도 않았다. 그 대신 주간 복장 계획표, 주간 식사 계획표 등을 짜주어 계획적인 생활을 하도록 했다. 무언가 몰입하면 시간 가는 줄 모르는 아이의 단점을 부모가 보완해준 것이다. 그래서 빌 게이츠는 지금까지 일할 때나 쉴 때도 시간 낭비를 싫어한다.

게다가 빌 게이츠의 부모는 아이가 세계 최고의 명문인 하버드 대학교를 중퇴하고 회사를 설립했을 때도 자식의 결정을 존중했다. 빌 게이츠는 종종 인터뷰할 때 자신이 가장 닮고 싶은 인물로 '부모님'을 꼽는다. 부모님 덕분에 관심 분야도 다양했고, 독서광이 될 수 있었고, 그것이 진로를 결정할 때 큰 도움이 되었기 때문이다.

이성좌뇌형 아이의 문제행동 대처법

Q1 잘 먹지 않고 입맛도 까다로워요

이유식을 시작한 지 얼마 되지 않아 잘 먹지 않는 문제로 부모와 갈등을 겪는 경우가 많다. 이런 아이들은 많이 먹지도 않고 새로운 음식은 입에 대지 않으면서, 계속 자신이 좋아하는 음식만 먹으려 고집을 부린다. 너무 피곤하거나 배가 많이 고플 때 더 심한 편이다. 이때 억지로 먹이려고 해서는 안 된다. 아이의 요구를 어느 정도 수용해주어야 한다.

새로운 재료나 조리 방법은 아이가 정말 기분 좋을 때, 아주 건강할 때 조금씩 시도해보는 것이 좋다.

Q2 같은 방식으로 고집을 부려요

이성좌뇌형 아이는 강박적으로 같은 행동을 보이기 쉽다. 엄마가 아이를 자동차로 어린이집에 데려다주면서 항상 똑같은 동요를 들려주었다면, 아이는 누가 운전을 해도 자동차 안에서 그 동요를 듣지 못하는 상황을 못 견디고 자지러지게 울 수 있다.

이런 아이는 환경의 변화와 적응에 시간이 오래 걸린다. 불필요한 변화를 피하고, 불가피하다면 새로운 경험에 익숙해지도록 경험의 횟수를 서서히 늘린다.

Q3 안 그러던 아이가 갑자기 반항해요

고집스럽게 자신의 생각과 행동을 바꾸려 하지 않을 때가 있다. 어느 정도까지는 용인해주어야 하지만, 아이의 사회성을 길러주기 위해선 적절한 교육이 필요하다. 이런 아이들은 자기 생각의 옳고 그름도 중요하지만 자신의 생각을 바꾸라고 강요당하는 것 자체를 싫어한다. 따라서 아이의 생각을 바꾸려면 천천히 단계적으로 진행해야 한다.

Q4 새로운 활동을 하는 데 대한 거부가 심해요

새로운 활동을 시작할 때 처음에는 불편해한다. 그러나 아이가 초기에 보이는 부정적인 반응에 놀라거나 화를 내서는 안 된다. 아이의 속마음을 좀 더 여유 있게 살펴봐야 한다. 속으로는 하고 싶지만, 처음이라 낯설어 거부하는 예도 많기 때문이다.

"언제든지 시작할 수 있어. 혹시 하고 싶은 마음이 든다면 말하렴"이라고 말해 준다.

Q5 다른 아이에게 괴롭힘을 당해요

일반적으로 남을 괴롭히는 아이는 무의식적인 공격성이나 분노, 좌절, 공포 등을 배출할 누군가를 찾는다. 이에 비해 괴롭힘을 당하는 아이는 낮은 자존감으로 인해 상대방에게 저항하거나 자기 권리를 주장할 만한 에너지가 없다. 두 아이에게 가장 필요한 것은 스스로에 대한 자존감이다. 스스로에 대한 가치를 높이 평가하면 자신감과 자긍심이 생긴다. 이럴 경우 자신을 괴롭히는 아이에게 쉽게 대처할 수 있다.

Q6 욕을 자주 해요

이성좌뇌형 아이는 들은 것은 반드시 한 번쯤 말해보고 싶어 한다. 욕도 예외가 아니다. 또래나 TV에서 들은 것을 흉내 내는 정도라면 민감하게 반응하지 않아도 된다. 못 들은 척 적당히 넘긴다. 너무 놀라 걱정스러운 표정을 짓거나 꾸중을 하면, 부모의 반응을 자신에 대한 관심으로 생각해 욕하는 행동을 계속하거나 반항심으로 더 할 수도 있다.

아이가 욕을 하는 것이 흉내 내는 것을 넘어선 것 같다면, "네가 욕하는 모습을 보니 화가 많이 났구나. 그렇지만 욕하는 것이 습관이 될까 봐 나는 걱정이다"와 같이 '나 전달법'을 이용해 가르친다.

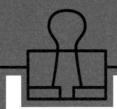

CHAPTER 04

감성좌뇌형 아이,
잭 웰치처럼 키워라

감성좌뇌형 아이는 자신이 할 일을 알아서 척척 하고,

공부도 열심히 하고, 친구들과 사이좋게 지낸다.

아이의 마음속에는 인정받고 싶어 하는 강한 욕구가 있지만,

부모는 '원래 알아서 잘하는 아이니까' 하는 마음에 방치할 수도 있다.

바쁜 부모의 일상을 보면서 자신이 부모에게

짐이 되면 안 되겠다는 생각에 아이는 작은 어른이 되어버리고 만다.

부모는 감성좌뇌형 아이의 이런 마음에 조심스럽게 브레이크를 걸어야 한다.

우리 아이, 감성좌뇌형일까?

독립심이 강해 스스로 알아서 한다

석재라는 6세 아이는 엄마 배 속에 있을 때부터 움직임이 활발했다. 태어나서는 어찌나 큰 소리로 우는지, 주위 사람이 놀랄 정도였다. 그리고 한번 울기 시작하면 달래도 잘 그치지 않았다. 낯가림이 길지는 않아도 심한 편이어서 생후 6개월부터 한 3개월 동안은 다른 사람 집에 놀러 가거나 다른 사람에게 아이를 잠깐 맡기는 것도 불가능했다.

아이는 또래보다 빨리 기었고, 기자마자 일어서려 했다. 그러다 보니 석재 엄마는 다른 집 엄마보다 안전사고에 더 신경을 써야 했다. 아기 침대에는 크고 부드러운 범퍼를 설치하고, 침대 바퀴 밑에는 고무 패드를 덧대었다. 석재가 심하게 움직일 때는 침대가 조금씩 미끄러지듯 움직였기 때문이다.

아주 어릴 때조차 석재는 기운이 좋아 많이 버둥거렸다. 조금이라도 높은 곳에 눕혀두면 자칫 떨어질까 봐 불안하기도 했다. 물론 그렇다고 석재를 키우는 것이 그리 힘든 것만은 아니었다. 아이는 마치 시계를 볼 줄 아는 것처럼 자는 것, 먹는 것, 기저귀 가는 것, 목욕하는 것이 규칙적이었다. 서너 살이 되자 아이는 무엇이든 스스로 하려고 해서 엄마 손이 한결 편해졌다. 옷을 입거나 밥을 먹고 씻고 장난감을 정리하는 것도 항상 '내가'를 외쳤다. 심지어 자신도 곧 학교에 가야 하니 공부를 하겠다며 제법 책상 앞에 앉아 있곤 했다.

석재는 아마도 감성좌뇌형 아이일 것이다. 감성좌뇌형 아이는 태아기부터 활동량이 많은 편이다. 영아기에는 이런 활동성 때문에 행여 다치지는 않을까 걱정을 좀 끼치지만, 유아기만 되어도 자기 일은 척척 알아서 하는 모범생이 된다. 이런 아이는 매우 논리적이고 분석적이며 자기 주관이나 독립심이 강해서 무슨 일이든 스스로 알아서 한다.

명석하고 두뇌 회전이 빨라서 어떤 상황에서도 핵심을 파악하는 능력이 뛰어나며, 또래 집단 속에서도 갈등을 조정하는 능력을 보여준다. 이런 아이 중에는 공부를 열심히 하는, 적극적이고 우수한 아이가 많다. 공부에 취미가 없는 아이라도 명석한 사고와 조직력으로 다른 분야에서 두각을 나타낸다. 재주가 많고 적응력과 추진력이 있으며, 항상 모든 면에서 남보다 월등하게 나은 사람이 되기를 원하기 때문이다. 그래서 항상 활기차고 바쁘다.

감성좌뇌형 아이는 공부할 때도 항상 철두철미하게 계획을 세워서 하므로, 시험이 닥쳤다고 따로 시간을 내서 공부할 필요를 느끼지 않는다. 학업 성적도 늘 상위권을 유지하며, 부모가 간섭하지 않아도 스스로 답을 찾아간다. 언제나 객관적이고 완벽한 아이라서 때로는 냉정해 보이지만, 그만큼 책임 의식이 강하다.

아이의 이런 특성은 성인이 되어 리더가 되면, 조직을 운영하고 안정시키는 능력으로 빛을 발하게 된다. 조직이나 일의 목표를 합리적으로 설정한 후에는 어떤 어려운 일이 있어도 절대 포기하지 않고 일관성 있게 추진하는 능력이 뛰어나다. 단점이라면 지나치게 성과에 집착하기 때문에, 노력한 만큼 성과가 나타나지 않으면 실망하거나 분을 참지 못한다는 점이다.

대인관계가 넓고 리더십이 강하다

초등학교 2학년인 은수는 또 일주일 용돈을 몽땅 써버렸다. 학교 앞 떡볶이집에 아이들을 우르르 데리고 가서는 "야! 먹고 싶은 것 하나씩 먹어. 오늘 내가 다 사줄게"라고 말해버린 것이다. 엄마한테 늘 혼나면서도 은수는 무엇이 그렇게 좋은지 곧잘 선심을 쓴다. 따르는 친구가 많아서 선심을 썼다 하면 항상 주머니를 탈탈 털어야 하지만 아이는 아랑곳하지 않는다.

가만히 생각해보면 은수는 어렸을 적부터 항상 대장 노릇을 하고 싶어 했던 것 같다. 유치원에 다닐 때도 게임을 하거나 놀이를 할 때 자신이 모든 규칙을 정했다. 이때 다른 아이들은 얻어먹은 것이 있어서인지 꼼짝없이 은수 말을 따랐다.

학교 놀이를 하면 선생님 역할은 은수 차지였고, 경찰 놀이를 해도 대장 경찰은 은수였다. 정글포스 놀이를 해도 리더인 정글 레드 역할은 은수 것이었다. 다행인 것은 대장 노릇만 하고 싶어 하는 은수를 친구들이 그리 싫어하지 않는다는 점이다. 감성좌뇌형 아이는 어떤 집단에서든 리더가 되고 싶어 한다. 다른 사람들 밑에서 어떤 역할을 하거나 일하는 것을 싫어한다. 다행히 리더십도 있고 또래들을 잘 이끈다. 어디에서나 대장 노릇을 하므로 일찌감치 골목대장이 되는 경우가 많다. 대장 노릇을 하는 아이는 자아가 강하고 분명해서 어떤 문제에 대해 어떻게 되든 상관없다는 애매한 태도를 보이는 경우는 거의 없다.

한번 꺼낸 말은 다시 번복하지 않는 완고함도 있다. 말할 때도 목소리가 크고 빠르고 또렷하며, 자신의 생각이나 감정을 거침없이 표현한다. 농구, 배구, 탁구, 축구같이 움직임이 활발한 활동이나 정확한 규칙이 있는 게임을 좋아한다.

감성좌뇌형 아이들은 보통 또래 사이에 인기가 좋아서 대인관계의 폭이 넓고 활발하다. 상대를 매우 세심하게 배려하고 예의 바르게 대한다. 하지만 대체로 상대를 지배하고 싶은 동기가 마음속 깊이 숨겨져 있다. 이 아이들은 눈치도 빨라서 어떤 조직에서든 그 자리에서 누가 힘을 쥐고 있는지를 재빨리 알아차린다. 그 조직에서 자신의 힘을 발휘할 수 있는 위치를 확보하는 능력도 뛰어나다. 하지만 나서기를 좋아한다고 어떤 집단에나 관심을 두는 것은 아니다. 질서가 없는 집안 모임이나 단체 행동에는 별로 관심을 보이지 않는다.

고집이 세며, 결과를 따지지 않고 덤빈다

"무슨 여자애가 고집이 이렇게 세니?" 민서랑 있다 보면 엄마는 이 말이 절로 나온다. 이제 막 세 돌을 넘긴 민서는 여자아이임에도 활동량이 많다. 아이는 돌쯤에 걷기 시작하더니 다음 날 바로 뛰었다. 엄마 생각에는 아이가 걷기도 전에 뛴 것 같다. 아이의 움직임은 활동적이다 못해 격렬하다. 무엇이든지 만지고, 두드리고, 던지고, 올라간다.

감정 표현도 아주 큰 편이다. '혹시 연극을 하는 것 아니야?'라는 생각이 들 정도로 아이는 크게 웃고, 크게 운다. 변화를 싫어해서 한 가지 일을 하다가 다른 활동으로 바꾸기도 무척 힘들다. 억지로라도 바꾸려 들면 소리를 지르며 화를 내고, 감정이 점점 격앙되어 급기야 발버둥을 치며 울기 때문이다. 상황이 이 정도까지 되면 아무도 민서를 통제하지 못한다. 그냥 아이 하던 대로 내버려두어야 한다. 그러다 보니 집 안은 항상 떠들썩하다. 원하는 물건이 있으면 얻을 때까지 고집을 피우는 일도 다반사다.

감성좌뇌형 아이는 완고하며 자기주장이 강하다. 나이가 들수록 아이의 주도성은 점점 커진다. 무엇이든 자신이 하려고 하는 바람에, 일을 저질러 급기야 부모를 화나게 만든다. 두 돌 전에는 누군가 자신의 행동을 저지하면 감정이 격해져 부모나 친구를 물기도 한다. 이때 아이의 행동을 고치겠다고 부모가 아이와 똑같이 물거나 하는 것은 전혀 바람직하지 않다. 무는 행동을 정당화해주기 때문이다. 일단 그러지 못하게 저지하고 부모가 싫어한다는 표시를 분명하게 해야 한다.

두 돌이 지나면 부모와 기 싸움을 하기도 하는데, 공공장소 같은 곳에서 계속 떼를 씀으로써 부모에게 대항하는 것이다. 사실 돌 이전에도 자신한테 무언가 불편하면, 자는 것과 먹는 것으로 부모와 힘겨루기를 하기도 한다.

돌 전의 아이를 키우는 부모에게 아이를 재우는 것과 먹이는 것은 가장 큰 과제다. 이 과제가 꼬이면 부모들은 정말 힘들다. 아이는 본능적으로 그것을 알고, 제때 자지 않거나 자다가 쉽게 깨고, 편식하거나 적게 먹는 것으로 부모와 기 싸움을 하는 것이다. 물론 이것은 아이의 의식적인 행동은 아니므로 오해하지 말아야 한다. 아이들은 본능적으로, 무의식적으로 그런 행동을 할 뿐이다.

감성좌뇌형 아이들은 지나치게 솔직해 고집이 세 보이기도 한다. 이 아이들은 자신의 생각을 있는 그대로 솔직하게 표현하는 편이고, 자기주장도 분명하게 한다. 그래서 다른 사람들이 말과 행동을 일치시키지 않거나 자신의 생각을 분명하게 표현하지 않으면 싫어한다. 누군가 자신의 눈에 거슬리는 행동을 하면 직설적으로 "그렇게 하지 마"라고 말한다.

무언가를 숨기려고 하거나 잔머리를 굴리는 시도는 잘하지 않는다. 꾸며서 하는 말이나 겉과 속이 다른 것을 싫어해 불의와 위선을 보면 앞뒤 가리지 않고 과감히 맞서기도 하고, 자신이 옳다고 생각하는 것을 위해 전력을 다해 싸우기도 한다. 이런 아이는 싸움을 할 때 결과를 생각하지 않는다. 자신이 위협받고 있다고 느끼기 때문에 자신을 보호하기 위해 화를 내고 본능적으로 싸우는 것이다. 이런 아이의 분노는 일종의 무의식적인 자기방어 기제인 셈이다.

○ 감성좌뇌형 아이의 뇌

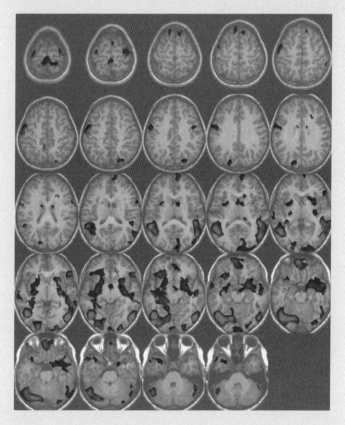

fMRI상 개방성과 외향성의 뇌활성도는 높지만 성실성의 뇌활성도는 낮다.

결론적으로 감성좌뇌형 아이의 고집, 용기, 추진력은 리더의 덕목과 닮았다.

계획적이며 현실 감각이 뛰어나다

초등학교 3학년인 철수와 이야기하다 보면 아빠는 종종 말문이 막힌다. 어떤 문제를 해결하는 데 어려움을 겪는 것 같아서 근본부터 차근차근 설명해주면, 아이는 끝에 꼭 "그래서 어떻게 하라는 거죠?"라고 묻는다. 아이는 지금 당장 현실에 필요한 답만 달라고 보챈다. 철수는 학교나 학원, 혹은 부모가 어떤 과제를 내주면, 미루지 않고 금세 신속하게 파악하고 움직인다. 분 단위로 스케줄을 짜서 시간을 효율적으로 사용한다. 무엇이든 시간에 맞춰 처리하는 것을 좋아한다.

아빠 눈에는 지나치게 시간에 얽매이는 철수의 모습이 아이답지 않아 보인다. 안쓰러운 마음도 있다. 어릴 때는 뒹굴뒹굴하기도 하고 할 일 없이 공상에 빠져 지내기도 해야 하는데, 철수는 너무 현실적이기 때문이다.

감성좌뇌형 아이는 대화를 시작하면 결론을 맺고 싶어 한다. 앞으로 무슨 일을 어떤 방식으로 할 것인지 지침을 얻기 원한다. 그렇게 함으로써 목표를 빨리 달성하고 성과를 내고 싶기 때문이다. 이런 아이들은 규칙이 모호하거나 불분명한 상태를 견디지 못한다. 효율적인 것을 좋아하고 겉으로 드러나는 성과를 중시하며 목표를 쉽사리 포기하지 않는 끈질긴 인내력과 결단력이 있다. 열정적으로 일하고 자기 발전에 대한 욕구도 강하다.

감성좌뇌형 아이가 너무 '지금 당장'에만 집착하는 것 같다고 걱정할 필요는 없다. 무언가에 몰두해 있다면, 사전 준비를 철저하게 하고 계획적·체계적으로 일을 수행하는 중이라 다른 것에는 신경을 쓰지 않기 때문일 수 있다. 또한 책임감이 강해 어떤 일을 맡더라도 분명하고 정확하게 일을 완수하려고 노력하기 때문이다. 누구보다도 새로운 지식을 좋아하고, 복잡한 문제나 지적인 자극을 주는 새로운 아이디어에 관심이 많아서, 지금 몰두한 일이 마무리되면 곧 다른 쪽에 흥미를 보일 것이다.

감성좌뇌형 아이는 직관력과 현실적인 감각을 동시에 지니고 있으며 상황을 파악하는 능력이 뛰어나다. 따라서 어른이 되면 조직체나 사업을 이끌어나가는 데 뛰어난 재능을 보일 수 있다.

두뇌성격이 아이 미래를 결정한다

감성좌뇌형 아이, 이렇게 키워라

책임감·자립심 강한 아이, 부모의 격려가 '영양제'

감성좌뇌형 아이는 일찍부터 책임감을 알게 된다. 독립적이며 자신의 의무를 잘 알고 있고 다른 사람 돕기를 좋아한다. 부모가 알고 있어야 하는 점은 그런 행동 속에 칭찬받으려는 욕구가 강하게 깔려 있다는 사실이다. 즉, 자기 할 일을 스스로 하고, 공부도 열심히 하고, 친구들과 사이좋게 지내려는 마음속에 인정받고 싶어 하는 욕구가 강하게 들어 있는 것이다.

이 아이들은 혼자 있어도 불평하지 않는다. 부모는 아이가 혼자서도 곧잘 하므로, "괜찮지?"라고 미소만 지을 뿐 차분하게 대화할 생각을 안 할 수 있다. 하지만 부모가 '원래 알아서 잘하는 아이니까' 하는 마음에 너무 오랜 시간 동안 아이의 인정받고 싶은 욕구, 칭찬받고 싶은 욕구를 채워주지 않으면 아이는 홀로 남겨진 듯 외로워진다.

한편으로 이런 아이는 바쁜 부모의 일상을 보며 자신이 부모에게 짐이 되면 안 되겠다는 생각에, 자신의 불만을 이야기하지도 않는다. 아이는 그렇게 자기 자신을 생각하기보다 가족들을 돌보는 작은 어른이 되어버린다. 대부분의 감성좌뇌형 아이들은 인정받으려는 욕구 때문에 너무나 많은 과제를 스스로 짊어진다. 이럴 때 부모는 조심스럽게 브레이크를 걸어주어야 한다.

아이가 자기 몸보다 더 무거운 짐을 짊어지기 전에, 부모가 먼저 아이의 욕구를 알아봐주고 노력을 인정하고 격려해주어야 한다. 그래야 열심히 하면서도 외로워지지 않는다. 또한 아이의 노력이 단지 다른 사람에게 인정받기 위한 것이 아니라 자기 자신을 위한 것이 되도록 유도해야 한다.

아이와 어떤 삶을 살고 싶은지, 무엇을 하고 싶은지 이야기해보도록 하자. 가능하다면 아이가 목표로 하는 분야의 다양한 사람들을 간접적으로나마(책, 인터넷, 유튜브 등) 만나게 해준다. 혹여 아이가 계획대로 열심히 했는데도 스스로 기대했던 것만큼 결과가 나오지 않는다면, 더 멀리 정해둔 목표를 생각하며 자신 있게 나아갈 수 있도록 돕는다.

혼자서 해낼 수 있는 미션을 선사하라

감성좌뇌형 아이에게는 자존감이 특히 중요하다. 자존감은 어떤 아이한테나 매우 중요한데, 만 2~3세 무렵 아이가 자신의 정체성을 파악하고 발달시킬 때부터 큰 영향을 미치기 시작한다. '나는 세상에 하나뿐이고 다른 사람들과 다른 존재다'라는 생각이 처음 갖는 자존감이다.

자존감은 자아를 확립하고자 하는 욕구에서 비롯된다. 아이가 한 인간으로서 존중과 신뢰를 확실히 받고 있다는 생각이 들면, 그 아이는 자존감이 넘쳐 정서적으로 안정된다. 반대로 존중받지 못한다는 생각이 들면 자존감이 낮아져 점점 말이 없어지고 자신을 감추려고 한다. 감성좌뇌형 아이들에게 자존감이 더 중요한 이유는, 워낙 부모나 또래, 다른 사람의 인정에 민감한 아이들이기 때문이다. 이런 아이를 키울 때는 최소 유아기까지는 매 순간 아이의 자존감을 염두에 두어야 한다.

일상생활 중 아주 작은 것이라도 아이 혼자 해낼 수 있는 미션을 생각해보자. 작은 성취에도 부모가 격려하고 칭찬해주면, 아이의 자존감은 점차 높아진다. 규칙적으로 잠자리에 들고 일어나는 것도 칭찬의 대상이다. 식사 전에 가족의 숟가락을 준비하게 하거나, 청소를 돕게 하거나, 세탁 바구니에 빨랫감을 넣게 하는 등 일상에서 아이가 도울 수 있는 간단한 과제를 생각해볼 수도 있다. 이런 과제를 해결해나가고 자신의 존재를 인정받을 때, 아이는 행복을 느낀다.

감성좌뇌형 아이는 사회에 소속되어 인정받고 싶은 욕구도 강하다. 자신이 꼭 필요한 사람으로 인정받기를 바라며 사회의 보편적 가치와 요구에 부응하려고 노력한다. 부모는 아이가 학교에서 혹은 또래들 사이에서 인정받기 위해 시도하는 노력을 지원하고 도와주도록 한다.

학교에서도 주어진 일을 계획적으로 처리하고 규칙적으로 생활하고 정리 정돈을 잘하기 때문에 쉽게 인정받을 수 있다. 아이가 학교나 또래로부터 받는 인정을 소중히 생각하는 것처럼 부모 또한 그것을 귀중하게 여긴다면, 아이는 부모에게 깊은 신뢰를 갖게 될 것이다. 그리고 아이에 관한 결정을 내릴 때는 반드시 아이를 참여시키도록 한다.

이런 아이는 활동적이면서도 원칙과 규칙을 중시하기 때문에 가족과 합의한 규칙을 지키기 위해 노력할 것이다. 자신이 가족의 한 구성원으로 인정받았다고 생각해 자존감이 높아질 수 있으며, 자신이 해야 할 역할을 완수하기 위해 희생하는 것도 배울 수 있다. 공부를 시킬 때도 목표만 함께 상의하고 세부 시간표는 아이가 주도해서 짜도록 해주자. 그러면 존중받았다고 생각한 아이는 더욱 책임감 있게 공부할 것이다.

공부 과정에 대한 점검이 필요하다

감성좌뇌형 아이의 학습 지도는 어떻게 하면 될까? 대체로 이런 아이는 공부도 계획을 세워서 체계적으로 한다. 하지만 아직 어린아이인지라 부모가 그 과정을 점검해주어야 한다. 아이의 공부 시간표를 미리 숙지하고 "지금 공부할 시간이야!"라고 말해줄 필요도 없다. 그저 아이가 공부한다고 정해놓은 시간을 잘 지키는지만 체크하면 된다.

약속은 반드시 지키게 하고 절대 타협해서는 안 된다. 이 아이는 성격이 급해 공부가 끝나고 다른 할 일이 있으면 서둘러서 공부를 끝내버릴 수도 있다. 따라서 공부의 양보다는 시간을 지키게 해야한다. 만일 아이가 이제는 공부할 것이 없다고 하면, 이제까지 공부한 것을 다시 복습하게 한다. 수업 시간에 쓴 공책이나 교과서를 다시 읽어보게 하거나, 이제까지 공부한 주제와 관련 있는 다른 책을보게 해도 좋고, 평소에 관심이 있던 분야의 책을 읽어보게 해도 좋다. 이런 아이는 한번 배운 것을 잘 잊지 않는다. 복습할 때는 수업 시간에 배운 내용을 요약 정리해서 공부하면 효과적이다. 이후에 시간이 허락하면 다음 날 수업이 있는 과목의 교과서를 훑어보고 무엇을 배울지 파악하게 한다.

감성좌뇌형 아이는 경쟁에 민감해서 성적이 떨어지면 분해서 울기도 한다. 게임에서 지면 다시 하자고 떼를 쓰기도 한다. 어떤 경쟁에서든 꼭 이겨야 한다고 생각하기 때문에 과정은 무시하고 결과만 중시하는 경향이 있다. 따라서 결과를 있는 그대로 받아들이고 다음번에는 반드시 회복하겠다고 다짐시키는 것이 좋다.

그 후 과정에는 문제가 없었는지 부모가 객관적으로 점검한다. 성적이 떨어진 이유가 정확히 무엇인지 되돌아보는 것이다. 오답을 체크하고 답을 맞히지 못한 이유를 분석해서 방향을 잡는 것이 좋다. 아이 수준에 맞는 과제를 제시하는 것이 중요하지만, 쉬운 문제보다는 도전 의욕을 자극할 수 있는 한 단계 어려운 문제를 내는 것도 좋다. 물론 너무 어려워서는 안 된다. 제대로 해결하지 못하면 좌절감을 느껴 오히려 자신감이 떨어질 수 있기 때문이다. 능히 풀 수 있는 수준에서 약간 높은 수준을 골라야 하는 이유다. 공부 방법에 문제가 있다면, 효과적인 공부 기술을 찾아내 아이에게 가르쳐준다. 시간

관리, 공책 필기법, 과목별 전략, 독서 방법 등 아이에게 가장 알맞은 방법을 찾아주되 꾸준히 실천해 습관이 되도록 도와야 한다.

리더십을 경험하게 하는 것이 중요하다

감성좌뇌형 아이는 일찍부터 독립심이 발달한다. 그래서 엄마 그늘에 있는 주변의 또래 아이들을 우습게 보기도 한다. 자신보다 덩치가 큰 아이들한테도 이래라저래라 명령하며 지휘하려 들거나, 늘 강자로 군림하는 골목대장이 되기도 한다. 지는 것이 싫어서 늘 이겨야 한다고 생각하고, 약하게 보이는 것이 싫어서 강해져야 한다고도 생각한다.

그러다 보니 유치원을 다니기 시작하면서는 또래들과 언쟁이나 싸움을 벌이기도 한다. 이런 아이는 친구들에게 자신이 좋아하는 게임만 강요하기도 하고, 간혹 게임 중에 자신에게 유리하도록 규칙을 바꾸기도 한다. 부모는 제멋대로인 아이의 모습을 보면서 왕따가 되지는 않을까 걱정한다. 하지만 유아기, 학령기의 긍정적인 경험으로 얼마든지 다루기 쉬운 아이가 될 수 있다. 무엇보다 아이가 가진 기질을 살려, 올바른 리더십을 가르칠 수도 있다.

감성좌뇌형 아이는 리더가 되면 신이 나서 일을 좀 더 열심히 한다. 자신의 긍정적인 리더십으로 다른 아이들의 반응이 달라지는 것을 경험하면 조금씩 올바른 리더십에 대해 생각하게 된다.

또래 집단에서 리더 역할을 할 기회가 없다면, 소집단으로 진행되는 수업 시간에 리더 역할을 해볼 수도 있다. 한 주제를 연구하고 조사한 후 그 결과를 발표하거나 토론하는 프로젝트식 수업에서 소집단의 리더 역할을 해보도록 한다. 이런 수업에서는 감성좌뇌형 아이들의 주도성이 잘 발휘된다. 부모가 유도하지 않아도 아이는 소집단의 리더를 맡을 가능성이 크다. 소집단 활동 시, 자신이 어떻게 해야 결과가 좋았고 좋지 않았는지 잘 따져보게 하면, 올바른 리더로서의 역할을 배울 수 있다.

적극적인 감정표현을 북돋워라

감성좌뇌형 아이는 불편할 때도, 기쁠 때도 소리를 지른다. 소리, 빛, 옷의 감촉 등 오감에 모두 반응하기 때문에 항상 시끄럽고 활동적이다. 부모는 아이가 종종 감정적이라고 느낄 수 있다. 어릴 때부터 감정표현이 너무 또렷하고 과하기 때문이다. 하지만 어릴 때는 감정적일수록 정서 발달에 유리하다.

아이들의 정서 발달을 잠시 살펴보면, 신생아 때는 관심, 기쁨, 슬픔, 분노, 놀라움 등 쾌와 불쾌로만 나눠지던 감정들이 첫돌이 지나면서 수치, 부러움, 죄책감, 자랑스러움 등을 느끼는 것으로 발달하게 되고 한 돌 반에서 세 돌 사이에는 자신의 감정을 언어로 표현하기 시작한다.

만 3세가 지나면 아이는 감정의 원인과 결과에 대해 생각할 줄 알게 된다. 인정을 받으면 행복해하고, 동생이 울 때 안아주어야 한다는 것을 알게 되는 것이다. 만 4세가 지나면 또래의 기분이나 감정에 대해 알게 되고, 학령기가 되면 한 사람 안에 여러 가지 정서가 있을 수 있고, 본인도 여러 가지 감정을 느낄 수 있다는 것을 알게 된다. 또한 다양한 정보를 동원해 감정을 해석할 줄도 알게 된다.

그런데 이러한 변화는 자동으로 이뤄지는 것이 아니다. 자신의 감정을 충분히 느끼고 표현해보고, 그것이 수용되는 경험을 해야 순차적으로 발달한다. 그래서 아이의 감정표현은 어릴수록 적극적으로 수용해주어야 한다. 이런 점에서 감정표현이 많은 감성좌뇌형 아이는 상대적으로 정서 발달에 유리한 성격이라고도 볼 수 있다.

부모들은 보통 긍정적인 감정은 잘 수용하고 북돋워주는 편이다. 하지만 아이가 부정적인 감정을 보이면 어쩔 줄 모르고 당황한다. 그 대표적인 것이 울음으로 표현되는 슬픔이나 아픔이다.

감성좌뇌형 아이는 많이 웃고 많이 우는 편이다. 아이가 울고 싶어 한다면 울게 내버려둔다. 그냥 놔두면 대개 1~2분은 크게 울지만, 5분을 넘기지 않는다. 내버려두라는 것은 아이가 떼를 쓸 때처럼 무시하라는 것이 아니다. 공감하면서 자신의 슬픔이나 아픔을 자유롭게 표현하도록 두라는 것이다. 울고 싶은 만큼 울게 해주면, 울지 말라고 다그칠 때보다 울음을 금세 그친다. 아이에게 감정을 마음껏 표현하게 해주는 것이 무조건 막는 것보다 낫다는 것을, 감정을 자유롭게 표현하게 해야 더 빨리 진정된다는 것을 보여준다.

화나 분노도 마찬가지다. 감성좌뇌형 아이 중에는 분노를 삭이고 무조건 참으면서 겉으로는 언제나 평온하고 어디서나 잘 적응하는 척하는 경우가 있는데, 정당한 분노라면 마음껏 느끼도록 해야 한다. 제때 분출하지 못한 감정은 마음속에서 더욱 뒤틀리고 꼬일 수 있기 때문이다. 또한 불쾌한 감정을 솔직하게 표현하지 못하면 에너지가 소진된다. 부모는 아이가 지나치게 참고 있는 것은 아닌지 잘 살펴야 한다. 아이에게 감정을 제대로 느끼게 해주어야 자아도 잘 발달한다.

이는 긍정심을 표현하는 데도 도움이 된다. 울음이나 화를 많이 참으면 아이는 긴장감, 불안, 고통을 더 많이 느낀다. 이때는 부모가 "너 많이 슬프구나", "너 많이 화났구나"라고만 말해주어도 아이 스스로 자신이 느끼는 감정을 처리할 수 있다. 자신의 좋은 감정만이 아니라 나쁘고 불편한 감정이 포함된 모든 감정을 솔직히 받아들일 수 있어야 아이는 정서적으로 편안하게 자란다. 부모가 그 힘을 키워주어야 한다.

• 감성좌뇌형 아이의 나이별 육아법 •

영아기 (0~12개월)

큰 목소리로 울고, 한번 울기 시작하면 잘 달래지지 않는다. 성질이 급해서 또래보다 빨리 기고, 기자마자 일어서려 한다. 시끄럽고 활동적이다. 변화를 좋아하지 않아 이유식을 할 때 새로운 음식을 잘 먹으려 하지 않는다. 감정표현이 뚜렷한 편이다.

이렇게 키워요 ● 안전사고에 철저히 대비해야 한다. 되도록 침대나 소파에 눕혀두지 말고, 가구 모서리에는 보호대를 꼭 설치한다. 서랍장 등에도 잠금장치를 해둔다. 또한 아이 주변에서 위험한 물건은 모두 치워놓는다. 낯선 음식은 좋아하지 않으므로 이유식에 새로운 재료를 추가할 때 되도록 천천히 진행한다. 변덕스럽다고 느껴질 만큼 기분 변화가 많은 편이지만, 먹는 것, 기저귀가는 것, 자는 것은 되도록 아이의 요구에 맞춰주도록 한다.

유아기 (만 1~4세)

말을 배우기 시작하면서 말을 더듬는 경우가 일반 아이들에 비해 많다. 이는 성격이 급해서 말보다 생각이 빠르기 때문이다. 크게 웃고 울어서 집 안을 항상 시끄럽게 한다. 두 돌 전에는 마음대로 되지 않으면 부모나 친구를 물기도 한다.

이렇게 키워요 ● 돌이 지나면 부쩍 주도성이 강해진다. 이때부터는 해서는 안되는 일(우는 행동)을 정화히 일러주어야 한다. 혼을 내거나 화를 내지 말고, 단호한 목소리와 표정으로 "그러면 안 되는 거야"라고 말해주자. 아이가 말을 너듬을 때는 부모가 앞질러 아이 말을 대신하지 않도록 주의한다. 그러면 아이 마음이 급해져 더욱 더듬게 된다. 말이 트이게 되면 더듬는 것은 일시적인 현상이므로 크게 걱정하지 않아도 된다.

학령전기 (만 5~6세)

일찍부터 독립적이었던 터라 또래 아이들을 우습게 생각한다. 친구들과 놀 때 늘 대장 노릇을 하려고 한다. 지는 것을 싫어해서, 자신이 지는 게임은 안 하려고 들고, 혹시나 상대방이 이기면 화를 내기도 한다.

이렇게 키워요 ● 아이의 승부욕이 강하기 때문에, 은연중에라도 "네가 이겼어? 친구가 이겼어?", "너보다 잘한 애 있어?", "누가 1등이야?", "누가 밥 빨리 먹나 볼까?"라는 말은 하지 않는다. 승부욕을 더욱 자극할 수 있기 때문이다. 아이가 이기는 것을 좋아한다고 부모가 항상 일부러 져주는 것도 좋지 않다. 혼자만 1등을 하는 것보다 아이들과 함께 노는 과정이 더 소중하고 즐거운 것이라는 것을 알려준다.

학령기 (만 7~12세)

목표 지향적이고 리더가 되고 싶은 욕구가 강하다. 실제로 반에서 반장이나 회장을 하는 경우가 많다. 인정받고 싶은 마음이 강해, 성실하고 예의 바르게 군다. 활달하고 리더십도 있어 친구들도 많은 편이다.

이렇게 키워요 ● 책임감과 약속을 지키려는 자세를 격려해주어야 한다. 또래보다 월등한 성실함도, 다른 아이를 배려하고 잘 도와주는 것도 칭찬해준다. 남에게 인정받으려는 욕구 때문이지만 아이가 노력한 것에 대해서는 칭찬해준다. 혹 아이의 행동에 너무나 그릇된 의도가 있다면 바로잡아준다. 또한 융통성을 길러주기 위해, 세상일에는 늘 변수가 작용하므로 상황에 따라 계획이 변경될 수 있음을 일러준다.

감성좌뇌형 아이와 부모의 두뇌궁합

이성좌뇌형 부모
:활기 넘치는 아이의 자주성 존중

감성좌뇌형 아이와 이성좌뇌형 부모는 매우 이상적인 만남이다. 특히 이런 부모들은 아이의 지적 발달을 위해 크게 노력하며, 아이가 자라면서 느끼는 여러 가지 문제들에 대해서도 좋은 상담자가 되어주는 편이다.

다만 이런 부모들의 문제는 감성이 부족하고 주로 긴장 속에서 산다는 것이다. 워낙 표현이 서툴기 때문에 아이가 애정 표현을 원해도 서먹하게 대한다. 이런 부모의 모습은 아이에게는 무척 차가워 보인다. 또한 무언가에 몰입하면 주변을 살피는 타입이 아니다. 가령 어떤 문제를 골똘히 생각하고 있을 때 아이가 다가오면 짜증을 내거나 권위를 내세우는 경향이 있다. 부모 자신만의 계획이나 생각에서 벗어나 아이의 리듬에 맞춰 생활하는 것이 어려운 것이다.

이성좌뇌형 부모는 즐겁게 놀지도 못한다. 아이는 부모의 이러한 심리 상태에 영향을 받아 초조함이나 불안감, 반발심 등을 자주 느낄 수 있다. 따라서 감성좌뇌형 아이를 둔 이성좌뇌형 부모는 가능하면 즐거운 일을 많이 하면서 즐거움과 느긋함을 느끼려고 노력해야 한다. 그렇게 하면 부모 자신도 아이를 키우는 일을 편안하게 받아들일 수 있고, 아이도 정서적인 안정을 가질 수 있을 것이다. 안정감은 아이의 개성을 살리는 데 큰 도움을 준다. 이성좌뇌형 부모가 감성좌뇌형 아이를 더 잘 키우는 비법 몇 가지를 소개한다.

첫째, 계획은 아이에게 맡기고 목표만 제시한다.

감성좌뇌형 아이는 주도적인 성향이 강해서 누군가 명령을 하거나 강요하는 것을 싫어한다. 자신이 주도하는 것이 아니면 즉각 반발한다. 그런데 이성좌뇌형 부모는 고분고분한 모범생 스타일로 모든 일을 구분하고 미리 계획하는 것을 좋아하기 때문에, 별생각 없이 아이의 학습 스케줄을 짜서 "이대로 해"라고 명령할 수 있다. 이런 태도는 감성좌뇌형 아이에게는 절대 금물이다.

아이의 '기'를 건드리지 않으려면, 부모는 '이것 해라', '저것 해라' 지시하지 말고, 목표만 주되 세부적인 계획은 본인이 짜게 해야 한다. 목표의 난이도는 아이의 수준보다 살짝 높인다. 감성좌뇌형 아이는 도전적인 목표를 좋아하기 때문이다. 간혹 공부를 잘했던 부모는 아이의 수준에 비해 지나치게 좋은 성적을 바라거나 지적인 탐구심을 높이도록 요구할 때가 있다. 하지만 아이에게 노골적으로 강요해서는 안 된다. 그나마 하는 공부마저 손을 놓을 수 있기 때문이다. 감성좌뇌형 아이에게는 간섭을 삼가고 자주성을 존중해준다. 그것이 아이의 자신감이나 자립심을 키우는 데 도움이 된다.

둘째, 아이의 감정표현을 존중해준다.

이성좌뇌형 부모는 자신의 감정을 억누르는 경향이 있어 아이가 감정을 격렬하게 표현하는 것도 싫어한다. 또한 아이의 지적인 분야에 대해서는 잘 도와주고 재능도 키워주지만, 감성과 관련된 다른 분야의 적성은 소홀하게 여길 수 있다. 자신과 반대인 아이의 외향적인 면을 무시하는 것이다. 이렇게 되면 아이는 부모에게 불만이 생긴다. 부모가 재미없다고 느끼고 거리감을 느낀다. 자신의 감정을 표현하지 않고 덮어두는 경우가 많아진다. 심지어 부모에게 거부당했다고 느껴 상처를 받기도 한다.

감성 발달은 두뇌 발달만큼 중요한 것이다. 본인의 감정 표현력이 문제라서 감정표현이 잘되지 않는다면, 아이와 함께 감정 표현력을 키우려고 노력해야 한다. 매사 계획을 세우듯, 부모와 아이가 함께 지낼 시간도 계획해 운동이나 신체 활동을 한다. 그러면 아이의 활기를 북돋우고 부모 안의 활기도 깨울 수 있다. 부모가 놀랄 만큼 아이가 격렬한 감정을 표출할 때는 냉정하게 바라보지 말고 긍정적으로 받아들인다. 아이의 장점을 인정하면서 아이의 활기를 꺾지 않도록 조심한다.

셋째, 비판을 삼간다.

책임감이 강한 이성좌뇌형 부모는 적극적이고 성취 욕구가 강한 아이를 잘 뒷받침해줄 수 있다. 부모가 아이의 활동에 대해 과민하게 반응하거나 간섭하지만 않는다면, 부모의 장점인 성실성과 정직함이 영향을 미쳐 아이의 성숙에 큰 도움이 된다. 부모는 겸손을 중요시하는지라 결과에만 관심이 있고 외적인 것에만 신경 쓰는 아이가 마음에 들지 않을 수도 있다. 잘못된 것으로 받아들이고 단순하고 직설적으로 아이를 비판하기도 한다.

그러나 칭찬받기를 좋아하는 감성좌뇌형 아이는 매사에 비판적인 부모에게 서운함을 느낄 수 있다. 이 아이들은 부모가 엄하게 대하면 더욱더 반발하고 통제가 힘들어진다. 아이에게 약이 되는 말이라도, 아이가 받아들일 수 있어야 효과가 있다. 이런 아이들은 비판적으로 하는 말을 전혀 받아들이지 않으니 칭찬받기만 좋아하는 아이의 특성을 감안해 조언해야 한다.

넷째, 아이의 개성을 이해한다.

이성좌뇌형 부모는 신뢰를 중시하며 소박하고 솔직한 성품을 갖고 있다. 육아에 대한 책임감도 강하다. 더불어 규범을 준수하고 학력이나 사회적 평가를 중시해, 아이가 사회에 나가면 남 앞에 부끄럽지 않도록 키워야 한다고 생각한다.

그런데 이것 때문에 아이를 강압적으로 대하거나 개성을 억누르는 일이 발생할 수도 있다. 아이의 생각을 이해하면서 소중하게 대하는 부모가 되려면 아이의 개성을 이해하고 인정해야 한다. 부모

생각에 아이가 너무 자기중심적인 것 같고 외적인 것만 중요하게 여긴다면, 아이와 함께 봉사 활동을 해본다. 그러면 아이 내면의 여린 면과 약자에 대한 뜨거운 애정이 일깨워지면서, 다른 단점들도 지도하기 수월해진다.

감성좌뇌형 부모
:아이에게 좋은 본보기가 되어야 한다

감성좌뇌형 부모는 아이에게 뜨거운 애정을 쏟아부으며 가까이에서 믿음직하게 잘 보호해주고 충실하게 돌봐준다. 부모가 활력을 가지고 매사에 자신 있게 살아가는 모습은 감성좌뇌형 아이에게 좋은 본보기가 되기도 한다. 그러나 감성좌뇌형 부모는 아이를 엄하게 통제하며 키우는 경향이 있다. 다른 사람 위에 군림하기를 좋아하고 강함을 과시하고 싶어 하기 때문이다. 아이에게도 성인과 같은 의지력을 요구하면서 힘으로 밀어붙이기까지 한다.

결국 감성좌뇌형 부모와 아이는 서로 열정적이고 적극적이어서 마음이 맞을 때도 많지만 대립 또한 만만치 않게 잦다. 아이는 부모가 말과 행동을 거칠게 하는 것이 싫고, 부모 또한 아이가 그렇게 굴면 골칫거리로 여긴다. 똑같은 두뇌성격이라 마음이 잘 맞을 땐 좋지만, 서로 충돌하게 되면 사소한 갈등이라도 엄청난 전투가 되어버린다.

하지만 부모가 적극적으로 자신의 감정을 다스리려고 노력하는 모습을 보인다면, 아이에게도 모범이 되어 성장에 큰 도움이 될 수 있다. 비슷한 성격이기 때문에 다음 육아법을 더욱 잊지 말아야 한다.

첫째, 과정을 중요시한다.

아이와 부모는 모두 결과를 중시하고, 겉으로 보이는 것을 우선시한다. 하지만 성취에만 집착하다 보면 누구나 패배감에 휩싸여 살아갈 수밖에 없다.

아이도 결과가 좋을 때는 부모와 똑같은 마음이겠지만, 좋은 생각으로 열심히 했는데 뜻하지 않게 결과가 나쁠 때는 보이는 것만 따지는 부모가 원망스러울 수 있다. 부모가 겉치레를 좋아한다며 반발심을 갖고, 자기 내면의 생각을 알아주지 않는다고 아쉬움을 느낄 수도 있다.

그러므로 부모 자신은 물론, 아이에게도 성취 욕구를 지나치게 강조해서는 안 된다. 결과보다 과정이 중요하다는 것을 아이에게 항상 말하며, 외적인 것보다 내적인 것을 이해할 수 있는 감성과 직관력을 키워주도록 노력해야 한다. 신중함과 충실성을 함께 키워나가도록 해야 하는 것이다. 아이와 함께 봉사 활동을 하면 이런 문제를 해결하는 데 도움이 된다.

둘째, 아이의 성격을 이해하고 받아들인다.

부모는 감성좌뇌형 아이가 남들에게 잘 보이려고 하고 꾸미는 듯이 행동하는 것을 탐탁지 않게 여길 수도 있다. 그러나 이를 바로잡으려 하면 아이는 반발하게 된다. 이런 문제를 해결하려면 먼저 아이의 성격을 이해해줘야 한다. 부드럽고 조심스럽게 대하면서 스스로 감정을 되돌아보고 마음을 열 수 있도록 도와줘야 한다.

감성좌뇌형 부모는 아이의 잘못된 행동을 바로잡고 싶을 때 엄하다고 느끼게 하지 않으면서 아이를 훈육하는 방법을 배울 필요가 있다. 부모 또한 잘 생각해보면 타인이 자신에게 그렇게 말하는 것이 싫을 것이다. 자신이 무언가를 잘못했을 때, 다른 사람이 어떻게 조언하면 흔쾌히 고치고 싶을지 떠올려보는 것도 좋은 방법이다.

셋째, 규칙적인 생활을 하고 공과 사를 구별하도록 가르친다.

감성좌뇌형 부모는 지속성이 높아서 어려운 일을 만나도 기어코 그 일을 해내고야 만다. 의지가 대단한 사람이다. 감사하게도 아이가 부모의 그런 면을 닮았다. 아이가 자기 일을 스스로 하도록 격려하고 자신의 능력을 최대한 키워가게 도와주면, 아이는 독립적이면서 성취 지향적인 사람으로 자랄 것이다.

즉, 판단력이 뛰어난 리더로 성장할 것이다. 그러기 위해서는 반드시 가르쳐야 할 두 가지가 있다. 규칙적인 생활과 일관성이다. 아이가 일상생활에서 꼭 해야 할 일들을 꼬박꼬박 빠뜨리지 않고 규칙적으로 해나가도록 도와준다. 식사 시간, 취침 시간 등 규칙을 지키도록 교육하며, 매일 되풀이되는 일들은 시간과 요일을 정해 효율적으로 하도록 가르친다. 공과 사를 구별하는 것은 아이에게 가르침보다는 부모가 모범을 보이는 것이 효과적이다. 부모가 항상 공과 사를 구별하는 모습을 보여주면, 아이는 부모의 합리적인 태도와 일관성을 믿고 따르게 된다.

넷째, 감정 조절을 위한 시간을 준다.

감성좌뇌형 아이는 종종 제 생각을 논리적으로 설명하지 못한다. 자신이 왜 그런 행동을 한 것인지 해명하는 것을 힘들어한다. 이때 "원하는 게 뭔데? 알아듣게 말해봐"라고 다그치지 않아야 한다. 아이는 자신의 감정이 너무 힘들고 복잡해 몇 마디로 어떻게 정리해야 할지 모른다. 감정이 풍부하기 때문이다. 그러므로 감정을 조절할 수 있도록 충분한 시간을 준다. 자신의 감정이 무엇인지 생각해보고, 어떻게 표현할지 고민하는 과정에서 감정 조절 능력도 키워진다.

이성우뇌형 부모
: 논리적인 칭찬이 아이의 자부심을 키운다

이성우뇌형 부모와 감성좌뇌형 아이는 모두 낙천적이며 자유롭고 활기가 넘치며 명랑하다. 그래서 이성우뇌형 부모와 감성좌뇌형 아이가 만나면 집 안 분위기가 상당히 즐겁다. 항상 들썩들썩하고 소란스럽다. 부모는 가정을 활기차고 명랑하게 이끌어가면서 아이의 육아와 교육을 열정적으로 해나가고, 아이는 그 속에서 다양한 경험을 통해 즐거움을 느끼고 시야를 넓힐 수 있다. 그러나 부모나 아이 모두 차분함이나 성실성이 부족하면 문제가 생길 수도 있다. 자유분방함만으로 아이를 잘 키울 수는 없기 때문이다.

아이를 먹이고 재우고 씻기는 기본적인 육아 상황에서는 부모의 성실성이 중요한데, 이성우뇌형 부모는 매사에 번거로운 것을 싫어하다 보니, 육아 자체를 귀찮게 여기고, 지나치게 아이를 자유방임형으로 키울 수 있다. 또한 어떤 경우에는 본인의 일을 너무 많이 벌여 아이와 함께 있을 시간이 없을 정도로 바쁘기도 하다. 때문에 이성우뇌형 부모는 의식적으로 아이에게 끊임없는 관심을 가지려고 노력해야 한다. 또한 육아를 차분하고 성실하게 하려고 애써야 한다. 그래야 아이에게 질 좋은 육아 환경을 만들어줄 수 있으며, 아이 또한 차분함과 성실성을 키울 수 있다. 이성우뇌형 부모가 감성좌뇌형 아이를 잘 키우려면 다음과 같은 점을 유념해야 한다.

첫째, 규칙적으로 생활한다.

이성우뇌형 부모는 틀에 얽매이지 않는다. 여러 가지 일을 한꺼번에 하고, 일에 몰입하면 다른 것은 생각하지 않는다. 그래서 아이에게 어떤 과제를 시킬 때 한꺼번에 이것저것 지시하기도 한다. 예체능 활동을 시키더라도 한꺼번에 여러 가지를 배우게끔 강요하기도 한다.

감성좌뇌형 아이에게는 이런 것이 부담될 수 있다. 아이는 부모와 함께하는 일에 재미를 느끼더라도, 한꺼번에 너무 많은 것을 해야 하는 것과 불규칙한 생활 때문에 혼란에 빠지기도 한다.

이성우뇌형 부모는 자신의 자유분방한 성향이 아이에게 혼란을 주지 않도록 규칙적인 습관을 지녀야 한다. 그래야 아이 또한 규칙적인 습관을 지닐 수 있다.

둘째, 논리적으로 칭찬한다.

이성우뇌형 부모는 낙천적이며 활기가 넘친다. 재주가 많고 자립심도 강하다. 감성좌뇌형 아이에게도 일부 그런 성격이 있기는 하지만, 부모보다는 보이는 모습을 중요하게 생각하는 편이다. 부모는 아이가 지나치게 남을 의식한다고 생각해 부정적으로 여길 수도 있다.

아이의 성격에 단점이 있다면 정면 대응하지 말고 장기적인 전략을 세워 바꿔주려고 노력한다. 아이의 성취 욕구를 인정하고, 감정적으로 대하기보다 논리적으로 대한다. 감정적인 아이에게 감정적으로 말하면 감정만 상하게 한다. 되도록 감정은 빼고 논리적으로 말해야 하는 이유다. 칭찬할 때도 아이가 성취한 것을 객관적으로 나열해 말한다. 그래야 아이 스스로 자부심을 가질 수 있다.

셋째, 아이가 좌절하지 않도록 격려한다.

이성우뇌형 부모는 아이 특유의 모험심을 이해하고, 아이의 실수에 비교적 관대한 편이다. 하지만 아이가 좀 의기소침해 있거나 비관적인 모습을 보이면, 그 감정을 헤아려주지 못하고 지나치게 활기차고 낙천적일 것을 요구한다. 감성좌뇌형 아이는 활동적이긴 하지만 실수에 대해 민감하고, 성취하지 못했을 때는 심하게 좌절하기도 한다.

부모와 다른 성격이라 의아하기도 하겠지만 존중해준다. "별것 아닌 것 가지고 왜 그래?"라며 핀잔을 주지 말고, 아이 마음을 충분히 공감해준 후 좌절하지 않도록 위로하고 격려한다.

감성우뇌형 부모
:일관성 있게 아이를 대하라

감성우뇌형 부모는 대체로 감성좌뇌형 아이의 개성과 자주성을 존중하면서 자유롭게 키우는 경향이 있다. 그러면서도 아이가 자신의 감정을 잘 표현할 수 있도록 도와주며, 세심한 통찰력과 따뜻한 감수성으로 아이를 행복하게 한다. 개성을 추구하는 부모의 모습이 아이의 창의성과 자기 표현력을 키우는 데 좋은 자극이 되기도 한다. 그러나 이성우뇌형 부모처럼 아이를 지나치게 자유방임으로 키울 위험이 있다.

보통 사람들은 아이라면 누군가 자신을 안아주기를 간절히 원하며 친근감을 느끼고 싶어 하고, 사랑하는 부모와 신체 접촉을 하고 싶어 한다고 생각한다. 따라서 부모라면 아이에게 애정 표현을 많이 해야 한다고 여긴다. 사실 이 생각은 갓 태어난 아기들에게나 맞다. 아이에 따라 그리고 아이가 자라남에 따라 점차 달라진다. 어떤 경우 부모 옆에서 혼자 노는 것을 더 좋아하는 아이도 있다. 감성좌뇌형 아이들이 바로 그런 아이들이다. 감성우뇌형 부모가 감성좌뇌형 아이를 잘 키우려면 다음과 같은 점을 유념해야 한다.

첫째, 일관성을 가지고 아이를 대한다.

감성우뇌형 부모는 천진난만하고 솔직하며, 평범한 것을 싫어한다. 그리고 예민하다. 따라서 부모는 아이의 거친 태도에 마음의 상처를 많이 받을 수 있다. 하지만 아이 역시 상처받을 때가 있다. 부모

기분에 따라 달라지는 육아 방식 때문에 혼란스러울 때다. 이런 혼란은 부모를 만만하게 여기게 하며, 애증이 엇갈린 상태에서 부모에게 자꾸 대들게 만든다.

감성우뇌형 부모는 위엄을 갖추고 일관성 있게 아이를 대하도록 노력해야 한다. 감성좌뇌형 아이는 비교적 규칙적이고 체계적인 것을 좋아하기 때문에 부모가 일관적으로 아이를 대하지 않으면 서로 갈등을 겪을 수 있다. 특히 아이가 딸일 때 갈등이 더 심한 편이다.

둘째, 아이의 재능, 성취 욕구를 알아준다.

감성좌뇌형 아이는 남의 눈에 띄기를 좋아한다. 아이의 실리적이고 외향적인 면이나, 남의 시선을 지나치게 의식하는 면을 부모가 존중해주지 않으면 욕구불만에 빠질 수 있다. 그러므로 부모는 아이를 편안하게 만들어주면서, 자신감 있고 성공 지향적인 성격을 적극적으로 지지해주도록 한다.

아이는 자신이 돋보일 수 있는 목표를 세워 도전하고 싶어 한다. 그러나 부모의 지나치게 느긋한 성향이 아이의 성취 욕구를 좌절시킬 수도 있다. 아이의 인정받고자 하는 열정을 무시해서는 안 된다. 부모가 원하는 것이 아니더라도, 성취 욕구를 스스로 채워갈 수 있도록 적극적으로 도와줘야 한다.

셋째, 나이에 맞는 적절한 애정 표현을 한다.

아이가 커가는 것과 상관없이 부모가 늘 똑같은 방식으로 애정 표현을 하면 곤란한 일이 생긴다. 감성좌뇌형은 자기 수준에 맞는 인정과 칭찬을 원하는 아이다. 부모가 계속 어릴 때와 똑같은 애정 표현을 하면 부모의 의도를 오해하고 상처받는다. 어리다고 무시하거나 어린애 취급을 한다고 생각하는 것이다. 부모가 나이만큼 대우해 주지 않는다고 생각하니, 자존감도 높아질 리 없다.

아무리 사랑을 담은 행동이라도 아이가 자라면 다른 형태로 바뀌어야 한다. 특히 남들 보는 앞에서 감성좌뇌형 아이에게 어린애들에게나 하는 애정 표현을 하는 것은 삼가도록 한다.

넷째, 아이를 진심으로 존중하고 있다는 것을 보인다.

감성우뇌형 부모는 아이의 유능함을 자랑스럽게 여기며 헌신적으로 뒷받침해주고자 노력한다. 그리고 아이는 이런 부모에게 의지한다. 하지만 때로는 내성적이면서 복잡한 감수성을 가진 부모의 태도 때문에 눈치를 보기도 한다. 아이는 외향적이고 단순한 성격이라 도통 부모를 이해할 수 없는 상황도 있기 때문이다.

아이에게 스트레스가 많아져 공격적인 성향이 강해지면, 부모는 스스로 아이를 통제할 수 없어 아예 멀리하기도 한다. 서로의 다른 성향으로 인해 극단적으로 충돌하는 것은, 상대방이 자신을 진심으로 존중해주고 있다는 확신이 들지 않아서일 수도 있다. 이럴 때는 아이의 내면을 어루만지면서, 진심으로 존중하고 있다는 마음을 표현해야 한다. 그래야 아이에게 부드러움을 심어주면서 단점을 긍정적으로 변화시킬 수 있다.

감성좌뇌형 아이를 위한
학습 솔루션

덜렁대고 사소한 실수를 잘한다

감성좌뇌형 아이는 아주 쉽고 사소한 부분에서 어이없는 실수를 하는 경우가 많다. 대부분 스스로 쉬운 문제라고 지레짐작하기 때문이다. 수학 같은 경우, 서술형 문제가 나오면 처음에는 정신을 차리고 풀어나가지만, 기껏 잘 풀어놓고 295를 265로 적는 바람에 틀려버린다.

이외에도 문제를 제멋대로 해석해 틀리기도 하고, 우선순위를 잘못 정해 틀리기도 한다. 모두 꼼꼼히 읽지 않고, 작은 것 하나를 확인하지 않아 일어나는 '어이없는 실수'다. 감성좌뇌형 아이들이 자주 저지르는 실수 중 숫자를 쓸 때 세로줄을 맞추지 않아 계산이 틀리는 것도 여기에 해당한다.

이러다 보니 수학 공식과 풀이 과정을 잘 기억하고, 개념도 잘 이해하고 논리적인 추론까지 잘 활용하는데도 사소한 실수 때문에 문제를 틀린다. 그래도 아이가 이런 실수를 했을 때, 큰 소리로 혼내거나 화를 내서는 안 된다. 참을성을 가지고 부드러운 목소리로 무엇이 문제인지, 아이가 어떻게 하기를 원하는지 구체적으로 조목조목 설명해야 한다.

정리가 안 된 어지러운 환경이나 자주 바뀌는 원칙과 규칙, 공정하지 않은 훈육과 언제 바뀔지 모르는 계획 등은 아이의 안정감을 앗아간다. 그리고 짧은 시간에 많은 과제를 시키지 말고 충분한 시간을 주도록 한다.

감성좌뇌형 아이는 시간에 쫓기면서 급하게 과제를 하게 되면 활기를 잃어버린다. 자기 뜻대로 되지 않으면 짜증을 낸다. 이 아이들은 새로운 환경이나 사람들에게 적응하는 데 시간이 걸리기 때문에 다그치지 말고 여유 있게 기다려야 한다. 아이는 맡은 임무를 수행하려는 마음이 너무 강해 걱정도 많고 불평도 많다. 그러므로 과제도 한 번에 한 가지씩, 넉넉한 시간과 함께 주도록 한다.

감성좌뇌형은 청각 중심의 학습자가 많다

감성좌뇌형 아이는 성격이 활달하고, 자기 고집이 있으며, 체계적인 사고를 지녔고, 조직적이다. 혼자서 가만히 앉아 문제를 푸는 데 어려움이 없으며 시간표가 빡빡해도 공부를 곧잘 해낸다. 개념, 원리를 배우거나 문제를 풀 때도 스스로 방법을 알아내는 데 흥미를 느낀다. 의견을 자유롭게 발표하도록 하면서 칭찬해주면 아이는 더 의욕적으로 공부하게 된다.

유념할 점은 감성좌뇌형 아이 중에는 청각 학습자가 많다는 것이다. 그래서 시각 정보만 이용하는 공부 방법은 효과를 못 볼 수도 있다. 청각 학습자는 읽기, 쓰기, 수학 등 주요 과목 중에 추상적인 시각 요소가 많은 수학을 가장 어려워한다. 이런 고민은 분수의 기본 형태와 설명이 나오는 초등학교 때부터 시작된다.

물론 청각 학습자라도 청각으로만 학습할 수는 없다. 청각으로 집중할 수 있는 학습 방법을 찾아내는 것도 중요하지만, 잘되지 않는 시각 학습을 보완하는 것도 필요하다. 도표나 차트를 보는 것이 어려울 때는, 눈으로만 보지 말고 말로 풀어서 읽어보게 한다. 단계를 세분해서 차근차근 풀 때도 풀이 과정을 중얼거리면서 풀게 한다. 그러면 부족한 시각 학습을 보완하는 데 도움이 된다.

경쟁심, 성취 욕구가 강해 실패를 용납 못한다

감성좌뇌형 아이는 경쟁심이 강할 뿐 아니라, 자신의 주변에 영향력을 행사하고 싶어 한다. 어릴 때부터 나이 많은 언니, 형들과 노는 것을 좋아하고, 그렇게 놀면서도 전혀 기죽지 않고 오히려 리드하려고 든다. 이기고 싶은 마음, 무엇이든지 빨리 이루고자 하는 마음 때문에 자기 능력보다 더 높은 목표를 세우고, 공부도 열심히 하는 편이다. 그러면서 스스로 성적을 많이 의식한다.

성취 욕구가 강해 원하는 만큼 이루지 못하면 마음이 급해서 어쩔 줄을 모른다. 그러다 실수나 실패라도 하게 되면, 자기 존재 가치를 전부 상실한 듯이 절망한다. 스스로 실수나 실패를 용납하지 못하는 것이다. 그렇게 절망하면 그동안 억눌러 왔던 감정이 폭발해 고집스럽고 공격적인 아이로 변하기도 한다. 이때 부모는 아이에게 실수와 실패는 절대로 창피한 것이 아니며 성장을 위한 소중한 경험이 된다는 것을 일러주어야 한다.

이런 아이가 목표를 세우면, 부모는 한 번쯤 봐주는 것이 좋다. 아이 스스로 세운 목표를 존중해주되 혹여 아이의 능력에 비추어 현실적으로 너무 어렵지 않은지 파악해 형편에 맞게 조정해준다. 또한 아이 스스로 성적에 대한 집착이 심하므로, 부모는 오히려 그 마음을 덜어주려고 노력해야 한다. 부모마저 성적에 매달리면 아이의 스트레스는 더욱 심해진다. 심한 좌절감까지 느껴 더욱 감정적으로 된다.

아이의 경쟁심을 장점으로 발전시키려면 성실히 해나가는 과정이 중요하다는 것을 반드시 알려줘야 한다. 열심히 하고 결과도 좋으면 금상첨화이지만, 결과가 나쁘더라도 그 자체로 성공한 것이라고 말해줘야 한다. 감성좌뇌형 아이의 경쟁심은 아이를 큰 리더로 키우는 중요한 덕목이 될 수 있다.

감성좌뇌형 리더
잭 웰치에게 배우기

미래에 대한 비전과 자신감을 가져라

잭 웰치(Jack Welch, 다국적기업 제너럴일렉트릭 전 회장으로 2020년 1월 사망)의 아버지는 장시간 통근 열차에서 일하는 역무원이었고, 육아 대부분을 담당한 어머니는 전업주부였다. 잭 웰치는 어린 시절 아일랜드 노동자들이 주로 모여 살던 세이럼에서 살았으며, 친구들과 놀았던 곳은 동네 채석장이었다. 7억 2천만 달러의 재산에, 현재 기업인들에게 가장 추앙받는 경영인의 어린 시절치고는 지나치게 평범해 보인다. 게다가 잭 웰치가 어린 시절 말더듬이였던 것까지 알게 되면, 그가 어떻게 세계 최고의 경영자가 되었는지 더 궁금해질 것이다.

잭 웰치는 수많은 저서에서 종종 '어머니'에 대해 이야기하며, 부모의 따뜻한 사랑과 보살핌이 없었다면 지금의 자신은 없을 것이라고 회상했다. 어머니는 말을 더듬는 잭에게, 말이 생각의 속도를 따라가지 못할 뿐이라고 말하며 자신감을 잃지 않도록 독려했다. 또한 야구, 골프, 아이스하키 등 다양한 운동을 시켜 잭 웰치에게 성취감과 경쟁심을 불러일으켜줬다. 동시에 사람들과 친해지는 방법을 배우게 했다.

잭 웰치는 경쟁심이 무척 강해서 공부든 스포츠 경기든 이기는 데 무척 집착했다. 종종 이기는 게 너무 중요해 감정이 격해지기도 했다. 하지만 또래 관계가 문제 될 만한 수준은 아니었다. 고등학교를 졸업할 때까지 또래들 사이에서 잭 웰치의 인기는 대단했다고 한다.

그는 자신의 저서에서 모든 기회에서 평가와 지도는 중요하지만, 무엇보다 자신감을 심어주는 것이 중요하다고 말한다. 즉, 모든 기회를 활용해 구성원에게 자신감을 심어줄 수 있어야 한다는 것이다. 이를 위해서는 상을 후하게 주어야 하며, 이때 상의 내용은 구체적이면 구체적일수록 좋다고 언급했다.

이 말은 감성좌뇌형에게도 필요한 말이다. 감성좌뇌형 아이는 조직적이라 전략을 잘 짜는 편이다. 과제를 할 때도 항상 생각하고, 분석하는 습관이 있다. 이런 아이는 성실하고 일관성이 있으며 안정적이어서, 행동하는 리더로서의 잠재력이 있다. 부모는 이런 아이에게 아낌없는 격려와 배려, 인정을 보여주어 자신감을 심어주어야 한다. 자신감은 아이를 활기차게 하며 용기를 가지고 자신의 꿈을 성취할 수 있게 만든다. 잭 웰치가 성장기에 모든 면에서 월등했던 이유는 어떤 조건이나 어떤 상황에 부닥쳤든, 자신감을 잃지 않도록 따뜻하게 보살폈던 부모가 있었기 때문이다.

어린 시절, 매사 활발하고 자신만만하고 승부욕으로 충만했던 잭 웰치의 꿈은 백만장자가 되고 유명한 엔지니어가 되는 것이었다. 그 꿈을 가진 지 20년도 채 되지 않아 그는 정말 그렇게 되었다.

감성좌뇌형 아이는 비전을 가져야 한다. 비전은 모호해서는 안 되며 너무 흐릿하면 목표에 집중할 수가 없다. 명확한 전략과 지침을 가지고 조직을 움직여야 하는 이유다. 잭 웰치는 조직이 성공하려면 꿈을 가져야 한다고 말한다. 리더는 구성원들의 마음을 하나로 끌어내야 하므로 결국 조직에서 가장 중요한 것은 사람이다. 한 사람의 꿈은 꿈에 머물 수도 있지만, 함께 꾸면 현실이 되는 것이다. 잭 웰치는 구성원들이 모두 같은 꿈을 꾼다면 그 조직은 성공할 수 있다고 말한다.

위기를 극복할 수 있다는 낙관성을 기른다

긍정심은 전염된다. 인생을 긍정적으로 보는 부모는 아이를 긍정적이고 낙관적으로 키울 수 있다. 반면 비관적이고 불평만 하는 부모는 아이를 자신처럼 불행하게 만들 수 있다. 아이가 긍정적이라야 어려운 역경이 닥쳐와도 맞서 싸울 수 있다. 잭 웰치는 종종 피도 눈물도 없었던 CEO로 그려지지만, 그와 같이 일한 직원들은 그가 다정하고 배려심이 많았다고 말한다. 수십만 명이나 되는 직원들 하나하나와의 관계를 아주 중요하게 생각했다고 한다.

그는 현장에 가서 다른 사람의 심정을 헤아려주고, 칭찬과 격려를 아주 확실하게 큰 소리로 해주었다. 금전적인 보상이나 승진 등도 당연히 안겨주었다. 어떤 위기에서도 강한 비전을 보이며 직원들에게 긍정심과 낙관성을 심어주었다. 그는 자신의 저서에서 "리더는 모두를 이끌고 난관을 헤쳐나가는 동안 구성원들이 어떻게 지내는지 진심으로 관심을 보이고 긍정심과 낙관성을 전염시켜야 한다"라고 말한다.

감성좌뇌형 아이들은 일이 잘못되면 상황을 탓하거나 다른 사람의 잘못으로 돌리기도 한다. 실패를 받아들이지 못하기 때문이다. 이런 아이를 리더로 키우려면 다른 사람에게 책임을 전가하지 않도록 가르쳐야 한다. 리더는 책임을 다른 사람에게 떠넘기거나 상황을 탓하지 않는다. 리더는 내가 먼저 책임지겠다고 나서는 용기 있는 사람이다. 문제가 있다면 직원들에게 있는 것이 아니라 리더에게 있는 것이다.

위대한 리더는 "모두 내 탓이오"라고 말한다. 또한 그는 책임을 진다는 것이 결코 희생이 아니라고 말한다. 자신이 원해서 선택한 것이고, 그 자체에 만족하기 때문이라는 것이다. 그는 "리더는 인기 경쟁에서 이기기 위한 사람이 아니다"라고 말한다. 리더는 직원들이나 구성원들을 상대로 인기를 얻기 위한 목적으로 행동해서는 안 된다는 것이다. 경쟁심이 많고 무조건 이기려고 하는 감성좌뇌형 아이에게는 잭 웰치가 말한 리더의 덕목이 꼭 필요하다. 진정한 승리는 무조건적 싸움으로 얻어지는 것이 아니라, 남을 배려하고 포용하고 다른 의견을 가진 사람도 무시하지 않고 잘 설득해서 내 편으로 만드는 데 있다. 이것이 진정한 리더십이다.

다른 사람을 배려하고 포용하고 잘 설득해서 내 편으로 만들려면,

우선되어야 하는 것이 공감 능력이다. 상대방의 말을 잘 들어주는 아이는 이해심이 많고 타인을 배려하고 공감하는 능력이 뛰어나다. 따라서 갈등을 미리 방지할뿐더러 이해와 설득에도 능하다. 아이에게 적극적으로 경청하는 것을 가르치기 위해서는, 부모가 먼저 한결같이 아이의 말을 잘 들어주는 모범을 보여야 한다.

정직한 태도가 사람들에게 신뢰를 준다

진솔한 대화만큼 사람의 마음을 움직이는 것은 없다. 잭 웰치는 무척 솔직한 성격이었다고 한다. 꼼수를 부리지 않고 누구와도 정직하고 솔직하게 대화하는 능력이야말로 잭 웰치의 큰 장점이었다.

정직은 공과 사의 구별과 원칙 준수가 기본이다. "리더는 공과 사를 엄격하게 구별해야 하고, 원칙을 지켜야 하며, 조직의 규율을 지킬 수 있는 엄격함이 있어야 한다"라고 잭 웰치는 언급했다. 고대 로마제국에서는 장군이 전쟁에 패하고 돌아와도 조직의 원칙과 군율을 깨지 않았다면 책임을 묻지 않았다고 한다. 장군 스스로 자신에게 책임을 물을 뿐이었다.

이에 비해 원칙과 군율을 깼다면 전쟁에서 승리한 장군이라도 책임을 물었다고 한다. 조직에 혼란을 줄 수 있기 때문이었다. 리더도 이와 마찬가지다. 목적을 위해서 수단 방법을 가리지 않으면, 경쟁에서 이기더라도 단단한 조직을 만들 수 없으며, 경쟁에 참여한 사람이나 이를 지켜본 사람에게 인정받을 수 없다.

승부에 집착하는 감성좌뇌형 아이일수록 정직하고 솔직하게 키워야 하는 이유다. 이기는 것보다 정직하고 솔직한 것이 더 중요하기 때문이다. 그리고 스스로 말한 것을 지킬 때 비로소 다른 사람의 신뢰를 얻을 수 있음을 깨우쳐주어야 한다. 어렵고 불편한 상황일수록 정직하게 지금 필요한 것이 무엇인지를 말하고, 자신의 생각을 명확히 전달하게 해야 한다.

리더는 조직원으로부터 최선의 것을 끌어낼 책임을 맡은 사람이다. 혼자만의 능력으로는 작은 성취도 이룰 수 없다. 조직원들이 그를 믿고 따르고 신뢰하게 만들어야 하는 이유다. 이때 정직함을 보여주고 신용을 지키는 리더의 진실한 모습만큼 좋은 것은 없다.

문제해결을 위해 집요하게 질문하라

감성좌뇌형 아이는 기획 능력이 뛰어나며, 체계적이고 효과적으로 일을 주도한다. 이런 아이에겐 평소 모든 것에 의문을 품고 위험을 관리하도록 가르쳐야 한다. 어디에서든 의문을 품고, 끊임없이 물으면서, 문제를 해결해나가도록 해야 한다. 이런 훈련은 아이와 가장 많은 시간을 보내는 부모가 솔선수범하는 모습을 보이는 데서 시작해야 하며 그래야 좋은 결과를 얻을 수 있다. 그런 부모의 모습을 보며 아이는 '아, 이건 왜 안 될까?', '달리하면 어떨까?'라고 생각해보게 되는 것이다. 혹여 아이가 부모에게 "왜 안 되는데?"라고 물어도, 아이가 반항한다고 생각지 말고, "글쎄, 엄마 생각에는…" 하며 차근차근 친절하게 말해주어야 한다.

잭 웰치는 의사결정, 제안, 시장 정보에 대한 모든 대화에서 "만일 …면 어떠합니까?", "왜 안 되죠?", "왜 그렇습니까?"와 같은 질문을 많이 했다고 한다. 그리고 자신의 질문이나 관심을 해결하기 위해 움직였고 현장으로 뛰어갔다. 리더에게는 알고 있는 지식 못지않게 의문을 품고 현장을 살펴보는 안목이 중요하다는 것을 알려주는 대목이다.

잭 웰치는 아무리 어려운 역경이 찾아와도 좌절하지 않고 현장에서 답을 찾아냈다. 현장에서 길을 찾아내는 사람이 진정한 리더다. 리더는 일을 시작할 적절한 시기를 짚어내야 하며, 어떻게 시작해야 할지 알아야 하며, 결정이 되면 빠른 속도로 추진할 수 있어야 한다. 그러기 위해서는 "왜 그럴까?"라는 집요한 질문이 꼭 필요하다.

마지막으로 감성좌뇌형 아이가 리더가 되려면 꼭 갖춰야 하는 어려운 능력이 있다. 바로 자신이 저지른 실수를 솔직하게 인정하는 자세다. 또한 그것을 통해서 무엇을 배웠는지 자유롭게 이야기할 수 있어야 한다. 실수나 실패를 되짚어 분석해보아야, 앞으로 비슷한 문제가 발생하는 것을 막을 수 있다.

감성좌뇌형 아이는 행동이 앞서는 경우가 많다. 실패를 거울삼아 무슨 일이든 머릿속으로 먼저 생각하고 설계한 후 행동하는 연습을 시켜야 하는 이유다. 어떤 결과가 나올 것인지 신중히 검토하게 되면, 아이는 점점 자신의 목표를 먼저 생각하고 행동하게 된다. 그리고 행동을 절제하는 습관까지 얻게 될 것이다.

이런 아이들은 스케일이 크고 추진력도 있어 크게 성공할 가능성이 있지만, 그만큼 실패할 가능성도 크다. 어렸을 때부터 미래의 꿈을 생각하고 목표를 정하고 리더로서의 지식과 덕을 갖춘다면, 어느 조직에서나 리더가 될 수 있다.

감성좌뇌형 아이의 문제행동 대처법

감성좌뇌형 아이는 과제도 열심히 하고, 말도 잘하며, 자기 발전에 대한 욕구도 강하다. 이런 아이가 문제행동을 보일 때는 보통 위축되거나 불안감을 느낄 때다. 어떤 상황들이 있는지 살펴보고, 구체적인 해결책도 알아본다.

Q1 유치원에 갈 때마다 울어요. 어떻게 적응시켜야 할까요?

부모와 떨어지는 것을 두려워하기 때문이다. 과거에 부모와 떨어져서 불안했던 적은 없는지 되돌아볼 필요가 있다.

더불어 아이가 부모를 믿지 못하는 것은 아닌지도 생각해보자. 혹시 잠깐 갔다 온다고 말해놓고 1~2시간 후에 돌아온 일은 없는가? 아이와 한 약속을 깜박하고 잊은 적은 없는가? 아이와의 약속은 꼭 지켜야 신뢰가 쌓인다.

Q2 화나 짜증이 너무 많아요

엄마가 간섭하거나, 본인이 원하는 것이 빨리 이루어지지 않으면 쉽게 화를 내고 짜증을 낸다. 피곤하거나 졸릴 때 더 그런 편이다. 부모는 그런 상황을 되도록 적게 만들어야 한다.

예를 들어, 현장 학습을 하거나 운동을 많이 한 날에는 피곤해하는 아이를 붙잡고 공부시키는 일은 삼가자. 공부는 되도록 아이의 집중력이 좋은 시간에 하게 하고, 저녁에는 쉬거나 일찍 잠들 수 있게 한다.

아이가 어리다면, 식사 시간, 낮잠 시간, 잠자리에 드는 시간을 규칙적으로 하도록 노력한다. 생활 태도를 규칙적으로 바꾸면 아이가 감정에 휘둘리는 상황을 상당히 방지할 수 있다.

Q3 자기 마음대로 되지 않으면 소리를 질러요

감성좌뇌형 아이는 떼를 쓰다가 소리를 지르기도 한다. 주변 사람들의 관심을 끌어야 원하는 것을 더 빨리 얻을 수 있기 때문이다. 생후 12개월 전까지는 아기의 요구를 전적으로 들어주어도 크게 버릇없는 아이가 되지 않는다. 오히려 아기의 요구를 잘 들어주는 것이 아기의 안정감 형성이나 애착 발달에 도움이 된다.

아이가 떼를 쓸 때는 부모가 명확한 기준을 정한 후 무시하는 것이 중요하다. 조용하지만 단호한 어조로 안 되는 이유를 설명하고 그 이후의 행동은 무시하자.

Q4 습관적으로 거짓말을 해요

아이는 만 2~3세부터 거짓말을 한다. 거짓말은 행동 발달 과정상 자연스러운 것이지만, 습관화되면 큰 문제가 된다. 거짓말이 아이에게 습관이 되느냐 마느냐는 부모의 반응에 달려 있다. 거짓말을 할 때마다 가능하면 빨리, 아이한테 정직에 대해 가르쳐야 한다. 아이가 거짓말을 한 이유를 생각해보고, 어떤 경우에도 정직이 최선임을 알려주자.

Q5 폭력적인 행동을 해요

아이의 폭력적인 행동은 가족 관계에 문제가 있거나, 가족 내 어려움의 반영인 경우가 많다. 더구나 부모가 폭력적이면 아이 뇌의 구조와 신경전달물질이 폭력적인 세상에 적응하는 쪽으로 변화하기 시작한다. 하위뇌가 과잉 경계, 과잉 공격이나 두려움, 또는 과잉 방어 쪽으로 굳어질 수 있다. 따라서 아이가 떼를 쓸 때는 폭력으로 제압할 것이 아니라 무슨 말을 하는지 귀를 기울이고 안아주고 달래주는 것이 매우 중요하다.

부모가 자상한 반응을 보여주면 아이의 뇌는 스트레스를 이기고 분노를 조절하며 원만한 대인관계를 유지하는 쪽으로 발달한다.

Q6 친구를 때려요

아이들은 감정이 매우 고조되면 친구를 때리기도 하는데, 보통 만 3세가 지나면 스스로 감정 조절을 할 수 있으므로 친구를 때리는 행동이 줄어든다. 하지만 이후로도 자신의 감정을 주체하지 못해, 차례를 지키지 않거나 게임의 규칙을 어기게 되면 또래들로부터 따돌림을 당하기도 한다. 대개 심심할 때, 졸릴 때, 짜증 날 때 하는 행동이다. 부모는 아이의 컨디션을 미리 파악해, 위험한 행동은 당장 못하게 해야겠지만 그렇지 않으면 감정이 가라앉기를 기다려준다.

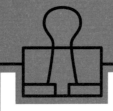

CHAPTER 05

이성우뇌형 아이,
스티브 잡스처럼 키워라

이성우뇌형 아이 눈에는 보이는 것, 들리는 것

모두가 궁금한 것투성이다.

언제나 새롭고 기발하고 독창적이며 창의적인 사고를 해서,

부모가 아이의 생각에 관심을 가질 필요가 있다.

때로는 실수가 잦아 시험 점수가 낮게 나올 수 있지만,

부모는 아이의 장점에 자제력과 균형감이 더해질 수 있도록 이끌어야 한다.

우리 아이, 이성우뇌형일까?

나는 특별하고 예외적인 존재다

학교에서 온 전화 한 통에 희수네 집이 발칵 뒤집혔다. 중학교 1학년인 희수가 학교에 오지 않았다는 것이다. 게다가 오늘은 중간고사날이었다. 전화를 받은 엄마는 아이의 휴대전화로 연락을 했다. 1시간여 동안 몇십 통의 전화를 하면서 엄마는 애가 타들어갔다. 학교에 가다가 교통사고를 당한 것은 아닌지, 유괴를 당한 것은 아닌지 등 어제 본 뉴스 내용까지 떠올라 온몸이 덜덜 떨렸다. 경찰에 신고해야 하는 것은 아닌지 고민이 되었다.

혹시나 하는 마음에 아이 방에 들어간 엄마의 눈에 희수 책상 위의 조립하다 만 컴퓨터가 들어왔다. 그리고 어젯밤 컴퓨터를 조립하던 희수와의 대화가 생각났다. "좀 자. 내일 시험이잖아. 시험 끝나고 하면 안 되겠어?" 엄마의 말에 희수는 "아, 이것보다 더 나은 게 있을 것 같은데…. 아무래도 용산에 가봐야 하나?"라고 혼자 중얼거리듯 말했다. 엄마는 얼른 희수가 갔을 법한 전자 상가로 달려갔다. 그리고 희수를 발견할 수 있었다.

이성우뇌형 아이는 하고 싶은 일이나 갖고 싶은 것이 있으면 반드시 하거나 가져야 한다. 그리고 자신은 특별하고 예외적인 존재라서 남에게는 허용되지 않는 것도 자신에게는 용납된다고 생각해 규칙을 지키지 않기도 한다. 누가 뭐라고 해도 스스로 멋진 아이라는 신념을 가지고 있다. 그래서 다른 사람들이 자신을 존경하며, 누구나 자신을 좋아할 것이라 생각한다.

다른 사람들의 평가에 그다지 신경을 쓰지 않아, 고민에 빠지거나 침울해하지 않는다. 항상 낙천적이며, 어려움이 있더라도 쉽게 극복할 수 있다고 생각해 문제를 너무 가볍게 넘기기도 한다. 반복적이거나 일상적인 일, 또는 세부적인 사항에는 관심을 두지 않거나 소홀하기 쉽다. 한마디로 새로운 도전이 없는 일에는 큰 흥미를 느끼지 않는다.

이런 아이에게는 1등이 중요한 게 아니라, 내가 하고 싶은 게 무엇이냐가 더 절실하기 때문이다. 또한 자신이 안 해서 그렇지, 일단 마음만 먹으면 언제든지 1등을 할 수 있다고 생각한다. 그래서 공부하는 것은 그다지 급한 일이 아니라고 생각한다.

이성우뇌형 아이는 스스로 높은 이상을 갖고 있으며, 이 세상을 더 멋있게 변화시켜야 한다는 사명감으로 미래를 바라보는 이상주의자이기도 하다. 하고 싶은 일이 있으면 어떻게 해서든지 해내려

한다. 그래서 어른들에게서 허락을 받아내지 못하면 슬쩍 거짓말을 하기도 한다. 또한 빨리 성인이 되어 그들이 누리는 자유를 자신도 누리고 싶어 한다. 단, 무언가가 되기 위한 노력은 게을리하기 쉽다.

에너지가 많아 활동적이고 산만하다

준우는 아장아장 걸어 다닐 때부터 이곳저곳을 휘젓고 다녔다. 부모는 그런 아이를 잡으러 다니느라 정신이 없었다. 집 안의 모든 물건을 뒤졌는데, 손에 닿지 않으면 소파 위, 책상 위, 식탁 위, 어디라도 올라갔다. 그러다 보니 높은 곳에서 떨어지거나 어디에 부딪치는 일이 많았다. 준우의 부모는 아이에게서 한시도 눈을 뗄 수가 없었다. 놀이공원에 가서도 아이를 잃어버릴 뻔한 적이 한두 번이 아니다. 신기하고 재미있는 놀이기구만 보면 정신이 팔려서 부모가 어디에 있는지 신경도 쓰지 않고 하염없이 걸어갔다.

좀 자라면 나아질까 했는데, 올해 유치원에 간 준우는 금세 교사한테 지적을 받았다. 수업 시간에 얌전히 앉아 있지 못하고 계속 돌아다녔고, 자신이 관심 없는 시간에는 거의 집중하지 못하고 드러누워 있거나 주위 친구들에게 장난을 걸었기 때문이다. 유치원 교사가 아직은 지켜봐야 하지만, 초등학교에 들어가서도 이런 행동을 한다면 상담을 받아보라고 할 정도였다.

이성우뇌형 아이는 셋을 합쳐도 모자랄 정도의 에너지를 발산한다. 고집도 세고, 장난치길 좋아한다. 아이는 늘 신체를 활기차게 움직이며 새로운 경험을 찾아나선다. 운동 신경도 좋은 편이어서 운동도 잘한다. 하지만 종종 충동적인 반응을 보여 부모를 당황하게 한다. 매우 화가 나면 문을 소리 나게 닫거나, 바닥을 데굴데굴 구르기도 하고, 물건을 던지기도 한다. 이런 행동 때문에 또래와의 관계가 힘들어지기도 한다.

친구들이 하는 말을 무심코 듣고 있는 것 같다가도, 누군가 틀린 이야기를 하면 끼어들면서 잘못을 지적한다. 다른 사람의 감정을 제대로 알아채지 못해 종종 본의 아니게 남의 기분을 상하게 하기도 한다.

이성우뇌형 아이들이 가만히 앉아서 집중을 못하는 이유는, 그들에게 가장 중요한 것이 '지금 당장'이기 때문이다. 이런 아이에게 내일을 위해 오늘의 고통을 참자거나, 오늘 열심히 공부해야 머지않은 장래에 대학에도 들어가고 사회에서 훌륭한 사람이 될 수 있다는 말은 효과적이지 못하다.

학교 수업에도 좀처럼 흥미를 보이지 않는다. 다리를 달달 떨거나 손으로 머리를 긁적거리거나 연필을 손가락 사이에 끼우고 뱅글뱅글 돌리는 등 한시도 가만히 있지를 못한다. 집중한다고 해도 10분이나 15분이 고작이다. 임상심리 전문가인 김만권은 《성격을 알면 성적 오른다》에서 이 아이들은 책임을 부여해도 그다지 중요하게 생각하지 않고, 이것저것 다양한 일을 벌이기는 좋아하지만, 시작한 일을 끝맺지 못한다고 말한다.

호기심이 많고 창의적이다

여섯 살 영희는 호기심이 많고 상상력이 풍부하다. 아이는 "엄마 이건 뭐야?", "저건 왜 그래?"라는 말을 달고 산다. "번개는 왜 쳐요?",

"번개는 어디에서 쳐요?", "번개 모양은 왜 그렇게 생겼어요?", "우리 집 안에도 번개가 칠 수 있어요?", "전깃불 대신 번갯불 켤 수는 없어요?" 등등, 꼬리에 꼬리를 무는 질문으로 부모를 당황스럽게 만들 때가 많다.

이성우뇌형 아이는 늘 이것저것 새로운 경험을 하고 싶어 하며 친구들과 같이 재미있는 일을 꾸미기 좋아한다. 보이는 것이나 들리는 것 모두가 궁금증 그 자체이기 때문이다. 또한 궁금한 것이 온종일 머릿속에서 떠나지 않기 때문에 끊임없이 질문을 해댄다. 이때 부모는 아이가 질문을 마음껏 할 수 있도록 허용해주어야 한다. 아이는 질문을 통해 새로운 지식을 습득하기도 하고, 뒤죽박죽 엉켜 있는 지식을 정리해 체계를 잡아가기 때문이다. 한 가지 일이 끝나기 전에 새로운 일을 벌이는 경우가 많지만, 관심을 두는 일이 특별히 어렵다거나 깊은 사고력을 요구할 때는 오히려 스스로 만족하는 수준에 도달할 때까지 물고 늘어지는 근성도 있다.

머릿속으로는 온갖 생각을 하면서도 한결같은 표정, 느릿느릿한 행동, 변화가 없는 어투를 구사해 무사태평한 아이처럼 보이기도 한다. 이런 아이는 엉뚱한 생각을 하는 것이 아니라 새롭고 기발하거나 독창적이며 창의적인 사고를 하므로, 부모가 아이의 생각에 관심을 가질 필요가 있다. 또한 독특하고 넓은 안목을 가지고 있으며 다방면에 재능이 많고, 지능지수가 높고 창의력이 좋은 아이들이 많다.

그러나 단순한 주입식 교육을 싫어하고 공부에 금세 싫증을 느끼기 때문에 잠재력과 비교해 학교 성적은 좋지 않은 경우가 많다. 감각적으로 사고해서 책을 읽어도 핵심 단어 중심으로 순식간에 내용

두뇌성격이 아이 미래를 결정한다

○ 이성우뇌형 아이의 뇌

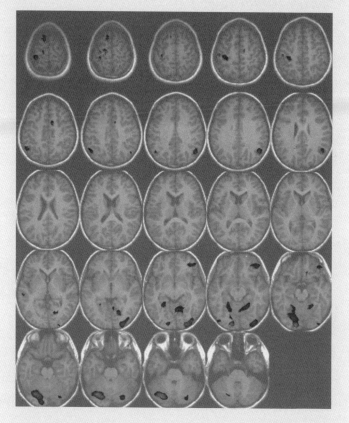

fMRI상 개방성과 수용성의 뇌활성도가 높고 성실성의 뇌활성도는 낮다.

을 파악한다. 이 때문에 실수가 잦아 시험 점수가 낮게 나온다. 무슨 일이든 너무 빨리 판단하고 해치워버리는 단점이 있다.

반항아일까, 자유주의자일까?

초등학교 2학년인 창수는 스스로 공부하는 것에 익숙지 않아 엄마가 늘 과제를 내준다. 머리는 좋은 편이지만, 다른 것에 관심이 많아 좀처럼 책상 앞에 앉아 있는 일이 없다. 그래서일까, 학교 성적도 별로 좋지 않다. 엄마는 안 되겠다는 생각에 매일 일정한 과제를 내주고 풀게 했다. 아이의 집중력이 낮은 것을 배려해 엄마는 딱 30분이면 할 수 있는 정도로만 과제를 내주었다.

그런데 창수는 그 과제조차 하는 것을 힘들어한다. 엄마가 보지 않는 것만 같으면, 과제를 미룬 채 장난감을 가지고 논다든지, 엄마 몰래 놀이터로 달아난다. 엄마는 창수가 과제를 끝내지 못한 날이면 어김없이 혼을 낸다. 엄마는 '이렇게 호되게 혼을 냈으니, 내일은 좀 나아지겠지'라고 생각한다. 하지만 다음 날이 되면 언제 그랬느냐는 듯 과제를 소홀히 하고 다시 장난감을 가지고 놀거나 놀이터에 나가 친구들과 논다.

이성우뇌형 아이는 빈정거리거나 반항하는 경향이 있다. 자신보다 강한 사람들을 경계하면서, 그들의 권위에 의문을 제기하고 반발하기도 한다. 또한 용감하고 씩씩하고 공격적으로 행동함으로써 두려움에서 벗어나고자 한다. 주관이 뚜렷하고 세상을 전체적으로 이해하고 파악한다. 세상의 큰 흐름이나 원칙을 발견하고자 노력하기는 하지만, 개개인의 감정과 같은 세부적인 것은 그렇게 중요하게

두뇌성격이 아이 미래를 결정한다

여기지 않는다.

　이성우뇌형 아이는 고집도 있고 자기주장이 강해 독선적이라는 평을 자주 듣는다. 누가 강요하거나 시킨다고 해서 자신의 주장이나 생각을 포기하는 법도 없다. 어디에든 구속되기를 싫어하고 규칙이나 관습에 얽매이지 않고 행동하기 때문에, 때로는 행동이나 말이 거칠기도 하고 특이하거나 기이해 보이기도 한다.

이성우뇌형 아이, 이렇게 키워라

육아에 체력과 에너지가 필요하다

까다로운 아이의 부모는 자신이 아이를 잘못 키워서 그렇게 만든 것이 아닐까 하며 아이한테 미안해하기도 한다. 사실 신생아 때부터 까다롭고 예민한 아이를 키우느라 부모 자신이 남들보다 더 힘든데도, 오히려 자기 탓을 하는 것이다.

이성우뇌형 아이도 마찬가지다. 이성우뇌형 아이의 부모들도 "아이가 도대체 누구를 닮았는지 모르겠어요. 혹시 제가 잘못 키운 것은 아닐까요?"라는 말을 많이 한다. 아이를 다루기 어려워하며 갈팡질팡하다가, 난처한 상황에 빠지는 경우가 많기 때문이다.

이성우뇌형 아이를 키우려면 체력과 에너지가 필요하다. 아기 때부터 먹이고 재우는 것이 힘들어서 지치기 쉽다. 아기는 새로운 것을 좋아해서 이것저것 달라고 하고, 만지고 싶어 하고, 맛보고 싶어 한다.

이렇게 호기심이 많은 데다 성격이 급하다. 기분이 좋으면 잘 웃고 애교를 부리다가도 한번 울기 시작하면 안아줘도 울고 내려놔도 운다. 어떻게 달래도 그치지 않고 지쳐서 잠들 때까지 운다.

쉽게 잠들지도 못해서 심하게 보채거나 울어대고, 낮에 자고 밤에는 깨어 놀면서 신경질을 부리기도 한다. 특히 잠자리가 바뀌거나 환경에 변화가 있으면 잠을 이루지 못한다. 소음이나 소리, 불빛, 움직임 등에 민감하기 때문이다.

먹는 것도 순탄하지 않다. 주변이 시끄러우면 잘 먹지 못해서, 수유할 때는 조용한 장소를 택해야 한다. 먹는 양이 적어서 엄마 애를 태우면서, 배고플 때 빨리 주지 않으면 줄기차게 운다. 먹다가 전화 벨이라도 울리면 예민한 아이는 먹는 것을 중단한다.

아이를 쫓아다니고, 따로 아이를 위한 음식을 준비하고, 밤중에 아이를 업고 서성거려야 되므로 엄마는 늘 피곤하고 잠이 부족하다. 아이의 까다로운 행동, 그리고 부모의 기력 소진과 피로가 상호작용해서 악순환을 겪는 경우도 많다. 부모는 혹시 자신에게 문제가 있어서 또는 자신의 잘못으로 아이가 이런 행동을 한다고 생각할 수도 있다.

배우자, 친척, 교사가 지나가면서 하는 말이 때로는 마음의 상처가 되기도 한다. '왜 아이를 제대로 키우지 못하느냐'는 식으로 자신을 질책하는 것으로 느끼기 때문이다. 공공장소에서도 이성우뇌형 아이의 행동을 바라보는 다른 부모나 주변 사람들의 따가운 시선에,

당황하거나 곤혹스러울 때도 있다. 특히 자기 아이를 제대로 통제하지 못한다는 사실에 부끄러움을 느낀다.

아이의 호기심이 어디 있는지 주목하라

하지만 이성우뇌형 아이가 부모에게 좌절만 주는 것은 아니다. 다른 부모들이 그리도 아이에게 주고 싶어 하는 '창의성'과 '자존감'이, 이 아이들은 태생적으로 높기 때문이다. 이것저것 다양한 것에 관심이 많고, 진득하게 한곳에 가만있지 못하는 데다 고집까지 세고, 책상 앞에 어렵게 앉혀놓으면 엉뚱한 생각에만 골몰하니, 겉으로는 문제만 많은 아이로 보이기 쉽다. 그러나 이 중에는 어른이 되어 전문직에서 활동하게 되면 반짝반짝 빛을 발하는 아이가 정말 많다.

그렇다면 제어가 되지 않는 돈키호테 같은 아이를 어떻게 다루면 좋을까? 이때 가장 중점을 두어야 하는 것은 아이의 호기심이다. 이성우뇌형 아이는 호기심에 의해서 움직이고, 호기심에 자신을 던진다. 아이의 호기심이 어느 쪽을 향해 있는지 잘 살펴야 하는 이유다. 아이는 조금만 복잡하고 어려워 보이면 그 과제나 장난감을 포기하고 쉬우면서도 재미있는 과제나 장난감에 몰입한다. 그래서 인터넷 게임에 중독되기 쉽다.

하지만 호기심을 보이다가도 조금만 어려워지면 다른 재미를 찾아간다. 이성우뇌형 아이에게는 어떤 일을 끝마치는 것보다는 그 일을 하면서 얼마나 재미있는가가 중요하다.

아이의 호기심이 무엇에 있는지 찾았다면 쉬운 것부터 접근하게 도와야 한다. 쉬운 것에서 어려운 것으로 진행해야 아이가 싫증을 내지 않고 재미있게 따라갈 수 있다. 아이가 이루어낸 조그마한 성취에도 그 과정과 노력을 충분히 칭찬해준다. 그러면서 아이에게 재미 추구와 임무 완수가 동시에 중요하다는 것을 항상 강조해준다.

여기서 쉽다는 것은, 아이의 수준에 비해 너무 어렵지 않은 것을 말한다. 이 아이들의 호기심은 도전 의식을 자극하는 쪽으로 향한다. 그래서 너무 쉽거나 이미 아는 것이 나오면 흥미를 잃는다. 수업 시간에도 이미 배웠거나 아는 내용이 나오면 지루해하다가도, 자신이 알지 못하거나 배우지 않은 새로운 내용이 나오면 관심을 보이고 집중한다. 따라서 약간 어려운 것을 제시해 공부하려는 의욕을 불태우게 할 필요가 있다.

마음껏 뛰어놀게 하고, '보상'을 잊지 마라

이성우뇌형 아이의 육아에서 호기심과 함께 기억해야 할 단어는 '부모의 인정'이다. 이 아이들은 부모에게 인정받기를 원한다. 부모에게 인정받으면서 자신의 능력에 대해서 확신이 생기면, 자신감도 커지기 때문이다.

무엇보다도 이성우뇌형 아이는 마음껏 뛰어놀 수 있는 시간과 장소가 필요하다. 아이는 자신의 감정을 충동적으로 표출하지만, 동시에 자신의 감정을 통제하고 싶어 한다. 스스로 자신의 충동적인 감정 표현이나 행동에 문제가 있다는 것을 알고 있다. 그뿐만 아니라 충동적 감정이나 문제행동을 자신이 조절할 수 없음에 자책감까지도 느낀다. 이러한 상황에서 부모의 야단은 아이의 죄의식만 커지게할 수 있다. 자신과 똑같이 감정 조절을 힘들어하며 화내고 있는 부모의 모습은 아이에게 더 혼란스러움을 줄 뿐이다.

아이가 산만하고 충동적일 때 야단부터 치기보다는, 차분한 행동을 하면 칭찬을 해줘 긍정심을 갖게 하는 것이 낫다. 작은 일도 칭찬하고 보상해주면 충동적인 행동도 억제된다. 그리고 남아 있는 충동성과 활동성은 마음껏 뛰어놀게 함으로써 적정한 수준으로 유지할 수 있게 한다. 차분함이나 집중력을 키워주려면 에너지를 실컷 발산할 기회를 주어야 한다. 그래야 조용한 환경 속에서 차분히 앉아 있는 것을 버텨낸다.

아이의 어떤 행동에 동기를 부여하려면 '보상'도 반드시 생각해야 한다. 이성우뇌형 아이는 보상에 민감하다. 보상은 물질적인 것만 포함하지 않는다. 물론 돈이나 물질적인 보상만 해주면, 보상이 없을 때 아무것도 하지 않으려고 할 수 있다. 그러므로 아이뿐만 아니라 가족이 참여할 수 있는 보상을 찾아야 한다. 가족들과 함께 간단한 외식을 하거나, 영화를 보러 가는 것도 좋고, 가족 여행을 보상으로 선택해도 좋다. 물질적인 보상을 하더라도 용돈을 조금 올려준다거나, 아이가 갖고 싶어 하는 물건을 사주는 정도여야 한다. 논리적인 칭찬도 보상이 될 수 있다.

칭찬할 때는 아이의 행동에 대한 정확하고도 객관적인 분석이 꼭 들어가도록 한다. 이성우뇌형 아이들은 창의력이 뛰어나기 때문에 아이의 독창적인 면을 칭찬해주면 좋아한다. 잘한 것을 칭찬해주면서 "이런 점은 고치는 게 좋겠다"라고 분명히 말한다. 만일 부족한 면을 말해주어야 한다면, 그 또한 논리적으로 해야 한다. 억지로 교정하려고 하기보다는 논리적으로 설명해주고 인내심을 갖고 반복해

두뇌성격이 아이 미래를 결정한다

서 타이른다.

자유분방한 아이들은 행동을 제지하고 억압하기보다는 자발성을 키워주는 것이 효과가 있다. 어떤 상황에서도 부모가 아이 편이라는 믿음을 주어야 한다. 부모가 아이를 신뢰하면 아이는 잘못된 행동을 하다가도 다시 부모에게 돌아온다.

'공부는 왜 하는지' 그 가치를 깨닫게 하라

이성우뇌형 아이는 자신이 관심 있는 분야만 열심히 하면 된다는 생각을 가지기 쉽다. 가령 요리사가 꿈이라면, 대학을 가지 않더라도 요리만 잘하면 된다고 생각한다. 물론 요리만 잘해도 살아가는 데 큰 어려움은 없을지 모른다. 그러나 실력이 비슷한 경우라면 대학 졸업장의 여부는 큰 영향을 줄 수 있다. 따라서 주요 과목만큼은 공부를 열심히 하게 하고, 자신이 하고 싶어 하는 활동에는 어느 정도 자유를 주는 것이 좋다. 그런데 주요 과목이라도 아이가 열심히 하게 하는 것이 부모에겐 큰 숙제다.

이성우뇌형 아이는 적극적이고 활동적이며 잠시도 가만있지를 못한다. 아무리 책상 앞에 주저앉혀놓아도 잠시만 눈을 떼면 어느새 자리를 벗어나서 딴 곳에 가 있거나 딴짓을 하곤 한다. 자율학습 시간에 도망가거나 그 시간에 딴짓하는 것을 아무렇지도 않게 생각하면서, 누가 지적이라도 하면 '그러면 어때!'라고 생각한다. 아이는 그런 것에 특별한 의미나 가치를 두지 않는다. 그러다 보니 정해진 경계가 있는 곳에서는 여기저기 부딪히면서 마찰을 일으킬 가능성이 크다. 그렇게 타고난 아이인지라 아무리 달래고 타이르고 윽박질러

보아도 소용없다.

반면 재치가 있고 영리해서 새로운 문제를 해결하거나 모험적인 일을 할 때 제대로 능력을 발휘한다. 그리고 누가 자신을 알아주고 인정해주면 가끔 기고만장해지기도 한다. 대신 자신을 알아주지 않을 때는 무척 기분 나빠 한다.

아이의 개성과 특성에 맞춤형 배려가 필요하다

이성우뇌형 아이가 스스로 공부하게 하려면 공부의 가치를 가르쳐주어야 한다. 이성우뇌형 아이는 자기 판단에 가치가 있다고 생각하는 일만 열심히 한다. 그런 과제는 아주 훌륭하게 해내며, 교사가 일일이 가르쳐주지 않아도 놀라운 창의력을 발휘한다. 만일 과제가 자신에게 별 가치가 없다고 생각되면 대충 해치우거나 아예 안 하기도 한다. 따라서 아이가 공부나 과제를 할 때는 그것의 의미와 가치를 인식하게 해줘야 한다.

아이는 창의적이고 감수성이 풍부할 뿐 아니라 새롭고 관심 있는 분야에 대해서는 철저하게 파고드는 만큼 나중에 그 분야의 최고의 전문가가 될 수 있다. 아이가 어떤 과목의 공부를 소홀히 할 때는 그 과목이 아이의 미래나 사회생활과 어떤 관련이 있는지 분명하게 인식시켜준다.

집중력과 인내력이 요구되는 학교생활에서 이성우뇌형 아이는 자신감 상실이나 무력감에 빠지기 쉬운 위험성이 있다. 그러나 사물에 대한 독특한 사고나 정보 처리 방법 등 나름대로 뛰어난 점이 있으므로 부모는 아이의 개성과 특성에 맞는 배려를 해야 한다. 몇 가지

예를 들자면 다음과 같다.

첫째, 아이가 공부한다면 계획대로 하지 못한다고 탓하지 말자. 이성우뇌형 아이는 목표나 계획을 세워 단계적으로 일을 해나가는 스타일은 아니다.

그와는 반대로 자신이 원하는 방식대로 일을 처리한다. 공부를 하더라도 자신이 좋아하는 과목부터, 자기 방식을 고집하는 경우가 많다. 그러므로 일단 정해진 목표나 기준은 반드시 달성하도록 습관화하고 그 정도에서 만족하자.

둘째, 너무 오랜 시간 앉아 있도록 강요하지 말자. 이성우뇌형 아이는 순간적인 집중력이 매우 뛰어나기 때문에 10분을 공부하고도 다른 사람들이 30분이나 1시간 공부한 효과를 발휘한다. 따라서 짧은 시간이라도 공부에 재미를 붙이고 점진적으로 시간을 늘려가면 제법 오랫동안 공부에 집중한다.

셋째, 선행학습은 시키지 않는다. 선행학습 때문에 학교 수업을 더 지루해하기 때문이다. 새로운 것에 대한 호기심이 강하므로 예습 위주의 학습이 효과적이다.

넷째, 새로운 결심을 자주 하더라도 눈감아주자. 한번 결심했다고 해서 그것을 지속해서 유지하는 일은 별로 없다. 아예 새로운 결심을 할 만한 과제를 끊임없이 주어 결심할 기회를 자주 만들어주는 것이 좋다. 가벼운 긴장감이 끈기를 만든다.

다섯째, 흥미를 느낄 수 있는 새로운 과제를 매일 제시해주자. 자기 수준보다 너무 어렵거나 양이 많으면 포기할 수도 있으니 적당한 선에서 과제를 제시한다. 다소 엉뚱한 질문을 하더라도 적극적으로 받아준다.

여섯째, 학습법이나 장소에 변화를 준다. 이런 아이는 좁은 장소에서 오랫동안 앉아 있는 것을 힘들어한다. 야외에서 공부하거나 돌아다니면서 공부하는 것을 허용해야 하는 이유다.

친구와의 모둠 활동으로 일석이조 효과

이성우뇌형 아이는 친구들과 어울리는 데는 무리가 없지만, 잘 토라지고, 경쟁에서 항상 이기고 싶어 하는 경향이 있다. 기발한 생각을 잘하는 터라 아이들에게 인기가 없지는 않지만, 누가 어떤 생각을 하든, 뭐라고 하든 자기 생각대로 당당하게 행동하고, 기분이 나쁠 때는 직설적으로 말하기 때문에 싫어하는 아이들도 많다. 친구들을 집에 데려오기는 하지만, 각자 따로 놀고 있는 모습을 자주 발견할 수 있다.

사회성이 떨어지긴 해도 기본적으로 친구와 함께하는 것을 좋아한다. 공부도 혼자서 하기보다는 친구와 함께 즐기면서 해야 더 잘한다. 친한 친구와 함께 모둠을 만들어 서로 토의하면서 공부하는 기회를 만들어주자. 영어 공부를 할 때도 회화를 중심으로 하는 것이 좋다. 친구들과 모둠을 만들어 공부하면 산만한 아이라도 끝까지 물고 늘어지는 집중력을 보인다.

공부 잘하는 아이와 함께하면 더 좋다. 이성우뇌형 아이는 경쟁심이 강하기 때문에 자신보다 잘하는 아이와 만나면 자신도 잘하고 싶은 욕구가 생긴다. 게다가 지관적이고 통찰력이 있으며 입체적으로 생각하기 때문에, 공부 잘하는 아이를 단기간에 따라잡기도 한다. 홍

미가 있는 주제로, 소그룹으로 모여서, 교사의 지도를 받는다면 가장 이상적이다.

이성우뇌형 아이는 공부할 때도 즐거워야 한다. 그래서 체험 학습이나 현장 학습을 좋아하며, 친구들 앞에서 인정받거나 자신에게 우호적인 분위기에서 즐겁게 진행되는 수업을 특히 좋아한다. 게임식으로 공부하는 것도 좋다. 부모나 친구가 아이와 같이 앉아서 정해진 분량만큼 공부한 다음 서로 문제를 내서 누가 많이 맞히나 게임을 하는 것이다. 이 아이에게 공부는 즐거운 생활 속의 일부분일 뿐이다.

• 이성우뇌형 아이의 연령별 육아법 •

영아기 (0~12개월)

자주 울고, 조금씩 자주 먹기 때문에 엄마로서는 수유하다 진이 빠진다. 요구를 금세 들어주지 않으면 얼굴이 빨개질 정도로 소리를 지르듯이 운다. 생후 1개월부터 항상 안고 키우는 경우가 많으며, 체중도 잘 늘지 않는다. 생후 6개월이 지나면, 눈물 없이 부모 눈치를 봐가며 울기도 한다.

이렇게 키워요 ● 이성우뇌형 아기에게 세상은 적응이 어렵고 좌절이 가득한 곳으로 느껴진다. 그러므로 되도록 아이의 민감한 기질을 이해하고 맞춰준다. 기어 다니거나 걸어 다니게 되어 자기 스스로 할 수 있는 것이 늘어나면 짜증이 많이 줄어든다.

유아기 (만 1~4세)

호기심이 많아 어디든 휘젓고 돌아다닌다. 일반적으로 대소변 가리기가 늦은 편이며, 다른 아이에 비해 운동 발달은 빠르지만, 언어 발달은 다소 늦은 경우가 많다.

이렇게 키워요 ● 안전사고에 유의해야 한다. 무언가에 열중해 있으면, 대소변 실수를 하기도 한다. 너무 무리하지 말고 되도록 천천히 가리게 한다. 아이가 놀 때마다 아이의 행동과 사물에 이름을 붙여줌으로써 언어 발달을 돕는다. 아이 혼자 놀게 하기보다는 대화하며 노는 시간을 늘리도록 한다. 어린이집에 가게 되면 초반 1~2주는 가지 않겠다고 울며 떼를 쓰기도 하지만, 생각보다 금세 적응하므로 걱정하지 않아도 된다.

학령전기 (만 5~6세)

모험적이라 온몸을 움직이는 놀이를 즐긴다. 실외 활동이나 단체 놀이 등 모든 활동에 적극적이다. 블록 놀이를 하라고 하면 바로 놀이를 시작하고, 단지 몇 개만으로도 썩 훌륭한 작품을 만들어낸다. 놀이 시간도 짧은 편이다.

이렇게 키워요 ● 또래들과 잘 어울리는 것을 가르칠 겸 아이가 흥미를 느끼는 주제로 소그룹을 만들어 놀게 한다. 너무 많은 수보다는 3~4명이 적당하다. 가능하다면 내 아이보다 차분하고, 놀이 수준이나 사회성이 높은 아이라면 더 좋다. 재미있는 것에 정신이 팔려 부모를 잘 놓치는 편이므로, 외부에서 놀 때는 아이를 잃어버리지 않도록 조심해야 한다.

학령기 (만 7~12세)

머리는 좋지만 산만하다. 적극적이고 활동적이어서 잠시도 책상 앞에 앉아 있질 못한다. 혼이 나도 그때뿐이고 별로 신경 쓰지 않는다. 새로운 문제를 해결하거나 모험적인 일을 잘한다. 경쟁에서 항상 이기고 싶어 한다.

이렇게 키워요 ● 마음만 먹으면 자신은 언제든지 1등을 할 수 있다고 생각하므로, 자신의 수준을 알게 하는 것도 필요하다. 주변의 칭찬에 매우 민감해서 부모나 교사의 태도에 따라 학습을 향한 관심이 커졌다 작아졌다 하므로 칭찬과 격려에 특히 신경 써야 한다.
무슨 일을 하려고 하다가도 누군가 지시하면 안 해버리는 특징이 있다. 간섭이나 잔소리를 되도록 줄여야 하는 이유다.

이성우뇌형 아이와 부모의 두뇌궁합

이성좌뇌형 부모
:아이의 지적 호기심을 충족시켜준다

이성좌뇌형 부모는 아이의 말을 신중하게 듣고 판단하기 때문에 아이는 자신이 존중받고 있다는 인상을 받는다. 이성좌뇌형 부모는 간섭하지 않으면서도 지적이고 차분하기 때문에, 아이는 부모의 영향을 받아 객관적이고 신중하게 행동하면서도 자신의 활기를 키워나갈 수 있다. 너무 산만하다고 다그치지 말고 아이의 왕성한 지적 호기심을 충족시켜주자. 아이디어를 인정해주고 조언해주면서 끝까지 완수하도록 격려해주자.

이성좌뇌형 부모가 부정적인 시각으로 아이의 활동에 대해 과민하게 반응하거나 간섭하지만 않는다면, 부모의 장점인 충실함과 정직함이 아이에게 도움이 된다. 아이의 능력을 평가하고 인정해주면서 활기를 꺾지 않도록 주의한다.

종일 직장 일을 하고 집으로 돌아온 이성좌뇌형 아빠는 아이들과 놀아주기보다는 혼자서 에너지를 충전하고 싶어 한다. 서재에 들어가 조용히 음악을 듣거나 느긋하게 쉬고 싶은데 아이들이 자꾸 방해하면 짜증을 낼 수도 있다. 이러한 이성좌뇌형 아빠의 태도가 아이에게는 무심하거나 귀찮아하는 모습으로 비칠 수 있다.

이성좌뇌형 부모가 노력할 점은 자기 생각을 자주 표현하는 것이다. 너무 깊이 생각하느라 결정을 미루지 말고 즉시 '안 된다', '된다'라고 말하고, 잠들기 전이나 조용한 시간에 아이에게 부모의 생각을 이해하기 쉽게 차근차근 설명해준다.

아이가 계속 자기 이야기만 할 때, "엄마에게도 말할 기회를 줄래?"라고 하거나, "네가 말하고자 하는 것은 이런 거구나!"라고 정리해주는 것이 좋다.

첫째, 잔소리하지 않는다.

이성좌뇌형 부모는 해야 할 일을 제대로 해내는 것을 아주 중요하게 생각한다. 아이가 숙제를 하지 않거나 학생 신분으로서 어긋나게 행동하는 것을 용납하지 못한다. 그래서 이성우뇌형 아이를 보면 속상할 일이 많다. 아이는 공부한다고 책을 펴놓고도 만화책을 보고, 공부하면서 톡을 보내고, 어떤 아이는 이어폰으로 음악을 듣는다.

이성좌뇌형 부모는 그런 모습을 보면 저렇게 해서 공부가 되겠나

싫고, 화가 나기까지 한다. 그래서 아이의 준비물부터 행동 하나하나까지 챙기고 간섭을 하게 된다. 그러나 세상에 간섭과 잔소리를 좋아하는 아이는 없다. 부모의 지시와 엄격한 명령은 아이 마음의 문을 닫히게 하고 부모에게서 멀어지게 할 뿐이다.

둘째, 부모도 아이도 고립되지 마라.

이성우뇌형 아이는 산만하고 충동적이어서 또래는 물론 또래 부모들도 싫어한다. 눈살을 찌푸리거나 자기 아이에게 "너 쟤랑 놀지 마"라고 말하기도 한다. 그러다 보면 부모나 아이나 다른 사람과의 접촉이 줄어들고, 부모는 아무도 자신의 어려움을 이해해주지 않는다며 소외감을 느낄 수 있다.

이성좌뇌형 부모는 자신이 조용하고 차분한 활동을 좋아하는 것처럼, 이성우뇌형 아이는 활동적이고 소란스러운 활동을 좋아한다는 사실부터 이해해야 한다. 그리고 배려해야 한다. 부모는 활동적인 아이가 다치지 않고 놀 수 있도록 집 안의 물건들과 장난감들을 안전하게 배치해놓아야 한다. 깨지거나 떨어져서 아이가 다칠 수 있는 물건들은 일찌감치 치워놓아야 한다. 또한 부모가 아이와 함께 노는 것이 힘들다면, 아이와 활동적으로 놀아줄 수 있는 사람을 섭외해야 한다. 분명 내 아이와 비슷한 아이가 있을 것이고, 나와 비슷한 부모가 있을 것이다.

셋째, 아이의 활력과 낙천적인 성향을 존중한다.

아이의 장난기 많고 활기찬 성격이 이성좌뇌형 부모에게는 걱정거리가 될 수 있다. 반면 아이는 부모의 이런 모습이 고리타분하다고 느끼거나 자신이 무시당한다고 느낄 수 있다. 이성좌뇌형 부모는 감정이 논리나 사실만큼 중요하다는 것을 알아야 한다. 아이의 마음을 움직이는 데는 원칙과 논리도 중요하지만, 감정의 호응도 매우 중요하기 때문이다.

이성우뇌형 아이는 부모로부터 공감을 얻지 못하고 감시받는다고 느끼면 저항감을 가질 수 있다. 부모는 잘못한 것이 있으면 당연히 야단을 맞아야 하고, 야단을 맞고 나서도 본연의 역할인 공부를 당연히 해야 한다고 여긴다. 하지만 아이는 흥분된 감정 때문에 책상 앞에 앉아 있기는 하지만 공부를 하지 못한다.

활력적인 아이의 낙천적인 성향과 새로운 경험을 좋아하는 특성을 활용해 집중력과 차분함을 키워주도록 한다. 부모에게 맞는 육아법이 아니라 아이한테 맞는 육아법이 필요한 것이다. 아이를 좀 더 차분하고 안정적으로 만들고 싶다면, 아이의 활기를 탓할 것이 아니라 부모가 아이처럼 생기 넘치는 모습을 보여주어야 한다. 아이는 그 모습에서 정서적 안정을 얻는다.

넷째, 좀 더 인내심을 키워라.

이성좌뇌형 부모는 짜증도 많고 종종 과제를 중도에 포기하는 이성우뇌형 아이가 당황스럽고, 이해되지 않을 수도 있다. 이때 부모는 아이의 지속성이 부족하다는 것을 빨리 인정하고, 지속성을 높이는 방법들을 생각해야 한다. 방법 중 가장 좋은 것은 부모의 인내심이다. 성급하지 않은 부모의 태도는 아이에게 침착성을 갖게 하고, 진지한 태도를 길러준다.

이는 다소 산만한 아이에게 차분하게 생각하는 힘을 길러줄 수 있다. 아이가 흥분해 과잉 행동을 할 때라도 부모가 화내지 않고 인내심 있게 지켜보면 행동을 자제시킬 수 있다. 이런 부모 아래서 성장한 아이는 무작정 행동하려고 덤비기 전에 깊이 생각하고 가늠해본 후 결정하는 신중한 아이가 될 수 있다. 한 가지 분야에 몰입해 자신만의 전문성을 키우는 아이로 성장할 수 있다.

다섯째, 객관적인 시각을 가르친다.

이성좌뇌형 부모는 원칙에 따라 공정하게 행동한다. 부모의 장점은 아이에게 생긴 문제를 감정에 치우치지 않고 객관적으로 바라볼 줄 안다는 것이다. 문제 상황을 차분히 분석하고 아이가 문제를 해결하도록 돕는 데 뛰어나다.

부모는 아이가 친구와 싸웠거나 교사로부터 억울하게 야단을 맞았을 때, 감정에 복받쳐 흥분하기보다 상황을 냉정한 시각으로 바라보는 태도를 보임으로써 아이가 스스로 사고할 기회를 제공해야 한다. 또한 스스로 해낼 수 있다고 아이를 격려함으로써 성취감과 자신감을 북돋워줄 수 있다.

부모 자신이 아이 문제에 지나치게 몰입하거나 감정이입 해 흥분하지 않기 때문에 문제의 원인이 무엇이고 왜 그런 결과가 생겼는지 대화를 통해 분석하도록 도울 수 있다. 부모의 이러한 태도는 아이의 인격적 성숙과 지적 발달을 촉진한다.

감성좌뇌형 부모
:아이와의 감정적 대치를 조심하라

한편 감성좌뇌형 부모는 성실하고 추진력이 있으며 활기가 넘친다는 장점이 있다. 이성우뇌형 아이는 재주가 많고 자립심이 강하며, 남과 어울리는 데도 무리가 없다. 따라서 부모는 자신의 장점을 살리면 재주가 많고 자립이 강하며 사회성이 좋은 이성우뇌형 아이가, 성실성과 추진력까지 획득해 활기차게 살아가도록 키울 수 있다. 이를 위해선 집 안의 분위기를 차분하게 만들 필요가 있다. 집 안 분위기만 안정되어도 아이의 충동적이고 산만한 면은 어느 정도 제어된다. 물론 꾸준히 아이의 차분함과 성실성을 키우기 위해 노력할 필요가 있다.

특히 무엇을 하든 끝까지 마칠 수 있도록 하고, 작은 것이라도 잘 마무리했을 때는 아낌없이 격려해주어야 한다. 또한 끈기는 부족하지만, 아이디어와 재치가 넘치는 이성우뇌형 아이의 장점을 칭찬해주도록 한다. 만일 아이가 힘들고 번거로운 일을 회피하려고 한다면 강압적으로 다그치기보다는 부드럽게 설득하면서 이끌어주어야 한다. 이 아이들은 감정적으로 대립하는 것에 무척 민감하다.

감성좌뇌형 부모가 보기에 이성우뇌형 아이는 다분히 반항적으로 보일 수 있다. 아이가 수업 시간에 교사의 말을 잘 듣지 않고 딴짓을 하거나 지시를 무시하고 대열을 이탈하기도 하기 때문이다. 이성우뇌형 아이가 반항적이라면 그것은 대부분 부모 탓이다. 그동안 육아 태도가 너무 권위적이고 지배적이지 않았는지 떠올려본다.

무조건 부모의 말에 따르도록 키웠다면, 아이의 의견을 진지하게 들어주고 공감해주며 신뢰감을 보이는 노력이 필요하다. 부모가 계속해서 노력하면 아이도 순응적인 성향으로 바뀔 수 있다. 감성좌뇌형 부모가 이성우뇌형 아이를 더 잘 카우는 비법 몇 가지를 소개한다.

첫째, 감정을 토로하도록 그대로 두어라.

아이가 갑작스럽게 바람직하지 못한 행동을 하면 대부분 부모는 잘못된 행동이라는 것을 얼른 지적해주고 싶어 한다. 아이가 폭발하듯이 화를 내거나 울며 떼쓰기를 멈추지 않을 때, 부모 또한 그 상황에 처한 것이 괴로워서 "그만해", "그러면 안 돼!", "하지 마!"를 외친다.

하지만 아이의 행동을 빨리 멈추게 하려면 그보다 먼저 해야 할 것이 있다. 아이가 솟아 나오는 감정을 그대로 느끼고, 그것이 자연스러운 일이라는 것을 알게 해주는 것이다.

또한 아이가 흥분해 있을 때는 같이 흥분하기보다 느긋하게 진정되길 기다렸다가 위로하듯 꼭 안아준다. 그리고 아이가 기분이 좋을 때, 이전에 느꼈던 화나 분노와 같은 부정적인 감정들을 어떻게 처리하는 것이 좋은지 차근차근 알려준다.

둘째, 부모 자신도 감정 조절을 연습한다.

아이의 행동에 화가 나서 소리를 지르거나 자신도 모르게 손찌검하는 부모 중에는 감성좌뇌형이 많다. 이런 체벌은 아이가 잘못했다고는 하지만 다분히 감정적이다. 감성좌뇌형 부모들은 자신의 삼성이 격앙되면 심지어 아이를 밖으로 내쫓기도 한다. 아이 또한 예민해서 부모가 이렇게 하면 정서적으로 큰 상처를 받는다. 이런 부모는 평소 자신의 감정을 조절하는 습관을 길러야 한다. 화가 나면 잠시 눈을 감고 심호흡을 하자. 가만히 숫자 10까지만 세고 나면, 몇 분 후 아이에게 창피하고 후회할 일이 많이 줄어들 것이다. 부모부터 감정을 잘 조절해야 아이의 감정도 가라앉는다.

셋째, 아이의 예민함에 관심을 둔다.

이성우뇌형 아이는 매우 예민한 아이다. 자신의 신체 감각이나 주위 환경의 사소한 변화, 다른 사람의 감정 변화나 말투의 사소한 변화에도 매우 민감하다. 부모가 아이와 같이 예민하다면 아이가 예민한 것은 별문제가 되지 않을 수 있다. 문제는 감성좌뇌형 부모가 아이와 달리 다소 둔감하다는 것이다. 부모는 아이의 불편함, 어려움, 두려움 등에 대해 적절히 반응하지 못할 수 있다.

그러면 아이는 더욱더 불편해지고 두려워지며 자신의 예민함을 부정적으로 느끼고 자존감에 상처를 입는다. 아이와 다른 유형의 두뇌를 가졌다고 해도, 부모는 내 아이를 가장 잘 알 수 있는 사람이다. 세심하게 주의를 기울여 관찰한다면, 내 아이가 무엇에 예민한지 파악할 수 있다.

넷째, 부족한 부분을 파악해 미리 준비한다.

이성우뇌형 아이들은 학습에 별 흥미가 없을 수 있다. 이런 아이들을 잘 살펴보면 너무 아는 것이 없어서, 또는 준비가 부족해서 그런 경우가 많다. 우리 아이가 그런 것 같다면, 우선 학습력을 키워주어야 한다. 담임교사와의 상담을 통해 아이의 정확한 학업 능력 수준을 파악하자. 미진한 부분이 파악되면 본격적으로 하루 1시간씩 기초 학습을 시킨다.

처음부터 너무 큰 욕심을 내면 아이가 공부에 질려버린다. 그러므로 조금씩 아주 쉬운 단계부터 밟아가도록 한다. 그뿐만 아니라 학교 준비물이나 학교의 연락 사항, 숙제 등을 늘 점검해 학습 습관을 키워주는 데 관심을 기울이도록 한다.

이성우뇌형 부모
:자율성을 존중하면서 구체적인 지시가 필요

이성우뇌형 부모나 아이는 모두 새로운 것에 금세 매료되며 쉽게 다가간다. 이성우뇌형 부모는 이성우뇌형 아이에게는 인생의 선배다. 그러므로 부모는 아이에게 조심스럽게 세상을 탐구하는 법을 가르칠 수 있다.

〈영재의 비법〉 시즌 1에 참가했던 아이와 엄마 중에 이성우뇌형이 있었다. 이성우뇌형의 부모와 아이는 잘 맞지만, 종종 공부 문제에서 부딪친다. 〈영재의 비법〉에서 만난 아이에게 엄마가 언제 좋고 언제 싫은지 물었다. "화를 내지 않을 때가 가장 좋고, 화를 낼 때가 가장 싫어요"라고 아이는 대답했다. 아이는 엄마가 화내는 이유가 대개 공부 때문이라고 했다. 아이의 학습 부진이 갈등의 주요한 요인이었다.

두뇌성격이 아이 미래를 결정한다

엄마의 입장도 이해는 되었다. 엄마는 워킹맘으로 아이의 방과 후 학습 스케줄을 체계적으로 관리하지 못하고 있다는 데 부담감을 가지고 있었다. 과제를 내주고 퇴근 후 채점만을 담당했는데, 이런 과정에서 아이의 학습이 부진해진 것은 물론, 엄마와의 정서적 교감마저 줄어든 상태였다.

맞벌이 가정에서 이성우뇌형 아이를 공부시키려면 혼자 보내야 하는 시간이 많으므로 체계적인 학습 스케줄을 짜주어야 한다. 부모는 퇴근 후에 잠시 시간을 내어 학습 스케줄을 잘 지키는지 점검하고, 아이와 즐겁게 지내야 한다. 직장에 다니는 엄마한테 이성우뇌형 아이가 가장 바라는 것은, 엄마가 퇴근 후에 자신을 보고 웃어주고 안아주는 것이다. 아이는 엄마가 업무를 보듯 밀어붙이며 공부시키는 것을 싫어한다. 무조건 반발한다.

첫째, 무엇이든 분명하게 지시하라.

이성우뇌형 아이에게는 구체적이고 분명하게 말하는 것이 좋다. 예를 들어, "저녁 시간에 숙제하자!"라고 말하는 것보다 "저녁 7시부터 8시까지 숙제하는 시간으로 정하자"라며 구체적인 목표를 제시하는 것이다. "이번 시험에서 점수가 잘 나오면 보상을 해주겠다"라는 말보다 "이번 시험 성적이 95점 나오면 팽이를 사주겠다"라고 말하는 것이 효과적이다. 분명하게 지시한 것을 아이가 잘 완수하면 아이의 책임감을 칭찬해준다. 이성우뇌형 아이는 자신이 지시에 따르고 완수했을 때, 책임감 있는 사람으로 인정받기를 바란다.

둘째, 아이에게 선택권을 준다.

이성우뇌형 아이는 충동적이다. 때문에 구체적인 계획표가 필요하고, 분명한 지시가 있어야 한다. 그러지 않으면 언제든지 상황에 따라서 다른 선택을 하기 쉬운 것이 이성우뇌형 아이이기 때문이다.

하지만 지나치게 부모가 모든 것을 결정해주면, 아이는 자신이 존중받지 못한다고 생각할 수 있다. 따라서 스스로 선택할 기회를 주는 것이 필요하다. "이렇게 해야 해"가 아니라 "이런 방법과 저런 방법 중에 어떤 것이 더 좋니?"라고 자율적인 선택을 하게 함으로써 아이가 존중받고 있다고 느끼게 해준다. 이렇게 아이의 자율성을 존중하되, 과제를 할 때는 다른 사람들에게 신뢰감을 주는 태도가 중요하다는 점을 강조한다.

셋째, 활동적인 일을 같이하자.

부모도 아이와 똑같은 두뇌성격이라 아이의 활동성을 잘 이해할 수 있을 것이다. 아이의 활동성을 적절하게 분출시키고 부모와 즐거운 시간도 보낼 수 있도록, 아이와 함께할 수 있는 활동적인 일을 찾는다. 운동도 좋고, 등산도 좋고, 체험 활동을 하는 것도 좋다. 주의할 것은 부모가 미리 어느 정도 선으로 활동을 진행할 것인지 생각해두지 않으면, 에너지를 너무 과하게 사용한 나머지 지칠 수도 있다는 사실이다.

이성우뇌형 부모는 아이가 집 안을 어질러놓거나 버릇없이 굴어도 느긋하며 태연한 편이다. 아이가 즐거워한다면 어느 정도의 소란과 무질서는 너그럽게 수용해준다. 아이가 부모가 하는 일을 방해하거나 끼어들어도 잘 응해주는 편이다.

　이런 부모의 태도는 아이에게 자유분방하고 개방적인 분위기를 제공해 여유 있는 성품을 길러줄 수 있다. 하지만 한편으로는 이것도 좋고 저것도 괜찮다고 하는 태도는, 부모의 분명한 입장을 알 수 없어 아이를 혼란스럽게 하기도 한다. 따라서 이성우뇌형 부모나 아이에게는 모두 일정한 원칙과 규칙이 필요하다. 좋은 게 좋다는 식으로 모든 것을 해결해 버릇하지 않도록 한다.

감성우뇌형 부모
:비판보다 공감하는 태도가 우선

　감성우뇌형 부모는 늘 활기차고 신명이 많은 이성우뇌형 아이의 활동을 뒷받침해줄 수 있다. 부모도 아이 덕분에 학부모회 활동 등으로 무척 즐겁고 바쁠 것이다. 아이의 낙천성과 긍정적인 성향은 부모를 밝고 즐겁게 하지만, 산만하고 충동적인 면은 부모를 힘들게 할 수도 있다. 아이는 자신을 자유롭게 내버려두면서도 비판적으로 대하는 부모의 태도 때문에 불안을 느낄 수도 있다. 따라서 아이를 진심으로 존중하고 있다는 것을 보여주어야 한다. 자신의 내면을 발견할 기회를 주고 차분함과 집중력을 키우도록 도와준다면, 아이의 단점을 긍정적으로 변화시킬 수 있다.

　감성우뇌형 부모는 새로운 시도를 좋아한다. 새로운 경험을 하면 에너지기 충전된다. 사람들이 자신한테 관심을 두고 인정해주는 것을 좋아한다. 그래서 친구 사귀는 것을 좋아하고, 피곤할 때도 친한 친구들과 시간을 보내면서 에너지를 충전하기도 한다.

정말 지쳐서 손가락 하나 까딱하고 싶지 않을 때도 온종일 자고 나면 다시 회복되는 사람이다. 이런 부모와 이성우뇌형 아이는 얼마나 맞을까?

이성우뇌형 아이는 즐거운 것을 좋아하고 대립을 좋아하지 않는다. 그 때문에 부모와 대립하지는 않는다. 오히려 부모의 자유방임적인 육아 태도에 자유로움과 편안함을 느낄 수 있다. 그러나 아이의 산만하고 충동적인 단점을 제어하지 못하면, 아이는 제멋대로인 응석받이로 자랄 수 있다. 이성우뇌형 아이에게는 절제력과 차분함을 키워주는 것이 절실하다. 이를 위해서는 계획적인 삶이 필요하다. 부모의 자유분방한 삶, 자유방임적인 육아 태도는 아이와 부딪히지는 않지만, 아이의 바람직한 성장에는 도움이 되지 않을 수도 있다. 감성우뇌형 부모가 이성우뇌형 아이를 잘 키우려면 다음과 같은 점을 유념해야 한다.

첫째, 아이와의 힘겨루기를 중단하라.

날마다 계속되는 이성우뇌형 아이와 감성우뇌형 부모 사이의 힘겨루기는 흡사 전쟁과 같다. 양쪽 모두에게 상처를 입히고 관계를 망가뜨린다. 아이와의 크고 작은 싸움이 계속되면, 부모는 자신에게 뭔가 잘못이 있다고 자책하거나 자신이 부모로서 부족한 것이 아닌가 생각하기 쉽다. 아이와 자신에 대한 분노의 감정을 추스르기도 힘들어한다. 이렇게 되면 아이와 부모 사이뿐만 아니라 부부 사이에도 문제가 생긴다.

이성우뇌형 아이 중에는 키우기 까다로운 아이가 많다. 이런 아이와 힘겨루기를 해봤자, 결론이 나질 않는다. 그런 만큼 어떤 식이든 아이와의 힘겨루기는 피하라.

감성우뇌형 부모는 융통성이 있으며 적응력이 높은 사람이다. 잘 생각해보면 아이에게 맞추는 방법을 분명히 찾아낼 수 있다. 물론, 아이의 기질을 이해하고 지속해서 맞춰주다 보면, '내가 항상 아이에게 져야 하는가?'라는 회의가 들고 화가 날 수도 있다. 이렇게 육아에 있어서는 아이에게 맞춰주는 것도 중요하지만, 부모가 지치지 않기 위해서 때로는 원칙을 정해 제한을 두는 것이 필요하다. 예를 들어, '밤에 함께 자는 것은 초등학교 2학년까지만 하겠다'라고 예고하고 원칙을 지키게 한다.

부모가 조금 더 감내해야 하겠지만, 힘겨루기 없이도 아이를 변화시킬 수 있다. 이성우뇌형 아이를 위해선 친절하지만 동시에 원칙을 준수하는 육아를 지속해서 적용할 필요가 있다. 그러다 보면 언젠가는 아이가 부모의 마음을 조금이나마 이해하게 된다.

둘째, 우울한 감정에서 벗어나려는 적극적인 노력을 해라.

육아에는 고통 뒤에 따라오는 즐거움이 필수다. 이성우뇌형 아이의 부모는 아이가 까다로워서 먹이고, 씻기고, 입히는 과정 하나하나가 고통일 수 있다. 말을 듣지 않는 아이를 키우면서, 다른 사람은 아무도 자신의 고통을 이해해주지 않고, 모든 짐이 자신에게만 떨어진 것처럼 느껴지는 순간도 있을 것이다. 운명의 덫을 벗어날 수 없다는 참담한 마음으로 아이나 가정으로부터 탈출하고 싶다는 욕구가 생기기도 한다. 이럴 때 찾아오는 것이 우울증이다.

이성우뇌형 아이를 둔 감성우뇌형 부모는 일시적으로 우울한 감정에 사로잡히곤 한다. 열심히 하는데도 마음대로 되지 않는 환경적인 스트레스가 심할 때, 유전적인 성향까지 있다면 치료해야 할 정도의 우울증에 걸릴 수도 있다.

입맛과 잠에 변화가 생기고, 집중력이 떨어지며, 힘이 없고, 자신에 대한 비판적인 생각, 미래에 대한 불안이 너무 강하다면 전문가의 도움을 받는 것이 좋다.

셋째, 죄책감은 버린다.

잘 다룰 수 없는 아이 앞에서 부모들은 쉽게 죄책감을 느낀다. 자신은 부모의 자격이 없는 사람이라는 생각에 빠진다. 특히 유치원이나 학교 등 또래 집단에서 자기 아이와 다른 아이의 행동을 비교하게 되면 이런 죄책감은 더 늘어난다. 하지만 아마도 이 책을 읽고 있는 부모라면 죄책감은 당장 버려도 될 듯싶다. 아이에 대해 알려고 하고 노력하는 부모라는 증거이기 때문이다.

아이의 발달에 나쁜 영향을 미치는 부모는 아이와 전혀 놀아주지 않거나, 아이를 한 번도 쳐다보지 않거나, 기본적인 육아마저 저버린 사람들이다. 아이한테 일부러 상처를 주었다면 잠시 죄책감을 느낄 수도 있지만, 육아에서 부모의 죄책감은 별로 도움이 되지 않는다. 오히려 불안한 육아 태도만 드러나게 할 뿐이다.

두뇌성격이 아이 미래를 결정한다

넷째, 아이와 공감하는 대화를 해라.

이성우뇌형 아이에게 비판적인 말을 하거나 논리적이고 객관적인 이야기를 하면 별 효과가 없다.

까다로운 이성우뇌형 아이를 여우처럼 잘 다루는 방법은 바로 '공감하는 대화'다. 아이와 대화할 때는 아이의 정서 상태를 살피는 것이 필요하다. 부모에게 우호적일 때, 아이의 기분이 좋을 때 대화하라. 아이의 현재 감정 상태를 살피지 않고 일방적으로 자기 의견만 내세우면 아이는 부모가 자신의 처지를 이해하지 못한다고 여길 수 있다. 그런 상태에서는 부모가 어떤 말을 해도 듣지 않는다.

이성우뇌형 아이를 위한
학습 솔루션

읽기, 쓰기 등 기초 능력이 떨어질 수 있다

이성우뇌형 아이는 창의력과 아이디어가 뛰어나고 많은 편이다. 과학 상자 조립을 하더라도 매뉴얼대로 하지 않고 새로운 방법으로 만들어낸다. 문제는 새로운 것에 관심이 많고, 색다른 생각을 많이 해내지만, 그 생각이 지속해서 발전하는 경우가 적다는 점이다.

지속되지 않는 열정은 공부하는 데 많은 장애를 만든다. 공부에는 끈기와 인내가 필수이기 때문이다. 그래서 이성우뇌형 아이 중에는 학습에 필요한 기초 능력이 떨어지는 아이들이 꽤 있다. 학령기 초기에 쓰기와 읽기가 잘되지 않아 고생하기도 한다.

글쓰기는 작업 기억을 매우 많이 필요로 하는 일이다. 이성우뇌형 아이는 작업 기억 용량이 작아 글을 쓰는 동안 머릿속이 많은 정보로 혼란스러울 수 있다. 가령 쉼표는 어디에 놓고, 단어 철자는 어떻게 쓰며, 새 단락은 언제 시작할지 등 그 모두를 수행하려면 작업 기억력이 좋아야 하기 때문이다. 작업 기억력이 좋지 않으면 글을 쓰다가 자신이 무슨 말을 하려고 했는지 잊기도 하고, 일부를 누락하기도 한다.

그래서 이런 아이들은 평소에 작업 기억을 늘리는 훈련을 해야 한다. 만약 아이가 글쓰기가 아니라 글씨 자체를 유난히 못 쓴다면 소근육 운동이 약한 것은 아닌지 살펴보자. 하루 30분씩 쓰기 연습을 시키고, 짧은 문장을 읽어주고 기억해서 말하는 연습을 시키면 쓰기 능력과 글쓰기가 한결 좋아질 수 있다.

이성우뇌형 아이는 언어 쪽에 약하다. 이 아이들은 읽기에 문제를 보이기도 한다. 모든 아이가 그렇지만, 특히 이성우뇌형 아이에게는 책을 읽을 때 시각의 뇌를 활용하도록 가르쳐야 한다. 중요한 단어를 의미 있게 보게 하는 것이다.

색인이나 부록 사용법을 일러주고, 책 뒤쪽 용어 모음에서 특정한 단어를 찾아보게 한다. 그런 다음에는 단어 찾기를 게임처럼 진행하며 연습시킨다. 예를 들면 "과학책에서 '프리즘'의 뜻을 찾아보고 프리즘이 나오는 모든 페이지도 함께 찾아보렴" 하고 제안하는 것이다. 그러면 글자를 유심히 보고 내용을 꼼꼼하게 파악하는 습관이 생긴다.

이성우뇌형 아이가 초등학교 고학년이 되면, 부모들은 또 다른 걱정이 생긴다. 집에 가져온 시험 문제지를 보면, 종종 문제와는 전혀 상관없는 답이 쓰여 있기 때문이다. 그래서 문제 푸는 모습을 가만히 살펴보았더니, 아이가 문제를 읽기도 전에 답을 적더라는 것이다. 수학 문제를 풀 때는, 문제를 다 읽기 전에 공식부터 끄적이고, 사회 문제를 풀 때는 출제 의도도 파악하기 전에 대뜸 답을 적는다.

이런 습관을 바꾸려면 이성우뇌형 아이에게 어떤 과목의 큰 흐름뿐만 아니라 각 단원에 나오는 구체적인 사실들도 놓치지 않게 가르쳐야 한다. 수학의 경우 너무 많은 문제를 풀게 할 필요는 없지만, 자신이 직접 손으로 풀어보게 하는 것이 중요하다. 사회 과목의 경우는 전체적인 상황과 사실 관계를 중심으로 설명하되, 각각의 사실 속에 있는 구체적인 내용까지 꼼꼼하게 파악하도록 해야 한다.

아이가 엉뚱한 답을 적는 이유는 공부할 때나 문제를 풀 때 중요한 것과 중요하지 않은 것을 구별하지 못하기 때문이기도 하다.

이럴 때는 3시부터 3시 30분까지는 수학, 3시 40분부터 4시 10분까지는 사회, 다음은 국어 등 순서를 정해서 공부시키는 것이 좋다. 한 과목을 조금 오래 공부한다 싶으면 다른 생각을 너무 많이 하므로, 짧게 끊어서 과목을 바꿔줘도 좋다. 시험을 볼 때도 마찬가지다.

이것저것 길고 복잡하게 생각하지 말고, 출제자의 의도만 제대로 파악하고 거기에 맞추어 답을 찾게 하는 연습을 시킨다.

공부 계획, 시간 관리, 생각 정리에 취약하다

이성우뇌형 아이는 공부 계획 짜는 것 자체를 거부하기도 한다. 계획 짜는 일을 번거로운 일이라고 생각하며, 계획을 짜느라 시간을 낭비하느니 차라리 그 시간에 하나라도 더 외우는 것이 낫다고 생각한다. 하지만 어떤 두뇌성격을 가진 아이라도 계획적으로 공부하는 것이 가장 효율적이다.

아이의 이런 말도 안 되는 저항에 직면했을 때, 화를 내서는 안 된다. 아이는 정말 계획이 왜 필요한지 몰라서 묻는 것이므로 공부 계획의 필요성에 대해서 차근차근 설명해줄 필요가 있다. 아이에게 공부 계획을 세우고 실행할 때 보상이 있다고 말해도 좋다.

이성우뇌형 아이는 좋아하는 과목과 싫어하는 과목이 분명하다. 과목별로 성적이 들쑥날쑥한데 대개 수학이나 과학에 관심이 많고 또 그런 과목에서 좋은 성적을 보인다. 물론 예능 방면에 빠져서 수학이나 과학을 싫어할 수 있고, 예능 때문이 아니더라도 수학을 싫어하는 예가 있다.

수학을 좋아하는 이성우뇌형 아이는 공식의 원리나 개념 공부를 좋아하지만, 문제를 반복해서 푸는 것은 싫어한다. 그래서 단순한 사칙연산 문제를 풀게 하거나, 매일 일정한 시간에 꾸준히 공부를 하라고 강요하면 아이는 이내 흥미를 잃어버린다.

좋아하는 과목의 경우는 나른 과목보다 시간을 할애하고, 아이가 편한 방식대로 공부하게 하는 것이 좋다. 초등학교 때까지는 모든 과목을 잘해야 한다면서 강압적으로 공부를 시킬 필요도 없다. 아이가 잘하는 과목을 더 잘할 수 있도록 격려하고 지원하면 된다. 공부에 대한 동기, 흥미를 갖는 것이 더 중요한 시기이기 때문이다.

이런 아이들은 국어 1시간, 수학 1시간을 공부하기보다는 국어 30분, 수학 30분을 공부한 후 다른 일을 하고 나서 다시 국어 30분, 수학 30분을 공부하는 식이 좋다. 또한 공부하기 전에 작업 기억을 높일 수 있는 암산하기 등 두뇌체조를 하게 해본다. 이성우뇌형 아이는 제한적인 작업 기억 때문에 여러 과제를 다루는 것이 힘들 수 있다. 두뇌체조를 하고 공부를 시작하면, 작업 기억력이 높아져 이해력과 집중력도 좋아진다.

몰두하지 못하는 게 가장 커다란 난관

아이의 공부를 걱정하는 부모들이 가장 많이 하는 말은 "아이가 너무 산만해요"다. 우선 부모는 산만한 아이가 혼자 집중해서 숙제할 수 있는 시간이 20분 이내라는 것을 알아야 한다. 20분이 지나면 아이에게 다가가서 얼마나 했건 간에 그동안 숙제한 것에 대해 칭찬하고 조금 휴식 시간을 준 후 다시 과제를 지정해준다. 과제의 지시와 설명은 가능한 한 짧고 단순하게 한다. 부모의 지시나 설명이 너무 길어도 아이가 산만해지기 때문이다. 공부하는 방에서는 아이를 산만하게 만드는 잡다한 자극을 제거해야 한다.

이성우뇌형 아이는 옆에서 누군가가 격려해주거나 공부에 집중할 것을 일깨워주면 집중 시간을 조금 더 늘릴 수 있다. 그렇다면 집중

시간을 한 번에 얼마나 더 늘릴 것인가? 집중 시간의 목표를 잡으려면, 지금 우리 아이의 집중 시간이 어느 정도인지 정확히 파악해야 한다. 아이가 집안일이나 숙제 및 다른 과제들을 할 때, 도중에 쉬지 않고 일에 집중하는 시간을 재어보자. 이것이 기준 시간이 된다.

기준 시간이 확인되었으면 타이머를 준비한다. 타이머를 기준 시간보다 2~3분 더 길게 맞추어놓고 아이가 타이머가 울릴 때까지 공부나 일에 집중하게 해본다. 아이는 재미도 있고, 아주 조금 늘린 것이라 무리 없이 해낼 것이다. 이런 식으로 조금씩 집중 시간을 늘려가면 된다. 이때 아이가 잘할 때마다 보상을 해주는 것도 좋은 방법이다. 보상은 아이에게 동기부여가 될 만큼 강력해야 하며 자주, 그리고 다양하게 해야 한다. 아이가 원하는 활동을 보상물로 삼아도 된다. 아이가 과제를 마치는 즉시 아이가 원하는 활동을 하게 해준다.

이성우뇌형 아이 중에는 머리 좋은 아이들이 많다. 이들은 큰 노력을 기울이지 않아도 결과가 좋아서 특별히 노력하려고도 안 한다. 특히 성적이 좋으면 아이는 공부를 대충 해도 된다는 생각을 가질 수 있다. 하지만 공부는 결과가 전부는 아니다. 그 과정 중에서 얻어지는 것이 더 많다. 성적이 나쁘지 않더라도, 머리가 좋더라도 아이가 공부에 흥미를 느낄 수 있게 해야 한다. 되도록 공부 내용을 다양하게 응용하고, 도전적이고 자극적인 과제를 제시하면 효과적이다.

또한 앞으로 무엇이 되고 싶은지 대화해본다. 그러면 아이가 바라는 것이 무엇인지 알게 되고 목표 의식을 갖게 될 것이다. 공부하는 이유도 알려주자. 이성우뇌형 아이에게는 시간적인 여유를 주면서 느긋하게 생각하도록 도와주는 동시에, 지금 해야 할 공부와 자신이

tip 두뇌체조 Brain Gym

어릴 때부터 난독증과 시각장애로 학습에 어려움을 겪던 미국의 치료교육 전문가 폴 데니슨(Paul E. Dennison) 박사가 뇌 기능을 활성화하기 위해 만든 몸동작이다. 공부하기 전 쉽게 따라 할 수 있는 두뇌체조에는 물 마시기 외에 25개의 동작이 있는데, 크게 세 가지로 나뉜다.

첫 번째 유형은 좌뇌와 우뇌를 활성화하는 '몸 교차 운동'이다. 몸의 한가운데를 가로지르며 좌우의 신체를 겹치는 운동으로, 시력을 보호하고 놀이와 스포츠에 필요한 신체 협응 능력을 길러준다. 학습부진아와 난독증이 있는 아이에게 특히 효과적이다.

두 번째 유형은 뇌의 앞부분과 뒷부분 사이의 긴장을 풀어주고 집중력을 높일 수 있는 '스트레칭 운동'이다. 목과 어깨, 등 부위는 스트레스나 두려움 또는 과로로 인해 쉽게 뭉친다. 이런 경우 가장 적절한 대처는 스트레칭 운동을 하는 것이다. 과다 행동, 주의 산만, 언어 지연, 이해력 부족 등을 보이는 경우에도 스트레칭 운동을 많이 하는 것이 좋다.

세 번째 유형은 몸과 뇌 사이의 신경조직 연결을 강화함으로써 감정과 이성의 양 측면을 모두 활성화해 뇌 기능을 높이는 '에너지 생산 운동'이다. 소극적인 감정 상태는 동기를 약화시켜 학습과 수행을 제한하므로, 적극적인 감정을 불러일으키는 활동을 통해 긍정적인 태도와 동기를 일어나게 할 수 있다. 공포나 갈등을 겪고도, 감정을 제대로 느끼거나 표현하지 못하는 사람들은 이 운동을 많이 하는 것이 좋다.

두뇌성격이 아이 미래를 결정한다

평소에 하고 싶어 하는 것이 서로 어떤 관련이 있는지 분명하게 인식시켜줘야 한다.

끝으로, 아이가 이성우뇌형일 때는 학교에서 교사와의 관계가 어떤지 알아두어야 한다. 주위 어른들에게 많은 영향을 받기 때문인데 특히 교사와의 관계는 학교생활 적응에 작지 않은 영향을 끼친다. 이성우뇌형 성인들은 어릴 때 좋아하던 교사 덕분에 인생의 진로를 결정했다는 이야기도 하곤 한다. 그러니 교사와의 관계에서 어려움은 없는지 살펴보고, 아이가 긍정적인 관계를 잘 맺어갈 수 있도록 돕는다.

부모는 잔소리를 자제하고 칭찬을 많이 해줘야 한다. 산만한 모습만 보려 하지 말고, 집중하는 모습에 더 주의를 기울이고 칭찬해주도록 한다.

이성우뇌형 리더
스티브 잡스에게 배우기

자신이 하고 싶어 하는 것을 찾아라

천재적인 창의성이라면, 최근 인물로 스티브 잡스(Steve Jobs, 미국의 기업가이자 애플사의 창업자로 세계 IT업계에 새바람을 불러일으켰고 2011년 사망)를 따라올 사람이 없다. 10년 전만 해도 커다란 컴퓨터가 사람들 손바닥 안에 들어갈 만큼 작아질 것이라고 아무도 상상하지 못했다. 하지만 스티브 잡스는 그 모든 것을 상상했고, 현실로 이뤄냈다. 세상을 바꾼 스마트폰이 있는 세상과 없던 세상으로 나눌 정도로 사람들의 생활에 많은 변화를 주었다.

그런데 이런 스티브 잡스가 전형적인 이성우뇌형 아이였다. 머리는 좋지만 산만하고, 까다로운 기질을 가진, 학교생활에 적합하지 않은 아이였다. 초등학교 내내 공부는 바닥이었으며, 그의 양부모는 그의 돌발 행동으로 학교에 불려 다녀야 했다. 하지만 그가 놀라운 성공을 거둔 것은, 바로 어린 시절부터 자신이 하고 싶은 것을 분명히 알고 있었고, 부모에게 그것을 인정받았으며, 그 방향을 향해 열심히 달려갔기 때문이다.

개성적인 것, 새로운 것에 관심을 가져라

이성우뇌형 아이는 상황에 적응하는 능력이 뛰어나서 낯설거나 힘든 상황에 부닥쳐도 잘 적응한다. 자신이 좋아하는 것에 무섭게 몰입하고, 자신이 원하는 것을 힘들어도 기를 쓰고 추진한다. 만일 이런 아이가 무언가를 하고 싶어 한다면 마음껏 해보게 한다. 결과가 좋든 나쁘든 그런 경험을 통해 배우게 하면 아이는 그것을 토대로 자신감과 함께 적극적이고 진취적인 태도를 보이게 된다.

집중력과 손재주가 뛰어나서 악기나 도구를 잘 다루고, 짜릿한 놀이기구도 눈 하나 깜짝 안 하고 잘 탄다. 새로운 것에 관심이 크고, 아이디어도 많고 다른 사람을 알아가는 데도 호기심이 많다. 물론 호기심을 살려주기 위해서는 발표식 수업 또는 프로젝트식 수업이 좋다. 아이는 그중에서도 혼자 깊이 파고들 수 있으면서 체험이나 관찰과 같은 활동이 포함된 수업을 특히 좋아한다. 그리고 교사의 설명에 깊이가 있을 때 더 관심을 기울인다.

이성우뇌형 아이는 교사, 부모, 친구들로부터 개성적이고 독특한 생각과 함께 자신만의 세계에 갇혀 사는 것 같다는 오해를 받는다. 하지만 이 아이들은 활동적이고 집착이 강하다.

스티브 잡스도 항상 다른 사람과 똑같이 생각하지 않았다. 틀에 얽매여 행동하기보다 자유롭게 행동하기를 원했다. 따라서 오늘날 실생활에 유용하면서 창의적인 제품을 만들 수 있었다. 그가 일체형 컴퓨터인 아이맥을 개발할 때, 엔지니어들은 이런 디자인으로 제품을 만드는 것은 절대로 불가능하다고 반대했다고 한다. 디자인이 너무나 새롭고 각종 기능을 넣을 공간이 없어 보였기 때문이다. 하지만 잡스는 가능하다고 믿는다며 결국 획기적인 디자인의 아이맥을 탄생시켰다.

꿈을 높게 잡고, 만족할 때까지 노력한다

"평생 설탕물 만들래? 아니면 나와 세상을 바꿀래?" 스티브 잡스가 펩시에서 존 스컬리(John Scully)를 CEO로 데리고 올 때 했다는 유명한 말이다. 단도직입적이면서도 자신의 비전을 강조한 말이다.

스티브 잡스는 꿈을 높게 잡았다. 제품을 기획할 때도 기존의 것을 보완하는 어중간한 것을 만드는 것이 아니라 아주 획기적인 것, 혁신적인 것을 생각했다. 기존 시장이 아니라 새로운 시장의 개척을 목표로 했다. 그리고 그 꿈을 위해서는 절대로 타협하지 않았다. 전형적인 이성우뇌형이라고 할 수 있다.

이성우뇌형 아이는 보통 인내나 참을성이 없는 편이지만 자신의 꿈이 있으면, 그 꿈 앞에서는 놀라운 인내심과 참을성을 보여준다. 꿈이 있고 목표가 확실하면 어떤 상황에서도 순발력이 뛰어나며, 더 나은 문제해결을 위해 밤낮으로 노력한다.

아프다는 표현을 잘하지 않기 때문에 의외로 극기 훈련을 가장 잘 견뎌내는 유형이 이성우뇌형 아이다. 따라서 이들은 리더가 되어 불행한 운명을 만나도 거스르지 않고, 성공해도 자랑하지 않으며, 일을 억지로 도모하지 않는다.

이런 경지에 이르면 비록 실패해도 후회가 없고 일이 뜻대로 되어도 우쭐하지 않는다. 또한 이렇게 겸손한 리더는 높은 자리에 올라가도 겁내지 않는다. 집단의 문화, 팀, 그리고 개인의 변화를 끊임없이 추구한다.

이성우뇌형 아이들은 데이터에 입각한 과학적인 것을 개발하고 응용하거나 논리적으로 분석하고 따질 수 있는 것을 좋아한다. 따라서 순발력과 창의력을 활용할 수 있는 일이 어울린다.

이성우뇌형 아이의 문제행동 대처법

Q1 잠자는 것이 너무 불규칙해요

이성우뇌형 아이는 비교적 잠자는 것이 불규칙하다. 그러므로 아이를 안심시킬 수 있는 부모의 목소리를 들려주거나 아이가 좋아하는 동화를 들려주는 것도 괜찮다.

옷이나 베개 등 엄마 냄새가 나는 물건을 옆에 놓아주면 아이를 진정시키는 데 도움이 된다. 이런 아이들은 자면서도 움직임이 많은 편이므로, 높은 침대에 혼자 재우는 일은 없도록 한다.

Q2 대소변 가리기가 늦어요

아이가 두 돌 미만이라면 때때로 바지에 실수해도 당연하다고 받아들여야 하며 대소변 가리기가 숙달되었음에도 이성우뇌형 아이는 노느라고 정신이 팔려서 자주 실수하곤 한다. 이때 혼내거나 처벌을 해서는 안 된다.

대소변 가리기는 심리적으로 어려움이 없는 시기에, 즉 아이가 충분히 준비되었을 때, 아이한테 선택권을 주고 시도해야 한다.

Q3 잠을 너무 적게 자요

잘 시간이 되어도 눈을 반짝이고 노는 이성우뇌형 아이에게 가장 효과적인 방법은, 매일 같은 잠자리 의식을 반복하는 것이다. 집마다 다를 수 있지만, 아이를 씻긴 후 잠옷으로 갈아입히고, 전등 밝기를 낮추고, 그림책을 읽어준다. 아이를 쓰다듬는 등 신체 접촉과 함께 책을 읽어주면, 아이의 뇌에서 옥시토신이 분비되어 잠이 잘 온다. 또한 이야기를 들으면 전두엽이 활성화되면서 침대 위에서 뛰거나 장난을 치고 싶은 운동 충동이 억제된다.

아이가 배고파하면 바나나처럼 뇌에서 세로토닌을 분비해 잠이 오게 만드는 탄수화물 음식을 준다.

Q4 위험한 행동을 아무렇지 않게 해요

매우 빠르게 아무 곳이나 돌아다니거나 소파 등받이 부분으로 기거나 걸어 다니고, 책장을 붙들고 올라가려 한다. 외출해도 위험한 곳만 기어오른다. 갑자기 뛰어나가 차에 치일 뻔한 일도, 물에 빠질 뻔한 일도 있다. 그러다 보니 다른 아이들에 비해 다치는 일도 많다. 무엇보다 기다리는 법을 가르쳐야 안전사고도 줄어든다.

Q5 정리 정돈을 하지 않아요

이성우뇌형 아이는 주변을 어지르는 일이 많다. 따라서 어릴 때부터 놀이의 끝은 정리까지라는 점을 분명히 가르치는 게 좋다. 다음 단계 놀이를 하기 위해서는 전 단계의 놀이를 끝내야 하고, 그러기 위해서는 가지고 논 장난감을 깨끗이 정리해야 한다는 것을 알려준다.

아이가 갖고 놀고 싶은 장난감을 쉽게 찾을 수 없어야 스스로 불편하고 속상한 경험을 할 수 있다.

Q6 거짓말을 자주 해요

이성우뇌형 아이는 딴생각을 잘하고, 임기응변에 능하다. 아이가 한 의미 없는 거짓말을 일일이 따지지 않는 게 좋다. 아이의 거짓말을 옹호하라는 의미가 아니고 왜 아이가 거짓말을 서슴없이 했는지, 우선 아이의 기분을 파악하는 게 중요하다는 것이다.

부모가 화낼까 봐 두려워서 그랬는지, 친구를 돕기 위해서 그랬는지, 딴생각하다가 그랬는지 확인할 필요가 있다. 사실대로 말해도 괜찮다고 말해주도록 한다.

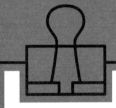

CHAPTER 06

감성우뇌형 아이,
마더 테레사처럼 키워라

평소 상냥하고 싹싹한 감성우뇌형 아이의 단점은

감정의 기복이 심할 수 있다는 것이다.

이는 감정이 풍부하고 사람의 마음을 잘 읽으며,

직감이 좋아 주위 사람의 기분을 파악하고 대처하는 데 뛰어나기 때문이다.

남달리 마음이 예민하므로 부모는 다른 두뇌성격의 아이보다

더 많은 애정 표현을 해주는 것이 좋다.

부모나 가까운 사람에게 감정을 토로할 수 있어야 정서가 안정된다.

01

우리 아이, 감성우뇌형일까?

나는 다른 사람에게 어떤 존재일까?

올해 5세인 서하는 어린이집 친구 정민이에게 주려고 아침 일찍부터 마당에 나가서 예쁜 나뭇잎을 여러 개 주웠다. 아이는 정민이가 오렌지색을 좋아한다며, 벌레 먹지 않은 오렌지색 나뭇잎만 골라 손에 꼭 쥐고는 어린이집에 갔다. 그런데 어린이집에서 돌아온 아이의 얼굴빛이 좋지 않았다. 정민이가 자신이 건넨 나뭇잎을 손으로 툭 쳐서 바닥에 떨어뜨렸다는 것이다.

"정민이가 다른 놀이를 하다가 못 봤나 보다"라고 엄마가 달래보았다. 하지만 서하는 정민이가 어떻게 자신한테 그럴 수 있느냐면서 어린이집에서 내내 참았던 울음을 터뜨렸다. 감성우뇌형 아이는 또래보다 일찍 '관계'에 눈뜬다. 아이는 늘 자신이 그 사람에게 어떤 의미일까 궁금해한다. 자신이 좋아하는 사람들에게 인정받고 사랑받기를 원한다. 감성우뇌형은 대인관계의 폭이 가장 넓은 두뇌성격으로, 친구의 수가 적지 않다.

감성우뇌형 성인 중에는 약간 과장해서, 노숙자부터 대통령에 이르기까지 신분의 고하를 막론하고 각양각색의 사람들과 친분을 맺고 있는 경우가 많다. 더불어 살아가는 것을 좋아하고 주변 사람들과 두루두루 친하게 지내기 때문이다. 하지만 그들 모두에게 자신의 마음을 털어놓는 것은 아니다. 마음을 터놓고 지내는 친한 친구는 다른 두뇌성격과 마찬가지로 몇 명 되지 않는다.

감성우뇌형 아이는 속 깊은 친구 몇몇으로 만족한다. 이런 아이는 같은 취미를 가지고 있으면 같이 놀지만, 그렇지 않으면 따로 노는 것이 당연하다고 여긴다. 자신과 맞지 않는 유형과는 전혀 친해지지 않으며, 그런 사람들과 함께 있으면 불편함을 그대로 드러낸다. 이런 아이는 자신만의 내면의 세계가 있어서 많은 사람과 북적대며 삶을 복잡하게 만드는 데는 별로 관심을 두지도 않는다. 그 대신 개성적이지만 자신을 편안하게 드러낼 수 있는 친구들을 잘 찾아낸다. '나'와 '너' 사이에 선을 긋지 않는 친밀한 관계를 원한다.

감성우뇌형 아이는 항상 생글생글 웃으며 상냥하고 고분고분한 모습으로 부모를 기쁘게 해주려고 노력한다. 집 안에서도 형제자매들을 잘 돌봐주고, 누구에게나 친절해 천사처럼 착한 아이로 인정받기도 한다. 가끔은 다른 사람에게 지나치게 관심을 두고 참견하는 바람에 그 사람이 귀찮아 하기도 한다.

이런 아이는 사람들의 애정을 끌어내는 재능이 있다. 즉, 친구들과 대화할 때 상대가 좋아하는 말투나 화제에 신경을 쓰며, 어른을 대할 때도 귀여움을 받으려면 어떻게 해야 하는지 잘 안다. 애교를 잘 부리고 농담도 잘하며, 말투나 행동을 멋있고 재미있게 꾸며서 이야기하는 것도 좋아한다.

섬세하고 예술적 감수성이 뛰어나다

은솔이는 말을 일찍 시작했다. 두 돌이 되기 전 간단한 동요를 따라 불렀고, 제법 문장으로 됨 직한 말을 했다. 특히 감정과 관련된 것이 많았다. 그림책을 보다가 주인공 꼬마가 장갑을 잃어버려 찾으러 다니면 "엄마, 소중한 장갑을 잃어버리다니 너무 슬프다. 장갑은 얼마나 민철이가 보고 싶을까? 장갑을 꼭 찾아야 할 텐데…. 엄마, 나이 책 그만 읽을래. 장갑이 너무 불쌍해" 하면서 눈물을 뚝뚝 떨어뜨렸다.

집에서 키우던 금붕어가 죽었을 때도 며칠을 울었는지 모른다. "이제는 우리 포뇨를 못 만나는 거야?" 엄마 아빠는 아이를 어떻게 달랠까 고민하다 "포뇨가 하늘나라에 갔거든. 급한 일이 있었나 봐. 저 구름 위에서 우리 은솔이를 항상 보고 있을 거야"라고 말해줬다. 아이는 다음 날 포뇨한테 편지를 써서는 헬륨 풍선에 달아서 하늘로 날려 보냈다. "엄마, 이제 포뇨도 나 보고 싶어도 참을 수 있을 거야. 내가 많이 사랑한다고 편지 보냈거든." 아이는 풍선을 날려 보내면서 한 번 더 훌쩍거렸다.

은솔이는 상상력이 풍부해서 같은 책이라도 그대로 읽지 않는다. 다양하게 줄거리를 바꾸어 다른 이야기로 만든다.

은솔이 같은 감성우뇌형 아이는 즐겁게 지내다가도 쉽게 우울해지기도 하고 감동을 갈망하기 때문에 현실을 무시하는 경향도 있다. 생각하고 판단하는 것을 싫어하고 자신을 객관적으로 파악하지 못하는 일도 있다.

남달리 예민하므로 다른 두뇌성격보다 더 많은 애정 표현을 해주어야 한다. 감정에 의존하고 인간관계를 중요시하기 때문에, 부모나 가까운 사람에게 감정을 토로할 수 있어야 안정이 된다. 다른 사람을 도와주어도 물질적인 보상보다는 진심 어린 마음의 표현을 더 좋아한다. 만일 다른 사람들이 자신이 기대한 만큼 고맙게 여기지 않으면 화를 내기도 한다.

이 아이들은 독립적인 사고와 풍부한 상상력은 물론 섬세하고 예민한 감수성을 갖고 있어서 뛰어난 예술적 재능을 보이는 경우가 많다. 원래 가진 소질을 잘 살리지 못해 드러나지 않을 수도 있으나, 감성우뇌형 아이는 음악이나 미술 또는 글쓰기 가운데 최소한 한 가지 정도에는 재능을 발휘한다. 또한 일단 자신이 좋아하는 분야에 몰입하면 탁월한 재능을 보인다.

때론 게으르지만 칭찬받으면 잘한다

여섯 살 난 승철이는 매우 느리다. 언제나 느릿느릿 움직이는 승철이에게는 급한 일이 하나도 없어 보인다. 오늘 아침만 해도 그렇다. 엄마는 승철이가 유치원에 갈 준비를 해주면서 갈아입을 옷을 챙겨주었다. "엄마는 준비물 챙기고 있을게. 네가 입고 있어"라고 말하면서. 그런 후 한참을 지나서 옷을 다 입었겠지, 하고 방문을 열어

보았다. 그런데 아이는 양말은 한 짝만 신고, 셔츠는 입다 만 채로 물끄러미 그림책을 보고 있는 것이 아닌가? "승철아. 엄마가 옷 입으라고 했잖아. 뭐 하고 있어? 너 유치원 안 갈 거야?" 엄마는 너무나 답답한 마음에 소리를 꽥 질렀다.

매번 이런 식이다. 승철이는 무엇인가 하다가 중간에 딴짓하는 경우가 너무나 많다. 밥을 먹다가 장난감을 붙잡고 놀고, 세수하고 나오라고 욕실에 밀어 넣으면 30분이 지나도 나오질 않는다. 정말 혼자 내버려두면 아무 일도 하지 않는다. 언제나 꾸물거린다. 해야 할 일이 조금만 어려워 보이면 그 게으름의 정도는 더 심해진다.

초등학교에 다니는 경우라면 꾸물거리다가 밤늦게 숙제를 시작하고, 나중엔 숙제를 다 하지 못했는데 잠이 와서 쩔쩔맨다. 숙제는 언제나 하기 싫지만, 유독 더 하기 싫은 것이 나오면 시간이 남아돌아도 하지 않고 미뤄버린다. 그렇다고 아이의 지적인 능력이 떨어지는 것은 아니다. 일단 시작만 하면 잘하지만, 시작하기까지 시간이 오래 걸리는 것이다.

이런 성향의 아이들은 뒹굴거나 잠자고 먹는 것 같은 감각적인 쾌락을 즐긴다. 때로는 지나치게 편한 것을 추구하다 보니 게으르고 소극적인 경우도 있다. 공부를 게을리하기도 하고, 어려운 일이 생기면 '저절로 해결되겠지', '누군가 해주겠지' 하면서 무작정 미뤄두기도 한다. 특히 자유 시간이 많을수록 꾸물대는 경향이 있으므로, 집 안에서 너무 빈둥거리지 않도록 적절한 개입을 해야 한다.

이런 아이는 에너지가 많은 편이지만, 바깥에서의 예상치 못한 변화를 겁내기 때문에 집 안에서 빈둥거리는 일이 많다. 이때 TV나 컴

○ 감성우뇌형 아이의 뇌

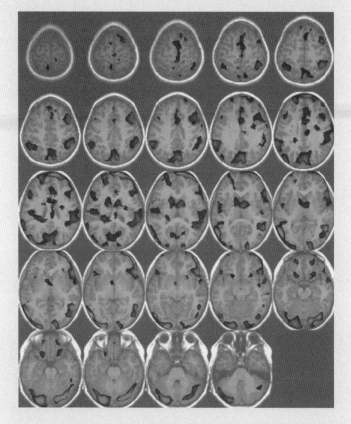

fMRI상 개방성과 수용성의 뇌 활성도가 높고 신경성의 뇌 활성도도 높다.

퓨터에만 매달리는 아이들이 많은데, 그 시간을 제한하고 다른 활동으로 유도하면서 적절한 자극을 주어야 한다.

감성우뇌형 아이는 주변 사람들에게 인정받고 이해받는 것을 무엇보다도 소중하게 생각한다. 늘 다른 사람의 마음에 들고 싶어 해서, 누군가가 자신을 알아봐주거나 자기 이름을 불러주면 더없이 좋아한다.

아이가 꾸물거리거나 게으름을 피울 때, 부모는 이 점을 잘 이용해야 한다. 잘못을 지적하거나 비난하지 말고, "야 참 잘하는데. 네가 정말 최고다", "지금 그림책이 읽고 싶었구나. 우리 승철이가 양말을 정말 빨리 신던데. 어디 엄마랑 한 짝씩 잡고 시합해볼까?", "그것 봐. 난 네가 잘할 줄 알았다니까" 하는 식으로 말해준다. 아이는 사소한 지적에도 기분이 상하고 위축된다. 아이를 조금이라도 빨리 움직이게 하려면, 그 순간의 아이의 마음을 이해하고 아이의 숨은 능력을 칭찬해줘야 한다.

직관력이 강하고 관심 있는 일에 몰두한다

미로찾기에만 매달리는 철수는 앉으나 서나 미로찾기에만 신경이 가 있다. 철수가 처음 미로찾기를 한 것은 작년 10월, 다섯 살 때였다. 서점에서 우연히 미로찾기 학습지를 발견하고는 서 있는 상태로 미로를 찾아가기 시작했다. 엄마는 아이가 재미있어하는 것 같기에 미로찾기 책 두 권을 사 왔다. 그런데 아이는 두 권을 쉬지도 않고 단숨에 해버렸다. 집중력이 부족해서 10분도 못 앉아 있는 아이가 미로찾기 학습지를 펴놓고는 몇 시간을 앉아 있었다. 엄마는 신기한 마음에 아이가 미로찾기 하는 모습을 지켜보았다. 그리고 잠시 후 '혹시 우리 아이가 영재?'라는 흐뭇한 의문이 들었다.

감성우뇌형 아이는 직관력이 강하고 이해력도 높다. 학교 공부나 숙제를 논리적으로 생각하기보다 직관적으로 판단한다. 척 보면 아는 것이 많다. 만일 그 일이 관심 있는 일이라면 직관력은 더 강해진다. 그리고 아이는 그 일에 한없이 빠져든다.

따라서 초등학교 저학년 때는 아이가 잘할 수 있는 것 한두 가지에만 집중하게 하면서, 자기 스스로 '나도 잘할 수 있구나'라고 생각하게 해주는 것이 중요하다. 그러면 아이는 한 가지라도 잘하는 것이 있을 때 '그래도 나는 국어는 잘해'라며 자부심을 느끼게 된다. 감성우뇌형 아이는 자신을 알아주는 좋은 환경에 있으면 강한 인내심과 침착함, 안정감과 자제력을 보이며 성실하게 생활할 수 있는 대기만성형이다.

감성우뇌형 아이, 이렇게 키워라

안정적이고 화목한 육아 환경이 우선

감성우뇌형 아이는 어릴 때부터 몸의 근육이 쉽게 긴장한다. 두 돌이 되기 전까지 재우기 위해 밤마다 아이를 부모가 안고 서성거려야 하는 것도 아이의 긴장이 풀리지 않아 쉽게 잠들지 못해서다. 그러다 두 돌이 지나면 밤새 안아주는 일은 줄어들지만, 아이가 혼자서 잠드는 것을 거부해 꽤 늦게까지 엄마와 함께 자기도 한다.

그렇다고 까다로운 아이는 아니다. 낯선 사람이나 사물에 부정적 반응을 보이기는 하지만 이는 활동량이 적고, 반응의 강도가 낮기 때문이다. 아이는 낯선 사람이나 환경에 대한 걱정을 다른 두뇌성격의 아이보다 빨리 경험한다. 걱정도 오래 하지만, 시간이 필요할 뿐 적응을 못하지는 않는다.

하지만 감정적으로 예민하고 불안감이 많은 아이이므로 되도록 안정적인 육아 환경을 제공해 스트레스를 줄여주어야 한다. 무언가 새로운 자극을 주었다면, 다음에는 빨리 익숙한 환경으로 돌려놓는다. 이유식도 되도록 천천히 진행하는 것이 좋은데, 처음 시작할 때는 주로 아침 시간을 이용한다. 하루 중 아이의 불안감이 가장 적을 때가 아침이기 때문이다.

감성우뇌형 아이는 부모를 좋아하고 든든하게 여긴다. 언제 어디서나 부모와 함께 있으면 편하고 안전하다고 느낀다. 그러나 부모와 떨어져 있게 되거나, 부모가 무섭게 혼을 내거나, 자신을 잘 챙겨주지 않거나, 자신의 행동에 별 관심을 보이지 않을 때는 버림받았다고 오해하거나 착각한다.

형제자매가 있어 경쟁해야 하는 상황이나 동생이 태어난 경우에는 부모로부터 거부당했다거나 소홀한 대접을 받고 있다고 생각하기 쉽다. 특히 부모의 정서에 민감해서 부모의 불안한 표정이나 초조한 목소리, 긴장된 몸짓을 금세 알아챈다. 부모 자신이 감정적인 변화를 잘 느끼지 못했을 때조차, 혹은 기분이 좋지 않지만 애써 아이한테 숨겼을 때조차 아이는 알아채고 불안해한다.

감성우뇌형 아이는 상실감이나 실망감을 느끼면 고통스러워한다. 부모는 별것 아니라고 생각하지만 아이는 고통을 참지 못하고 울음을 터뜨린다. 마음을 받아주기를 바라는데 부모가 아이의 감정을 무시하면 고통은 더 심해진다.

이처럼 아이는 부모에게 민감하다. 부모를 지나치게 의식한다는 것은, 누구보다 안정적인 애착을 필요로 한다는 뜻이기도 하다. 타고난 감정적 불안이 많으므로, 부모는 더욱 안정적인 육아 환경과 민감한 육아 태도로 그 불안을 낮춰줘야 한다. 그러지 않으면 지나치게 남의 눈치를 보는 사람으로 자랄 수도 있다. 부모는 아이의 정서가 안정적으로 발달하도록 도와줌과 동시에, 남을 지나치게 의식하지 않고 자기주장을 할 수 있도록 가르쳐야 한다.

표현이 풍부한 아이에게 조건이 없는 사랑을

감성우뇌형 아이는 감정이입을 잘하며 표현이 풍부하다. 인형이나 동물을 좋아하며, 자신이 어떤 경기에서 이기더라도 패배한 사람을 떠올리며 가슴 아파하기도 한다. 자신의 감정을 부모에게 끊임없이 말하며, 부모가 야단치면 상처를 입거나, '엄마는 나를 사랑하지 않아' 혹은 '아빠는 나를 미워해'라고까지 생각해버린다.

정말 이렇게 유리알 멘털을 가진 아이를 어떻게 키워야 할까? 답은 무조건적인 사랑이다.

먼저 이런 아이에게 말을 할 때는 항상 조심해야 한다. 무심코 던진 부모의 한마디에 심하게 좌절하므로 늘 부드럽게 대해야 한다. "네 덕분에 일이 잘되었어"라는 말을 자주 해주면, 보람과 함께 사랑받는다고 느낀다.

하지만 아이가 갑자기 변덕을 부리거나 화를 내도 무시하기보다는 화가 가라앉을 때까지 기다렸다가 잘못을 지적하고 타일러주자. 부모가 분명한 경계를 제시하고 훈육하는 것은 좋지만 겁을 주거나 사랑을 거두어들이는 식으로 복종시키면 안 된다.

감성우뇌형 아이는 부모가 바쁘거나 감정적으로 좋지 못한 상황이면 스스로 알아서 놀거나 시간을 보내는 방법을 알고 있다. 그러나 애어른처럼 스스로 모든 것을 알아서 처리하려다 보니 자신의 필요나 욕구를 부모에게 말하지 못한다. 아이가 관심 밖으로 밀려나지 않게 하려면 부모는 아이에게 필요한 것을 자주 물어보고 정기적인 관심과 애정을 표현해야만 한다.

꾸중보다는 관심과 칭찬으로 자립심을 키워주자

"아이가 천사처럼 착한 것은 좋지만, 다른 사람을 너무 의식하고 다른 사람에게만 맞춰주다 보면 나중에 실속 없는 어른이 되는 것은 아닐지 걱정도 돼요."

감성우뇌형 아이를 키우는 부모들이 종종 하는 말이다. 아이 안에는 부모가 좋아하고 원하는 일을 하고 싶은 마음과 자신의 욕구와 의지대로 행동하고 싶은 마음이 함께 존재한다.

아이의 자립심을 키워주려면, 부모는 아이가 자신의 의지와 욕구에 따라 행동하는 것을 기뻐해야 한다.

스킨십, 친밀감, 긍정적 효과를 주는 칭찬. 이런 것들이 감성우뇌형 아이를 행복하게 하는 요소다. 이런 아이는 수업 중에 대화하는 것을 좋아하기 때문에 소규모 조별 토론이나 발표식 수업이 잘 맞는다. 또한 아이가 숙제를 잘했거나 상을 받았을 때는 칭찬과 격려를 하자. 그러면 그 분야에 더 관심을 두고 열심히, 적극적으로 하려는 마음을 갖는다.

이런 아이는 기가 죽으면 재능을 발휘하지 못하므로 기를 죽여선 안 된다. 능력을 벗어나는 너무 어려운 일이나 문제를 풀게 하면 곧 흥미를 잃어버릴 뿐 아니라 자신에 대한 실망 때문에 자신감을 잃어버리기도 한다. 뭐든 쉬운 것과 약간 어려운 것을 비슷한 비율로 섞어서 하도록 해야 도전 의식도 키워줄 수 있다.

규칙이나 약속을 잘 지키지 못하며 자신이 한 행동의 결과를 외부 탓으로 돌리고, 약속을 해놓고도 상황이 바뀌면 이내 취소하거나 변경하는 등 약속을 대수롭지 않게 여기기도 한다.

이럴 경우 부모는 규칙이나 약속을 조금 어겼을 때는 짐짓 모른 체하고, 약속을 지켰을 때는 오히려 많은 칭찬을 해주도록 한다. 그러다 보면 아이는 자발적으로 규칙을 지키는 사람이 된다. 약속은 반드시 지켜야 하는 것으로 생각하게 해야 한다. 그것이 습관화되어야 성실성이 생긴다.

감성우뇌형 아이가 학교에 가면, 아이는 교사에게도 민감해진다. 아이는 자신을 인정해주고 수용해주는 교사를 좋아하고 존경한다. 아이의 학습 태도도 교사에 의해 많이 달라진다. 교사로부터 무시당하거나 비난받으면 교사를 아주 미워하기도 한다. 이때 부모는 아이가 교사의 어떤 점을 힘들어하는지 물어보고, '무조건 선생님에게 잘해야지'가 아니라 선생님을 객관적으로 평가해줄 필요가 있다.

그리고 세상에는 개성적인 사람이 많고, 그 사람들에게 네가 다 인정받을 필요는 없다고 말해준다. 다만 내가 싫어한다고 혹은 나와 다르다고 그 사람을 배척할 것이 아니라, 조화롭게 잘 살아가는 법을 배우는 것이 중요하다고 일깨운다.

공부와 놀이, 휴식 시간을 적절히 배치한다

감성우뇌형 아이들은 기분이 좋아야 어려워하는 계획을 잘 세우는데, 공부를 잘 시키려면 정서적인 안정이 우선이며, 정서적으로 안정되었다면, 주위를 살펴봐야 한다. 소지품이나 방의 환경이 마음에 꼭 드는 것이 아니면 불안하고 불편해서 아이는 공부에 신경을 쓰지 못한다. 아이가 어떤 환경을 편하게 느끼는지 살펴보고, 안정된 분위기를 만들어주자. 방 분위기는 지나치게 간섭하지 말고 개성을 존중해주도록 한다.

환경이 정리되었다면 목표를 세우게 한다. 먼저 장기 목표를 세우고, 작은 단위로 세분된 계획을 짜게 한다. 장기 목표는 되도록 크고 높게 잡도록 한다. 감성우뇌형 아이는 친구와 지내기를 좋아하고 하고 싶은 것도 많다. 잠재력이 많음에도 자신에게 정확하게 어떤 능력이 있는지 잘 몰라 자기계발에 소홀하기도 한다.

이런 아이에게는, 처음에는 조금씩 공부하도록 계획을 세우고 자신감이 생기면 양을 늘려가는 방식이 좋다. 끈기가 부족하므로 너무 장기간의 계획보다는 단기간으로 자주 계획을 세워주는 것이 효과적이다. 또한 혼자 하기보다는 함께 이야기하면서 공부하는 협동 학습이 더 효과적일 때가 많다. 물론 공부 시간을 계획할 때는, 그 나이에 맞게 휴식 시간을 꼭 넣어야 한다.

그래야만 넘치는 에너지를 충분히 발산시켜 공부에 더 집중할 수 있다. 감성우뇌형 아이는 자신이 하고 싶은 것을 충분히 할 수 있게 해주면서 공부를 시켜야, 자신이 존중받는다고 여겨 부모의 말을 더 잘 따른다. 이런 아이는 반복 학습이나 지루한 훈련이 필요한 과제를 부담스러워한다. 즉, 자기 스스로 무엇인가 만들고 구성하는 창의적이고 탐구적인 기회를 제공해줘야 한다. 이런 아이는 단어의 뜻을 사전에서 찾는 단순한 숙제보다는 단어와 연관된 사진과 함께 뜻을 풀이하라는 숙제를 더 재미있어하고 가치가 있다고 생각한다.

공부를 마친 후에도 부모가 주기적으로 결과를 잘 확인하고 평가하는 것이 중요하다. 아이가 달성해야 할 목표나 과제를 작은 단위로 나누어주되 제대로 하고 있는지 항상 확인한다. 아이가 목표를 달성했다면, 잘못했거나 부정한 방법이 아닌 한 아이의 방법을 존중해준다.

또래 관계에서의 스트레스를 주시한다

감성우뇌형 아이에게 또래와의 관계는 참 좋으면서도 어렵다. 아이는 기본적으로 사람을 좋아하고 인간관계를 중요시하기 때문에 친구도 좋아한다. 그런데 이 친구들의 마음과 두뇌성격이 내 마음과 같지 않다. 서로 사회성 발달이 미숙하기 때문이다.

감성우뇌형 아이는 서너 살 때까지 친구를 좋아하면서도 어울려 놀지 못하는 경우가 많다. 신경성이 높은 경우 새로운 사람, 새로운 상황에 예민해서 밖에만 나가면 얼어버린다. 놀이터에서 뛰어노는 친구들을 관심 어린 눈빛으로 지켜보긴 하지만 끼어들지는 않는다. 그러고는 집에 와서 그 아이들이 한 행동을 활발하게 조잘거린다. 그러다 유치원에 가면, 적응하는 데는 큰 어려움이 없지만, 활동적인 아이들에게 자주 치인다. 아이들이 집적대는 것을 싫어하고, 마음이 맞는 친구와 놀기를 원한다.

감성우뇌형 아이는 조용한 방에서 한두 명의 친구와 오순도순 놀기를 좋아한다. 활동성이 낮은 것은 아니다. 오히려 말이 많은 편이고, 춤추고 노래하는 것을 좋아하며 감정을 온몸으로 표현하고 너무 기쁘면 소리를 지른다(불편하면 비명을 지른다).

밖에서 혼나는 일이라도 생기면 감성우뇌형 아이는 심하게 괴로워한다. 정당성과 평화를 중요시하기 때문에 자신을 희생하는 한이 있더라도 늘 친구들을 도와주며 자신의 욕구를 억누르기도 한다. 이것이 친구들에게 사랑받는 이유이기도 하다. 발달 단계상 자기중심적일 수밖에 없는 아이들 세상에서 이런 아이는 유일하게 친구의 눈치를 보고, 친구의 기분을 생각하며 자신의 욕구를 억누르기 때문이다. 반면 이런 아이들은 타인의 감정에 민감해서 남모를 스트레스를 받고, 우울증에 걸리기도 한다.

감성우뇌형 아이는 또래 관계가 시작될 때부터 친구의 기분을 이해하고 공감하는 것을 칭찬하되, 자기 자신의 기분과 생각이 중요하다는 점을 반드시 알려줘야 한다. 무조건 양보하거나 잘해준다고 좋은 인간관계를 맺을 수 있는 것이 아니라는 것도 말해준다. 또한 부모는 아이가 또래 관계에 어떤 어려움은 없는지, 항상 세심히 관찰하고 가끔 물어보아야 한다.

• 감성우뇌형 아이의 나이별 육아법 •

영아기 (0~12개월)

낯선 환경이나 사람을 아주 싫어하는 것은 아니지만, 거부 반응이 좀 있다. 사교적인 아기도 있어, 낯선 사람이 왔을 때 눈을 맞추며 살짝 웃기도 한다. 화나 짜증도 격렬하거나 길게 내지 않는다. 젖병이나 손가락에 집착하는 행동을 한다.

이렇게 키워요 ● 낯선 사람이 집에 오면 바로 안지 말라고 부탁하자. 아기에게 충분히 관찰할 시간을 준 후, 호기심을 보이면 그때 안아준다. 부모의 외모 변화가 큰 자극이 되므로 머리 모양을 바꾸거나 전혀 다른 스타일의 옷을 입을 때도 아기한테 시간을 주자. 무엇이든 외부 자극을 받아들이는 속도가 조금 늦으므로, 아이의 발달 단계를 조급해하지 말며 지켜보자. 첫 이유식은 되도록 아침 시간에 시작하는 것이 좋다.

유아기 (만 1~4세)

유모차를 태우거나 카시트에 앉히면 안전띠를 매지 않으려고 한다. 젖이나 젖병 떼기, 대소변 훈련이 다른 아이들보다 늦을 수 있다. 손가락이나 젖병 빨기에 집착하며 부모와 늦게까지 같이 자려고 한다. 아이 나름대로 취향이 있어 부모가 권하는 옷을 거부하거나 자기 뜻대로 신발 끈을 매달라고 요구하기도 한다. 음식 맛의 사소한 변화도 쉽게 눈치챈다.

이렇게 키워요 ● 기질을 고려해 발달 과제 수행이 늦으면 조금 더 기다려준다. 손가락 빨기나 젖병 빨기는 수건이나 곰 인형 같은 것으로 대체한다.
아이가 좋아할 만한 신체 놀이나 음악, 미술 등의 예체능 활동을 하면서 불안감을 발산시켜주는 것도 좋다. 아이는 소리, 빛, 냄새 등 감각이 예민하므로 아이와 갈등하지 말고 되도록 아이의 뜻을 살 받아들여준다.

학령전기 (만 5~6세)

"짜증 나!"라는 말을 자주 하며, 아무 일도 하지 않고 빈둥거리는 것을 즐긴다. 반복하는 과제를 싫어하고 너무 기쁘면 소리를 지르고, 불편하면 비명을 지른다. 노래 부르고 춤추기를 좋아한다. 쉬운 일임에도 수시로 "엄마, 이거 해줘"라고 말한다.

이렇게 키워요 ● 아이에게 무언가를 시킬 때는 한 번에 하나씩만 한다. 예를 들어, 옷 입고 양말 신기가 아니라 양말 신는 것 하나만 시킨 후, 다 하면 다음 것을 시킨다. 부모에게 도움을 요청하면 일단 들어주지만, 도와주는 상황에서도 스스로 한번 해보게 한다. 아이가 소중하게 생각하는 물건은, 하찮은 것이라도 소중하게 다뤄준다.

학령기 (만 7~12세)

관계나 환경이 안정된 상태이기를 바라고, 환경이 급격히 변하거나 많은 사람 앞에서 말해야 하거나 어떤 일을 스스로 주도해야 하는 상황에 처하면 어쩔 줄 몰라 한다. 되도록 나서지 않으려 하고, 다른 사람이 하는 대로 따라가는 편이다. 교사에게 늘 협조적이다. 다른 아이들이 자신과 다른 것에 실망한다.

이렇게 키워요 ● 아이가 다른 사람에게 맞춰가며 살아갈 가능성이 크다. 아이의 의견을 묻고, 선택하게 해 자신의 의지와 욕구대로 행동할 수 있도록 도와준다.

아이가 좋아하는 신체 활동(노래나 춤 등)으로 불안감을 표출할 수 있게 하고, 아이가 잘하는 것을 하게 해 다른 사람에게 인정받는 즐거움을 느끼게 하자. 아이의 어떠한 감정도 존중하고, 민감하게 반응해주고, 공감해준다.

감성우뇌형 아이와 부모의 두뇌궁합

03

이성좌뇌형 부모
:아이의 성격과 감정을 이해하라

〈영재의 비법〉 시즌 1에 참여했던 소영이는 감성우뇌형 아이였다. 아이는 자신을 소개할 때부터 아주 똑똑하게 배우가 꿈이라고 했다. 특기가 피아노, 바이올린, 드럼, 구연동화, 춤, 노래일 정도로 예능에 재주가 많아 보였다. 실제로 현재 다니고 있는 연기학원에서 그와 관련된 것들을 배우고 있었다. 그에 반해 공부에 관련된 학원은 한 군데도 다니지 않았다. 소영 엄마는 이성좌뇌형 엄마였다. 엄마는 나름대로 확고한 교육 신념을 가지고 있었다. "공부는 혼자서 해야 한다고 생각해요. 소영이는 충분히 혼자 알아서 할 수 있는 아이예요."

소영이는 연기에 관련된 것은 일일이 챙겨주면서, 공부만큼은 혼자서 하라는 엄마의 태도가 선뜻 이해되지 않는다고 했다.

아이는 연예인이 되겠다는 꿈이 너무나 확고한 나머지 생활의 대부분을 거기에 집중하고 있었지만 성취 욕구가 강해서 공부에 대한 열정도 그에 못지않았다. 하지만 공부는 스스로 해야 한다는 이성좌뇌형 엄마 때문에 점차 공부에 흥미를 잃어가고 있었다. 소영은 경쟁의식도 강하고 인정받고 싶은 욕구도 높아서, 옆에서 조금만 도와주면 충분히 발전할 가능성이 있는 아이였다.

이성좌뇌형 부모는 아이의 양심적이고 이성적인 측면에 공감해줄 수 있고, 감성우뇌형 아이는 부모에게서 성실성과 실천력을 배울 수 있다. 감성우뇌형 아이는 이성좌뇌형 부모를 편하게 여기며, 특히 부모에게서 지적인 자극을 받을 수 있어 좋아한다. 하지만 부모와 아이의 생각이 다르다는 사실을 명심하고, 부모가 무슨 생각을 하고 있는지 아이에게 수시로 이야기해주는 것이 필요하다.

아이와 부모의 생각이 다를 때는 무관심하거나 애매하게 대하지 말고, 확실하게 반응을 보이고 의견을 제시해주어야 한다. 그래야 아이가 오해하지 않는다. 이성좌뇌형 부모가 감성우뇌형 아이를 더 잘 키우는 비법 몇 가지를 소개한다.

첫째, 스킨십을 자주 하고 애정 표현을 충분히 하자.

이성좌뇌형 부모는 아이가 지나치게 매달리면 짜증이 난다. 이때 무관심하거나 냉담하게 대하면서 야단을 치면 아이는 심하게 상처를 입는다. 감성우뇌형 아이들은 민감하고 여리면서 규율에 얽매이거나 간섭하는 것을 싫어하므로 아이의 특성을 이해하고 공감해주면서 융통성 있는 태도로 대해야 한다. 가끔 감정의 기복이 심할 때는 과잉 반응하지 말고 받아준다. 아이에게 기대를 걸기보다는 칭찬과 격려를 많이 하고, 안아줄 때마다 '사랑한다'라고 말한다.

아이의 재능과 장래성에 기대를 표현하고, 함께 사회성과 생활력 발달을 위해 노력하는 것도 필요하다. 부모는 엄격함을 조금 누그러뜨리고 아이를 편안한 마음으로 대한다. 아이 특유의 느긋함과 원만함을 장점으로 인정한다. 아이가 감정적으로 불안해하면 할수록 일관성을 가지고 성실하게 대하도록 한다.

둘째, 인내심을 가지고 기다리자.

즉흥적으로 행동하는 감성우뇌형 아이는 자신이 한 약속이나 결심을 지키지 못할 때가 많다. 이때 책임 추궁을 하지 않도록 한다. 아이가 한 약속이나 결심은, 항상 지키지 못할 수도 있음을 감안하자. 그리고 지키는 방법과 여건을 마련해주면 도움이 된다. 그러면 아이의 기분을 상하지 않게 하면서 아이에게 자신이 한 약속을 지켰다는 성취감을 줄 수 있다.

부모가 아이의 게으름을 이해하지 못하고 무작정 밀어붙여 고치려고 하면 아이는 불안해하며 자신감을 잃게 된다. 감성우뇌형 아이는 인내심을 갖고 기다려주어야 하며 구체적인 애정 표현과 칭찬을 많이 해주는 게 좋다. 이성좌뇌형 부모는 무엇이든지 신속하게 결정하고 일에 착수하고 싶은 마음을 줄이고, 느긋하게 아이가 하는 일을 지켜봐주려고 노력해야 한다.

셋째, 해야 할 일과 그 이유를 명확히 설명한다.

감성우뇌형 아이는 숙제를 미루었다가 한꺼번에 뚝딱 해치우는 경우가 많다. 시간에 쫓기다가 막판에 해서 결과가 불완전할 때도 있다. 이성좌뇌형 부모가 감성우뇌형 아이를 두고 가장 크게 착각하는 것은, 바로 아이가 자기 일은 알아서 척척 할 것이라는 생각이다. 한두 번 말하면 새겨듣고 실행에 옮길 것이라고 기대하지만, 아이는 번번이 실수하거나 잊어버린다. 그러면 부모는 아이가 자신의 의견을 뭉갰다며 속상해한다.

이는 적극적으로 자기 감정이나 상황을 설명하지 않으면서 아이가 부모의 마음을 알아서 행동으로 옮길 것이라고 기대하기 때문이다. 이때는 아이에게 왜 꼭 그 일을 해야 하는지 구체적으로 강조할 필요가 있다. 아이에게 언제 그 일을 해야 하고, 언제 하지 말아야 하는지 알려주어야 한다. 그렇게 다른 사람의 계획을 존중하는 법을 가르치고, 시간을 지혜롭게 활용하고 소중히 여기도록 훈육해야 한다.

넷째, 아이의 성격을 이해하자.

이성좌뇌형 부모와 감성우뇌형 아이가 만났을 때 생길 수 있는 큰 문제가 있다. 부모가 아이의 고유한 성향을 인정해주지 않으면 아이는 자신을 '난 이상한 사람인가 보다'라고 생각하게 된다는 점이다. 그러다 보면 원래는 많은 사람 앞에서도 어려워하지 않고 자기표현을 잘하는 아이인데도 사람들 앞에 나서기도 힘들어하게 된다. 자존감이 떨어진 탓이다.

보통 이성좌뇌형 부모는 아이의 경솔함에 당황하고, 감성우뇌형 아이는 부모의 과도한 제한에 매우 답답해한다. 이런 상황에 부닥쳐 있다면 비슷한 두뇌성격의 아이를 둔 주위의 부모에게 자주 조언을 구하자. 아이에게 어느 정도로 제한을 두는 것이 좋은지, 아이의 호기심을 충족시켜주기 위해 어떤 활동이 가능한지 함께 상의해보자. 또한 아이의 행동을 너무 과도하게 걱정하고 있는 것은 아닌지도 자주 점검해본다.

감성좌뇌형 부모
:지나친 간섭보다 스스로 하게끔 유도

아이가 떼를 써보았다. 아빠의 반응은 냉담했다. 여리고 병약한 아이처럼 행동했다. 잠시 효과가 있었지만 그뿐이었다. 다시 작전을 바꾸어 아빠의 말을 잘 듣고 일을 돕는 착한 아이가 되어보았다. 그러자 아빠가 미소를 지어줬다. 결국 아이는 착한 아이로 성장하게 되었다.

문제는 아이가 착하게 행동할 때만 부모가 긍정적인 반응을 보인다면 아이는 본심을 숨기고 부모가 원하는 아이의 상을 단지 연기한다는 점이다. 이것이 감성좌뇌형 부모가 감성우뇌형 아이에게 저지를 수 있는 실수다. 부모가 아이의 감정 상태에는 무관심하면서 좀 더 착하고 섬세하게 행동하기만 바라면, 부모의 애정을 갈구하는 아이는 부모의 요구에 맞추어 자신의 욕구를 억압하게 된다.

감성우뇌형 아이는 부모의 사랑을 많이 받고 싶어 귀엽게 행동한다. 군림하기 좋아하는 감성좌뇌형 부모가 아이의 이런 점을 이용하거나 민감한 감정을 이해하지 못하고 밀어붙이면, 아이는 쉽게 지치고 눈치를 보고 기가 죽으면서 공격적으로 되기 쉽다.

이런 아이는 부모의 기대를 충족시키지 못하면 언젠가 자신은 버림받을 것이라는 불안감을 항상 느끼고 살기 때문에 누구보다도 뛰어나고 싶어 한다. 감성좌뇌형 부모가 감성우뇌형 아이를 더 잘 키우는 비법을 몇 가지 소개한다.

첫째, 아이의 감수성을 이해하고 받아준다.

아이의 감정 자체를 이해해야 하는데 부모가 아이의 이런 특별함에만 강한 관심을 두면, 사회성이 부족한 왕자병이나 공주병 환자로 만들 수도 있다. 아이의 감수성을 존중하되 내면이 강한 아이로 키워야 하는 이유다.

예를 들어, 아이의 감수성을 존중한다는 것은 이런 것이다. 이사를 하거나 아이와 관련된 가구를 들일 때는 아이에게 먼저 이야기한다. 필요하다면 의견을 물어볼 수도 있다. 아이는 납득할 만한 이유를 듣기 전까지는 변화되지 않는 환경을 좋아한다. 아무 예고도 없이 이사하거나 가구를 옮기면 아이가 스트레스를 받는다.

둘째, 부드럽게 대한다.

감성좌뇌형 부모는 솔직하며, 일관성이 있는 성격이다. 그러면서도 자기주장이 강하고 감정적으로 격렬하다. 이런 부모가 강압적으로 대하면 감성우뇌형 아이는 예민해서 상처를 많이 받는다.

부모한테 순종적인 아이는 부모에게 너무 의존한 나머지 자립심이 부족한 응석받이로 자랄 수도 있으며, 반대로 부모가 아이를 밀어붙이면 느긋한 성격의 아이는 자신감을 잃을 수 있다. 부모는 일관성을 잃지 않는 부드러운 태도로 아이가 자신감과 자립심을 키울 수 있도록 도와줘야 한다.

셋째, 스스로 하게 한다.

감성좌뇌형 부모는 아이에게 세상의 많은 일을 경험하게 해야겠다는 생각이 강하다. 부모 자신이 집 안에 오랫동안 고립되어 있는 것을 못 견디기 때문이다. 그래서 집 안에서 할 일 없이 뒹굴고 있는 아이를 그냥 두고 보지 못하고, 자꾸만 밖으로 나가 놀라고 채근한다. 부모는 무언가 움직이고 활동하지 않으면 게으른 사람으로 여긴다.

감성좌뇌형 부모는 불도저식으로 아이를 온갖 프로그램, 체험장, 강좌에 데리고 다니기 쉽다. 많이 보고 느껴야 학습이 된다고 생각하기 때문이다. 수줍고 겁 많은 아이의 담력을 키워주려고 일부러 무서운 놀이기구를 함께 타기도 한다. 그러나 감성우뇌형 아이는 자발적으로 하는 일이라야 능력을 발휘한다. 싫으면서도 따라가는 공부는 하지도 않지만 도움도 되지 않는다.

넷째, 지나친 간섭을 하지 않는다.

감성좌뇌형 부모는 사회적 흐름에 따라 사는 스타일이라 늘 바쁘다. 따라서 아이도 이 학원 저 학원 전전하며 열심히 배우느라 덩달아 바쁘다. 엄마가 오로지 자녀 교육에만 매달려, 모든 에너지를 아이에게만 쏟게 되면 아이는 괴롭다. 자신을 한시도 내버려두지 않는 부모에게서 벗어날 구멍도 없는 아이는 매우 피곤한 나머지 아프다고 자주 꾀병을 부릴 수도 있다.

아이는 자신이 하려던 일, 해야 할 일도 다른 사람이 갑자기 시키면 당황하고, 새로운 환경에는 더욱 민감하게 반응할 수 있다.

다섯째, 아이한테 자기주장을 하게 한다.

감성우뇌형 아이는 자기주장을 펴기보다 주변 사람들의 눈치를 살피면서 어물쩍 넘어가는 경향이 있다. 친구들과의 관계에서도 그렇다. 친구들의 반감을 사지 않고 상처를 받고 싶지 않기 때문에 불편해도 참는 것이다.

아이가 이렇게 안정적인 것을 선호하고 추구하는 것은, 관계가 깨지는 것이 두렵기 때문이다. 관계를 유지하기 위해 아이는 다른 사람의 비위를 맞추는 데 많은 에너지를 쏟아붓는다. 다른 사람과 좋은 관계를 유지하기 위해서 마음에도 없는 말과 행동을 한다. 이때 부모는 아이에게 때에 따라서는 자기주장도 하고, 남의 말도 들을 수 있어야 한다는 것을 알려주어야 한다.

이성우뇌형 부모
:아이가 자기 욕구를 표현하게 도와야

이성우뇌형 부모는 활기차고 신명이 많다. 반면 감성우뇌형 아이는 부모가 즐기고 좋아하는 일에 맞추기 위해, 마음에도 없는 행동을 하고, 부모의 심부름꾼 노릇을 하기도 한다. 자유로운 것을 좋아하는 부모는 지나치게 매달리는 아이가 귀찮을 수도 있는데, 그것을 그대로 표현하면 아이가 심하게 상처를 받는다. 그러지 않으려면 아이에게 애정 표현을 자주 해주면서 아이가 독립심을 가질 수 있도록 도와줘야 한다.

감성우뇌형 아이는 부모에게 순종적인 편이지만 환경이 자주 바뀌거나, 자신을 소홀하게 대하면 산만해지고 적응력을 잃어버릴 수도 있다. 그러므로 집 안 분위기를 안정되게 해주고, 칭찬하고 격려해주면서 자신감과 독립심을 키울 수 있게 한다. 자꾸 부모에게 맞추려는 감성우뇌형 아이, 어떻게 키우면 좋을지 알아본다.

첫째, 일관성 있게 대한다.

감성우뇌형 아이는 창의적이고 이상주의적이라 부모를 자주 기쁘게 한다. 또한 부모는 아이의 여러 가지 재능을 지원해주고 싶어 한다. 그러나 아이는 요란하고 번잡스러운 것을 싫어한다. 오히려 지나치게 자극적인 일을 강요하면 아이는 혼란에 빠지고 지치게 된다. 감정적으로 일관성 있게 대하며 쉽게 침울해지는 아이의 상태를 이해하고 아이의 생활 영역과 개성을 존중해줘야 하는 이유다.

둘째, 느린 아이의 행동을 이해한다.

부모가 보기에는 게으른 아이로 생각될 수 있다. 쉽게 피곤을 느끼고 꾸물거리는 일이 많지만, 아이의 느린 태도를 존중하고 수용해야 한다. 아이의 장점을 자주 부모 스스로 되새기자. 아이와의 느린 대화법에 너무 질린다 싶으면, 부모도 자신만의 에너지를 발산할 시간을 갖는게 좋다.

셋째, 아이의 개성을 깨운다.

감성우뇌형 아이는 자신만의 개성을 키워주는 데 더 중점을 둬야 한다. 끊임없는 희생, 피해자 의식, 지나친 자책감 등을 가질 수 있는 성향이기 때문에, 아이가 자신의 존재감을 느끼고 자존감을 키울 수 있게 해주어야 한다.

먼저 아이가 한껏 즐거울 수 있는 경험을 많이 선사하자. 이런 아이는 눈으로 보고 만지며 맛보고 듣는 것을 즐거워한다. 영화를 보러 가거나 쇼핑, 요리 등에 참여하도록 하는 등 감각적인 즐거움을 만끽할 기회를 제공하는 것도 좋다. 감성우뇌형 아이에게 자신의 의지와 욕구를 표현하도록 가르치는 것은, 성장하면서 맞닥뜨리게 되는 많은 일을 해결할 수 있는 자립심을 길러준다.

넷째, 자신의 감정으로부터 도망치지 않게 한다.

감성우뇌형 아이는 감성이 풍부한 편이지만 슬픔, 분노, 비참함, 증오 같은 부정적인 감정은 마주 대하려 하지 않는다. 이런 감정들이 들면 피하거나 부인한다. 일종의 자기방어다. 그럴싸한 모양새로 합리화한 다른 것으로 대체해 해석하는 예도 있다. 이성우뇌형 부모는 아이가 자신의 감정으로부터 도망치지 않도록 격려해줘야 한다. 어떤 감정이라도 소중한 내 것이므로 표현하고 견뎌내야 한다는 것을 알려준다.

감성우뇌형 부모
:집착 덜어야 지나친 애증 관계 피할 수 있다

감성우뇌형 부모와 아이는 마음이 맞지 않을 때 지나치게 감정에 치우치는 관계가 될 수 있다. 특히 모녀 사이는 서로 의존하면서 경쟁심을 느끼는 애증의 관계가 될 수도 있다. 감성우뇌형 아이의 기분은 부모의 감정에 좌지우지되곤 한다. 부모가 자신을 존중해주면 자유로움과 편안함을 느끼고, 부모가 침울한 상태에 빠지면 자신감을 잃고 불안해한다. 침울한 상태의 부모는 아이처럼 자신감을 잃고 불안해하는 상태일 것이다. 이렇게 되면 부모와 아이 모두 침울하고 움츠러들기 때문에 정상적인 육아가 불가능하다. 부모는 아이에게 애정 표현은 고사하고, 규칙적인 생활 습관을 갖게 하거나 신체적인 활동력을 키워주는 것도 힘들기 때문이다.

감성우뇌형 부모는 부모가 먼저 활기차게 생활하려고 노력해야 한다. 아이에게 꾸준히 애정 표현을 하려고 노력하고, 아이와 함께 바깥 활동을 많이 하면서 규칙적인 생활 습관을 들이도록 한다. 부모와 아이 모두 같은 두뇌성격이기 때문에 잊지 말아야 할 육아법 몇 가지를 소개한다.

첫째, 지나친 집착은 피한다.

감성우뇌형 부모와 아이는 감수성이 풍부해서 통하는 것이 많다. 하지만 다른 두뇌성격의 아이와 마찬가지로 감성우뇌형 아이노 부모가 간섭하거나 자기 일을 대신해주면 스트레스를 받는다. 감성우뇌형 부모가 지나치게 집착하면 아이를 포함한 모든 사람이 멀어진다.

부모는 사랑을 힘과 통제, 복종과 지배의 문제로 혼동해서 아이를 힘들게 한다. 아이는 이런 부모 밑에서 끝없는 고통과 걱정으로 표현되는 사랑에서 헤어나지 못한다. 결국 친구를 사귀어도 아주 빨리 친해졌다가 금세 멀어진다. 친구를 향한 애정 표현이 부족하고 많이 친해지는 것을 두려워하기 때문이다.

둘째, 아이의 이야기에 귀를 기울인다.

감성우뇌형 부모는 착하고 자신을 잘 따르는 아이에게 만족감을 느끼지만, 자칫 아이의 생활 자체에는 방관자적인 입장이 되기 쉽다. 아이가 정말 무엇을 좋아하는지, 요즘 어떤 문제로 고민하는지 부모가 전혀 모르는 것이다. 이렇게 되면 겉으로는 사이좋은 부모 자녀 관계처럼 보이더라도 아이는 외로워할 수 있다.

부모는 하고 싶은 말을 줄이고, 아이의 말을 자주 들어주자. 아이가 무슨 말을 할 때는, 부모의 호기심을 자극하는 것이 아닐지라도 적절하게 반응해준다. 아이의 개성과 감수성을 좀 더 적극적으로 이해하면서 지원해주자. 아이는 부모가 자신을 세심하게 배려하며 애정 표현을 자주 해줄 때 편안함을 느낀다.

셋째, 부모부터 규칙적으로 생활한다.

감성우뇌형 부모는 좀 더 활기차게 규칙적으로 생활하려고 노력해야 한다. 아이와 함께 운동하면서 아이의 자신감과 활동력을 키워준다. 정기적으로 가족회의를 열어 함께 생활 목표를 정하고 점검하는 기회를 갖는 것도 좋다.

집 안 분위기뿐만 아니라 환경도 질서정연하게 만들자. 식사나 청소도 정해진 시간에, 잠자는 것도 정해진 시간에 한다. 규칙적인 환경을 만들면 감정에도 덜 휘둘린다. 감정 때문에 불규칙한 생활을 할 수 있는 감성우뇌형 아이의 단점도 보완해줄 수 있다.

넷째, 감정 조절력을 키운다.

감성우뇌형 부모는 평소 자신과 잘 통하던 아이가 어쩌다 기대에 못 미치는 행동을 하면, 버럭 화를 내며 비난해 상처를 줄 수 있다. 감정 조절력이 부족하기 때문이다. 자신의 기분이 좋을 때는 간섭받기 싫어하는 아이의 자주성을 인정해 편안함과 안정감을 느낄 수 있게 하지만, 기분이 좋지 않을 때는 제대로 반응해주지 못하는 경우가 많다.

모범을 보인다고 생각하고 슬플 때, 화가 날 때, 좌절했을 때, 속상할 때 등 부모가 감정을 잘 조절하고 다스리는 모습을 보여주는 게 중요하다. 그래야 아이도 그런 상황에 처할 때 자신의 감정을 잘 다루게 된다.

감성우뇌형 아이를 위한
학습 솔루션

감정에 휘둘리는 아이, 논리와 추론 능력은 부족

초등학교 2학년인 태연이는 이야기를 하면 열심히 듣고, 들은 정보는 잘 기억한다. 그런데 읽고 쓰는 것을 매우 힘들어한다. 종종 읽기 문제로 애를 먹을 때면 위축되어 자신 없는 모습을 보이곤 한다. 태연이는 미술에 뛰어난 재능이 있고, 특히 곤충에 관심이 많다. 수학 문제도 잘 이해하며 또래 아이들과도 자연스럽게 잘 어울린다.

같은 학년 윤아 역시 읽기와 쓰기가 문제다. 사교성이 좋은 편은 아니지만, 매일같이 어울려 다니는 친구가 있다. 윤아는 운동을 특히 좋아하고 잘한다. 문제는 요즘 들어 읽기와 쓰기 외에도 수학까지 점점 어려워하고 있다는 점이다.

태연이와 윤아는 모두 감성우뇌형 아이다. 이들은 글 읽는 것 자체를 싫어하기도 한다. 시간이 남아도 책이나 잡지, 신문 등은 잘 보지 않는다. 아이가 글자를 보는 것은 가끔 만화책을 읽을 때 정도다. 대개는 음악을 듣거나 뭔가를 만들거나 디자인하거나 그림을 그리거나 퍼즐 맞추기를 하면서 시간을 보낸다.

글을 많이 읽지 않아서, 감성우뇌형 아이 중에는 처음부터 바로 글을 읽으면 내용을 잘 이해하지 못할뿐더러 흥미를 느끼지 못하는 아이도 많다. 따라서 읽기 단원을 공부할 때, 먼저 제목과 그 단원에 나와 있는 그림을 보면서 대충 어떤 내용일지 상상하고 짐작해본 뒤 글을 천천히 읽어나가게 하는 것이 좋다.

감성우뇌형 아이는 단순히 암기해야 하는 과제나 반복 학습도 무척 싫어한다. 그 때문에 수학을 못하는 아이들이 많다. 사칙연산 같은 문제를 반복해서 풀라고 하면 싫어한다. 이런 아이들은 수학을 공부하는 데 필요한 논리와 추론 능력을 먼저 키워주어야 한다. 부모가 논리적으로 추론하는 과정을 아이에게 관찰하게 하고, 그 사고 과정에 참여시키도록 한다. 나아가 아이에게 새로운 아이디어를 구하고 기존의 아이디어에 관한 생각도 물어본다.

공부할 때도 이 아이들은 감수성이 예민하다는 것을 잊지 말자. 다른 사람들에게 관심이 많고 산만한 경우도 많아서 공부하다가도 부모가 대화를 나누면 어느새 옆에 와서 끼어들곤 한다. 그래서 감성우뇌형 아이는 지루하고 딱딱한 학교 수업을 싫어한다. 조금이라도 학교생활을 즐겁게 하게 하려면 학교생활이 미래에 어떤 도움이 되는지 이야기해주고, 여러 가지 특별 활동을 통해 창의력을 발휘할 기회를 주어야 한다.

칭찬을 좋아하기 때문에 혼낼 때도 칭찬을 먼저 하고 나서 잘못된 부분을 지적하고, 다시 칭찬으로 마무리하는 것이 좋다. 공부 계획을 세울 때도 먼저 칭찬해준다. "네가 계획을 잘 세우고 잘 지켜준다면 엄마는 너무너무 기쁠 거야. 그리고 좋은 선물을 해줄 거야." 이런 말로 보상을 강조할 필요가 있다.

하기 싫은 공부, 꾸물거리거나 미룬다

감성우뇌형 아이는 기본적으로 감정의 기복이 크다. 섬세한 면과 격렬한 면을 동시에 가졌기 때문에 감정의 변화를 이해하고 공감해주는 태도가 기본이 되어야 한다. 아이가 감정을 격하게 드러낼 때는 굳이 바로잡으려 애쓰지 말고 아이의 마음을 받아준다. 생각을 차분하게 들어주고, 그런 감정을 받아주기만 해도 아이는 마음을 추스르고 다시 공부를 시작한다.

부모가 지속해서 과제를 시작하게 하면서 공부 습관을 들여주면 좋다. 예를 들어, 요청한 과제를 3분 이내에 시작했을 때 칭찬스티커를 주고, 칭찬스티커가 쌓이면 아이가 원하는 보상을 해주도록 한다. 이때 부모는 아이가 그 일을 시작하는지 반드시 지켜봐야 한다.

또한 아이가 그 일을 하다가 그만두지 않는지도 주기적으로 확인해야 한다. 과제를 시작할 시점을 말해주는 방식에 대해서 아이의 의견을 직접 물어본다. 어떤 방식으로 지시를 받고 싶은지를 스스로 결정하게 하면 아이의 적극성과 주도성을 높일 수 있다.

물론 싫어하는 과제를 멈추지 말고 끝까지 하라고 하면 아이가 버거워할 수 있다. 너무 싫어하거나 너무 힘들어하거나 너무 오래 걸리는 일이라면 작게 쪼개서 하는 것도 좋다. 조금만 견뎌내고 칭찬을 받고 성취감을 느낄 수 있다면, 하기 싫은 일이라도 그 시작이 그리 겁나지 않을 것이다. 시작한 후에는 언제, 어떻게 그 일을 마칠 것인지 계획을 세우게 한다. 여러 번 이렇게 하다 보면, 아이는 보다 주도적으로 전체 과정을 해나가게 된다. 그런 후에는 여러 번 지시하지 않더라도 별다른 불평 없이 과제를 시작할 것이다.

감성우뇌형 아이는 과제를 수행하는 속도가 느려서, 게으른 아이로 오해받는 경우도 많다.

뭔가를 하는 속도가 늦지 않게 하려면, 평소에 규칙적인 생활을 하는 것이 필요하다. 이런 생활을 통해 아이는 한 가지 일이 끝나면 다음에는 다른 일이 기다리고 있는 규칙적인 과정을 이해하고, 시간 개념도 기를 수 있게 된다. 규칙적인 생활을 위한 계획을 세울 때는 집안일이나 방 정리하기, 또는 숙제를 마치는 데 시간이 얼마나 걸릴지를 우선 알아봐야 한다. 이때 아이에게 직접 얼마나 걸리는지를 말하게 한다.

아이와 '하루 활동 계획 세우기'를 주제로 대화를 나누고, 그 활동을 마치는 데 걸리는 시간을 결정해보는 것은 시간 개념을 익히는 데 도움이 될 뿐 아니라 시간과 일의 관계에 대해서도 배울 수 있다. 부모가 적극적으로 일정표를 활용하는 모습을 보여줌으로써 아이가 본받을 수 있는 환경을 만들어준다.

이해력 부족으로 수업을 따라가기 힘들다

감성우뇌형 아이는 암기력과 이해력이 늦은 편이고, 공책의 필기를 보아도 여기저기 빠져 있는 내용이 많아 수업 내용을 제대로 이해했는지 걱정을 불러일으키기도 한다. 이럴 때는 필기의 중요성을 인식시켜주면서, 부모가 일주일에 한두 번 정도 날짜를 정해 공책을 점검할 필요가 있다.

이런 아이는 주의가 산만한 경우도 많아서 혼자서 교과서의 핵심 개념들을 이해하는 데 어려움을 겪기도 한다.

먼저 친구와의 대화, SNS 활동, 학교에서 종종 일어나는 소란스러운 사건이나 각종 소음 등 집중력을 방해하는 요소들을 최소화해주자. 장기 기억력을 키우기 위해서는 교과서나 참고서 혹은 공책에 형광펜이나 색연필을 이용해 시각적으로 보기 쉽게 표시한다. 핵심 정보를 표로 만들고, 정보와 다른 정보를 연결해 연관 관계를 이야기해줘도 좋다. 관찰 학습이나 연습도 필요하다.

감성우뇌형 아이가 학급 토론, 소집단 활동, 상담을 진행하는 동안 중점적으로 살펴봐야 할 것은 아이가 질문 내용을 잘 이해하고 있는가다. 이 아이들은 말로만 설명하면 "그게 뭐죠?" 하면서 반복해서 설명해달라고 요구하거나, "무슨 뜻이에요?"라며 해명이나 재설명을 요구하거나, 체념한듯 "모르겠어요"라며 이해를 못하겠다고 할 수 있다. 하지만 똑같은 내용도 도표, 그림, 모형, 시연 등을 통해 시각적으로 전달하면 잘 이해한다.

감성우뇌형 리더
마더 테레사에게 배우기

공감과 경청으로 친밀한 관계를 유지한다

감성우뇌형의 전형이라고 할 수 있는 마더 테레사[Mother Theresa, 프랑스 출신의 수녀로 가난한 자의 어머니로 불리며 서번트 리더십(Servant Leadership, 다른 사람을 섬길 수 있어야 리더가 될 수 있다는 이론으로 섬기는 리더십이라고 부름)을 실천해 노벨평화상을 수상했고 1997년 사망]는 타인을 이해하고 공감하기 위해 평생 노력하고 봉사에 애썼다. 그녀가 봉사한 지역은 인도의 콜카타. 그 콜카타에서도 빈민가에 사는 굶주리고 병에 걸린 사람들을 위해 헌신했다.

그런데 이들의 종교는 대부분 힌두교였다. 그들은 다른 종교나 다른 나라 사람들에 대한 오해와 적대감이 심했다. 이런 상황에서 마더 테레사가 수녀로서 그곳에서 조화롭게 살아갔다는 것은 감성우뇌형의 능력을 말해준다.

테레사는 그들의 감정에 공감했고, 아무것도 강요하지 않으면서 서서히 다가갔다. 그리하여 결국 그들의 마음을 열었다.

마더 테레사는 다른 사람들과 함께 일하는 것을 좋아했다. 자기 생각을 남에게 강요하지 않았다. 일의 주도권도 자신이 가지려고 하지 않았다. 그녀는 자선 사업을 위해서라면 생각의 문도, 활동의 문도 모두 열어놓을 수 있었다.

혹자는 자금만 지원받는다면 선한 사람이든 악한 사람이든 아무도 가리지 않는다며 그녀를 비판하기도 했다. 하지만 어떠한 비리도 없었으며, 모두 명명백백하게 봉사 활동에 쓰였다. 그리고 그녀는 봉사 이외에 어느 일에도 자신을 내세우지 않았다. 그녀는 단지 모든 사람의 말을 경청했을 뿐이었다.

감성우뇌형 아이도 그런 면이 있다. 아이는 말로 표현된 것이나 그렇지 못한 것 모두 수용하는 태도로 귀를 기울인다.

자기 일에 헌신하고 몰입한다

감성우뇌형 아이는 본질적인 가치를 추구하기 때문에 자신이 좋아하는 일이 나타나면 헌신한다. 또한 자신이 믿고 좋아하는 사람들을 위해 정성을 다한다. 마더 테레사도 가장 좋아하는 일을 물으면, '가난하고 외로운 사람을 돕는 것'이라고 대답했으며, 가장 싫어하는 일을 물으면, '혼자만 잘사는 것'이라고 대답했다. 가장 잘하는 일을 물으면 '사람들을 기쁘게 하는 것', 가장 못하는 일을 물으면 '서류를 만드는 것'이라고 답했다. 그녀는 진정 감성우뇌형 리더였다.

마더 테레사는 노벨평화상을 받을 때조차, 상금으로 얼마나 많은 사람을 도울 수 있을지를 궁금해했다. 보통 노벨평화상을 받으면 축하하는 파티도 없이 그녀는 상금 전액을 나환자 구호소 건설기금으로 내놓았다고 한다. 노벨평화상을 받을 때 마더 테레사는 상을 받는 것은 자신이 아니라 '사랑받지 못하는, 버림받은 사람들'이라고 밝히기도 했다.

마더 테레사는 어떻게 이토록 자기 일에 몰입할 수 있었을까? 불우했던 그녀의 아버지는 그녀가 아홉 살 때 돌아가셨고 어머니가 3남매를 키우기 위해 열심히 일했다고 한다. 또한 그 바쁜 와중에도 그녀의 어머니는 아이들의 교육 특히 신앙 교육과 봉사 활동을 게을리하지 않았다고 한다. 마더 테레사의 집에는 항상 가난한 사람들이 머물렀고, 어머니와 형제들은 집보다 밖에서 더 많은 시간을 보냈다.

마더 테레사는 '봉사와 헌신'이 그냥 생활이었다. 그녀는 자신의 어린 시절을 굉장히 행복하게 회상한다. 아버지가 돌아가신 이후 가족은 더 단결했고 서로를 위해 살았으며, 다른 사람을 행복하게 해주기 위해 온갖 노력을 다했기 때문이다.

감성우뇌형 아이의 따뜻한 감성은 단지 감정적이거나 감상적인 데 그칠 수도 있다. 이것이 갈수록 단단해져 자신이 좋아하는 일에 몰입하고 헌신하게 하려면, 어린 시절 부모가 보여주는 모범적인 태도와 실천이 중요하다. 실제로 사회복지, 심리학, 교육학, 연극·영화학, 관광 관련 학문에 관심이 많은 사람 중에는 감성우뇌형이 많다.

감성우뇌형 아이는 그 특성을 인정해주고 부족한 영역인 논리적 사고와 체계적으로 정리하는 방법을 가르쳐서 많은 아이디어가 살아남을 수 있도록 이끌어야 한다. 사람들과의 관계를 통해 자아를 실현하는 직업을 알려주고, 그에 대한 비전을 가질 수 있도록 유도해야 한다. 이런 아이는 다른 사람에게 기쁨을 주는 두뇌성격으로 주위에 사람이 많다. 이런 아이에게 자신만의 전문 분야가 있으면, 그 분야에서 최고의 인기를 누리며 행복하게 살아갈 수 있을 것이다.

감성우뇌형 아이의 문제행동 대처법

Q1 다른 사람 눈치를 너무 살펴요

감성우뇌형 아이 중에는 놀이터와 같이 활발하게 뛰어노는 장소에서 위축되는 아이들이 있다. 하지만 겁내고 있는 것은 아니고, 함께 놀 친구를 찾고 있는 것으로 이해해야 한다. 자신을 놀이로 이끌거나 자신이 이끌 만한 친구를 찾으면, 아이는 금세 놀이에 합류한다.
아이가 안정된 정서를 가지려면 부모가 아이를 있는 그대로 받아들이는 것이 필요하다.

Q2 감정 기복이 심해요

감성우뇌형 아이는 감정이 좋고 싫음의 양극단을 자주 경험한다. 조금 좋다거나 조금 실망스럽다고 느끼기보다는 완전히 좋다 아니면 거의 극단적으로 완전히 망했다고 느끼곤 한다. 아이는 이런 극단적인 감정의 기복을 때때로 떼쓰기, 반항, 흥분 등으로 표현한다. 아이가 감정의 기복이 심하다는 것을 인정하고, 감정의 변화를 감안해 아이를 대하는 것이 좋다.

Q3 아이가 나이에 비해 너무 어른스러워요

감성우뇌형 아이 중에는 우울증을 앓고 있는 예도 있다. 이런 아이들은 겉보기에 눈치도 빠르고 어른스럽게 행동한다. 어리광을 좋지 않은 것으로 생각하기 때문이다. 오히려 부모를 위로하고, 나아가 부모의 투정을 받아주기까지 한다. 아이가 너무 어른스럽게 군다면, 아이가 부모에 대해 어떤 불안감을 갖고 있는 것은 아닌지 생각해봐야 한다.

Q4 자주 규칙을 어겨요

감성우뇌형 아이는 혼자서 하는 것을 싫어하기 때문에 부모의 관심과 도움을 얻기 위해 규칙을 어기는 경우가 많다. 이런 아이들은 어려운 방식을 싫어하고 무엇이든지 쉽고 편하게 하려는 경향이 많다. 아이가 자주 규칙을 어길 때는 혹 아이가 어려워하는 점은 없는지 살펴본다. 또한 평소 아이와 함께 공동으로 작업하는 시간을 자주 갖고, 때때로 아이 스스로 할 수 있도록 격려하고 지도한다.

Q5 허풍스러운 거짓말을 해요

만 3~5세 아이가 있지 않은 사실을 정말인 것처럼 얘기하는 것은 발달 과정 중 하나로 이해해도 된다. 아직 현실과 공상의 식별이 확실하지 않기 때문에 자신이 바라는 것이 현실에서 일어날 수 있다고 생각하고 얘기하는 것이다. 이런 거짓말은 성장하면서 없어진다.
하지만 누가 들어도 믿을 수밖에 없는 현실적인 거짓말은 좀 달리 봐야 한다. 특히 다른 사람을 골탕 먹이기 위한 거짓말, 싫은 것을 피하기 위한 거짓말은 단호하게 야단쳐야 한다.

Q6 무엇이든지 자기 탓이라고 해요

감성우뇌형 아이는 매사를 자기 탓으로 돌리는 경향이 있다. 가족이 아파도, 부모가 싸워도 자기 때문이라고 생각한다. 부모가 뭐든 아이 탓이라며 화를 내고 꾸짖기 때문이다.
아이가 무엇이든 자기 탓이라고 한다면, 부모의 육아 태도가 지배적이지 않았는지 돌아보자. 그리고 매사 솔직하게 문제의 원인을 말해주어 불필요한 죄책감을 느끼지 않도록 도와주자.

두뇌성격이 아이 미래를 결정한다

초판 1쇄 인쇄 | 2021년 12월 21일
초판 1쇄 발행 | 2021년 12월 23일

지은이 | 김영훈
펴낸이 | 황보태수
기획 | 박금희
마케팅 | 유인철
교열 | 우정희
디자인 | 주수현
인쇄 | 한영문화사
제본 | 한영제책

펴낸곳 | 이다미디어
주소 | 경기도 고양시 일산동구 정발산로 24 웨스턴타워1차 906-2
전화 | 02-3142-9612
팩스 | 0505-115-1890

이메일 | idamediaaa@naver.com
블로그 | https://blog.naver.com/idamediaaa
네이버 포스트 | https://post.naver.com/idamediaaa
페이스북 | http://www.facebook.com/idamediaaa
인스타그램 | www.instagram.com/ida_media

ISBN 979-11-6394 052 4 13370